U0912260

谨以此书纪念
世界文化名人、明代伟大的戏剧家
汤显祖诞辰 470 周年

汤显祖家族研究

刘昌衍　著

中国戏剧出版社
CHINA THEATRE PRESS

图书在版编目（CIP）数据

汤显祖家族研究 / 刘昌衍著. -- 北京 : 中国戏剧出版社，2020.8
ISBN 978-7-104-04967-8

Ⅰ. ①汤… Ⅱ. ①刘… Ⅲ. ①汤显祖（1550-1616）一家族一研究 Ⅳ. ①K820.9

中国版本图书馆CIP数据核字(2020)第124684号

汤显祖家族研究

责任编辑：赵宇欣
责任印制：冯志强

出版发行：中国戏剧出版社
出 版 人：樊国宾
社　　址：北京市西城区天宁寺前街2号国家音乐产业基地L座
邮　　编：100055
网　　址：www.theatrebook.cn
电　　话：010-63385980（总编室）
传　　真：010-63383910（发行部）

读者服务：010-63381560
邮购地址：北京市西城区天宁寺前街2号国家音乐产业基地L座

印　　刷：鑫海达（天津）印务有限公司
开　　本：787mm×1092mm　1/16
印　　张：20.5
字　　数：310千字
版　　次：2020年8月　北京第1版第1次印刷
书　　号：ISBN 978-7-104-04967-8
定　　价：118.00元

版权专有，违者必究；如有质量问题，请与出版社联系调换。

序

刘昌衍先生文集《汤显祖家族研究》即将出版。这是昌衍先生有关汤显祖研究成果的一次华彩集结。能给天下学人共享，可喜可贺。

在举国上下全力阻击新冠肺炎的时刻，先生腰骨摔伤，躺在海南，仍忍痛坚持修改书稿，此情此景令人感慨系之。我得以先读书稿为快，有些感想写在这里。

汤显祖是中华文化星空中的一颗璀璨的星辰。在中华文坛上，汤显祖是诗文创作的巨子。在中华剧坛上，汤显祖是传奇艺术的大师。在汤显祖活在世上的时候，已经有不少人仰望这颗星辰，描述他的光芒。在汤显祖的身后，更多的人从不同的角度观察他，认识他，叙说他。20 世纪 50 年代以来，研究汤显祖的学术著作不断涌现，蔚然已成大观。21 世纪开始，有关汤显祖研究的学者日众，视野日阔，层次日深，成果日丰，渐渐地形成了一门“汤学”。

在汤显祖故里江西抚州，更有许多对这位乡贤情有独钟的学者，怀着特别深厚的热情，投入汤学的领域。公元 2016 年抚州汤显祖国际研究中心成立，团结海内外学者从事汤显祖研究，逐步地建设成长为汤学重镇。刘昌衍先生就是这个中心的勤奋的一位研究骨干。

刘昌衍先生自谦地说："在汤学研究领域，本人是一名脚还没有跨入殿堂大门的观望者。"否，他不是观望者，而是脚踏实地的研究家。他选定自己的学术路数，"开辟本乡本土与边边角角文献核查的研究方向"。这正是《汤显祖家族研究》的特色。

近年来，研究汤显祖的学术成果可谓壮观，但是正像仰望星空观测一个天体时，您会感到有关它的许多奥秘还远远没有结论。有些问题看来很朴素，但回答起来却绝非容易。比如，有人若问："汤显祖的祖先是抚州的原住民吗？"您回答："不是。"那么，抚州的汤氏先祖是从哪里来到抚州的？这个家族是如何繁衍的？如何产生出汤显祖这样一位宁馨儿？汤显祖有几位太太？有几个儿女？要求回答这一系列的问题，乃是人之常情，但是真正严肃地回答却必须认真地研究，必须作出大文章。众所周知，研究汤显祖的家族最需要依据的文献是汤氏的族谱。在抚州至少可以得到两个系统的汤氏族谱，都有可观的规模。可是这种宗族编纂的文献未必就完全可靠。必须认真地比较、分辨、过滤，去伪存真，实事求是。刘昌衍先生在文献核查方面下了大功夫，颇有心得。2016 年，他又亲自追踪了抚州文昌里汤氏墓园的发掘，从发现的几通墓志的铭文中，获得了宝贵的新证据，所以他回答有关汤显祖家族的问题，底气就特别地充足，答案也特别地周到。要回答这些朴素的问题，必须认真吃透"边边角角"的文献，还必须迈开双脚做实地考察。昌衍先生下了这样的功夫，所以做出了圆满的答案。

再如，论及汤显祖一生的政治作为，最辉煌的一举是万历十九年上《论辅臣科臣疏》。汤显祖因此被贬极边广东徐闻县典史添注。如果有人要问，汤显祖在徐闻住了多长时间？他是什么时候到达徐闻的？什么时候最后离开徐闻的？这期间有没有回过临川？有什么理由回临川？这些朴素的问题也是必须有答案的。答案当然有，但是并不一致。刘昌衍先生《万历二十年的汤显祖》一文，对这些问题做了明晰的回答。他的论据还是得益于“边边角角”的文献，比如，他从刘应秋的一封信中，找到了万历二十年（1592）汤曾回临川，又返回徐闻的证据。

刘昌衍先生从一些看似边缘化的文献中，经过自己的研究，有所发现，有所发明，于是有了这一本《汤显祖家族研究》。

做学问应该本着百家争鸣的原则。刘昌衍先生发誓“不做他人跟班”，他的研究成果，当然是他的一家之言。您也未必会百分之百地赞成他的意见，但是他的独到见解应该受到尊重。

非常感谢刘昌衍先生还记得20年前我写的两句话。当时在抚州观赏盱河高腔演出的《牡丹亭》片段，感到甚是好听。有的专家说，这就是汤显祖曾经欣赏过的海盐腔的遗响，有的专家则不同意，很有一番争论。主持者要我题字，我就套用古人的“此曲只应天上有”，写了“此曲只应江西有，管它海盐与广昌”。意思是这种美妙的曲调是江西独有的，只管唱下去就是，至于它是不是海盐腔，可留待慢慢研究。由此我想，关于汤显祖家族的研究，也是一个可以争鸣的课题。抚州的学者们有着得天独厚的条件，当然应该作出最好的文章。

周育德

2020年庚子惊蛰

写于阻击新冠病毒时刻

（作者系中国戏曲学院前院长，中国戏曲学会汤显祖研究分会会长）

序

刘昌衍同志的《汤显祖家族研究》就要付梓了。这是他关于汤学研究结集出版的第一部专著，真值得为他高兴和祝贺！

我和昌衍兄很早就认识，是老朋友，现在又是朝夕相处的同事。“文革”刚刚结束，我从山里回城念书，他正好与我妹妹、妹夫在同一工厂工作。后来，我在文化部门从事戏剧创作研究，他以一名记者长期在电视台工作，又同属一个文化广播电视系统。我们因汤显祖结缘。他很早就有摄制一部汤显祖电视专题片的想法，并作了很多努力，我颇为赞同和支持，甚至还共同推敲过本子。广昌发现了《孟戏》，我们都很兴奋。为保护挽救这一濒临绝境的文化遗产，他与同道一起奔走呼号，不遗余力。电视台全程录制那天，他特意电话请我去观赏。终使《孟戏》留下了一套完整的影像资料，为保护挽救这一国家级非物质文化遗产做了件功垂后世的事。在汤显祖研究上，我们同气相求，为纪念汤显祖逝世400周年成立汤显祖研究中心，我们一拍即合，走到了一起，至今已有五个年头。可见，昌衍兄以一名新闻记者转而成为“汤粉”、成为汤学研究专门家，其华丽转身甚为难得。实际上，是一种炙热的文化情怀使然。这是其一。

在中华文化发展史上，汤显祖是一座丰碑，一个富矿。对于这位具有世界影响力的“文学巨匠”的研究，在他生前身后就一直没有停止过。时至今日，汤显祖研究已从一波波持续的热潮，不断渗透、浸润、沉淀，蔚而形成一门“汤学”；而汤学的形成与崛起，业已成为当代文化研究领域的一个新潮、一门热学——并且，是一门有队伍、有平台，成体系、成规模的热学。“汤学”涉及的领域广阔，内容丰富，既涵盖汤显祖生平、思想、作品，及其时代、社会、家庭、交游等诸多方面，也涉及其作品的价值、传播、影响等，还包括汤显祖研究的历史与现状，汤学的形成、发展与走向等相关领域、相关学科和相关方面。可喜的是，得力于海内外广大汤学研究者的共同努力，21 世纪以来，汤学的研究队伍不断壮大，研究领域不断拓展，研究视野不断拓宽，研究方法不断拓新。例如，从单一的案头场上研究，向跨时代跨国界传播、跨学科渗透多领域影响探索，从厘清本人行迹、交游、思想的单向研究，向与家族、与社会、与时代、与世界的立体关联交叉研究拓展，从传统的文献考证、分析归纳方法，向系统的、比较的、立体综合的多种研究方法的综合运用。其中，尤为可喜和值得关注的两点是：一拨拨年轻的高学位研究者的迅速成长和补充占位；一批本土研究者的热心加入和成果呈现，使新时期的汤学研究呈现出无限生机和厚重潜力。

刘昌衍及其《汤显祖家族研究》的出现，可作为近年来后一类的典型代表。他怀着对乡贤的礼敬，睿智地抓住汤显祖家族墓葬群的新发现这一新契机，从家族研究——这一汤学研究较为薄弱、不甚为人关注的“边边角角”方面切入，通过艰苦发掘、仔细比勘、悉心考析，在有关家族溯源、父氏支派研究、母氏家族研究、汤公家庭成员和生活居所研究，以及汤公行迹辨析等许多方面，都拿出了自己的新结论、新证据，并提出新的追问，为汤学研究添加宝贵的新成果。尽管某些新的结论有待进一步求证，等待同道的鉴同和争鸣，但他的努力，实为汤公家族研究的更进一步推进，撕开了若干个口子，或云探查和勘实了新的基点。功不可没！所以，昌衍兄能选准切入点，并迅速有不菲的斩获——这不仅是厚积薄发，且见其睿智，实为难得！这是其二。

其三，还要说一说的是，昌衍兄以其花甲之岁、老病之身，而能孜孜以求、锲而不舍——其治学态度诚为难得！昌衍同志是汤研中心成立之初的几位骨干成员之一。随着中心工作日渐铺开，人手紧，往往是“一个萝卜几个坑”——研究之外，还要承担若干管理、编务等事务性工作。且毕竟添了年岁，常常担心他体力透支。然而，昌衍兄“钢琴”弹得很好，忙而不乱，井井有条。尤其令人感佩的是他的治学态度，无论是寒风或烈日下雪泥鸿爪式的田野追踪调查，还是“众里寻他千百度”的万漉沙金式的文献勘考析辨，他总是一贯地认真、执着、不急不弃、锲而不舍……。人云：文章千古事，甘苦寸心知。诚哉斯言！我几乎是昌衍兄每篇文章的第一或最早读者之一，因而，读他这些文章的同时，颇有一种为他辛劳而获分享一份快乐的感受。一并记录在此。

是为序。

吴凤雏

岁次庚子如月中浣于京城

（作者系抚州汤显祖国际研究中心主任）

目 录

拾遗补阙

访谈笔录

远祖之源

YUAN ZU ZHI YUAN

临川两部《汤氏宗谱》之观照
——兼析汤显祖家族世系之源[①]

2018年5月，笔者从抚州市临川区云山镇清溪汤家村借得其《抚临汤氏宗谱》[②]（以下简称《抚临谱》），粗读发现，它与抚州市汤显祖纪念馆收藏的《（文昌）汤氏宗谱》[③]（以下简称《文昌谱》）有着十分罕见的关联。据《抚临谱》记载，他们的远祖是来自苏州温坊的汤季珍（《抚临谱》谱名称万四公，《文昌谱》等谱名称宣慰公），清溪汤氏是其第五子明九公的后裔，且汤季珍的墓地就在村旁不远处——飞雁投湖形的山腰处，并有乾隆二十四年（1759）立的原碑石为证。按照《抚临谱》的说法，文昌汤氏是其第四子明六公的后裔，在《文昌谱》（六修）“本源世系”图表中，也清晰地表明了这种关系。按图索骥，加之古墓尚存，证据凿凿，似乎一切都不容置疑。长期以来所谓不明究底的文昌汤氏远祖存在的贵池说（殷文圭）与苏州说（万四公），在这里不是不言自明了吗？然而非也！单独比照《文昌谱》

① 本文刊于上海戏剧学院戏剧学研究中心编（叶长海主编）：《戏剧学》第6辑《汤学研究》，文化艺术出版社2019年版，第209—232页。

② 《抚临汤氏宗谱》尊万四公为鼻祖。笔者看到的是第十二修，由其三子明三公支下李渡柴埠下房、上房、南面厂、岭上、李渡东南溇溪上汤里，五子明九公支下汤坊、南昌洋湾、青州湾、柏港、临川桐源吴坊，云山库前白圩、桥溪等汤氏族人联修。时间是2004年农历八月，和平主修，仿木刻本。

③ 《（文昌）汤氏宗谱》尊殷文圭为远祖，但不入世系图表，只叙文昌开山祖伯清公以下。现收藏在抚州汤显祖纪念馆的是第六修与第七修两部，第六修修谱时间是清同治戊辰岁（1868），瑾华督率；第七修时间为清光绪乙巳岁（1905），庆垣督率。均为活字木刻本，国家二级文物。

第六修（1868 年修）与第七修（1905 年修）两谱，尽管六修谱中存有以汤季珍为一世祖的“本源世系”欧氏图表，但在大量的以文字展现的自序与他序中，却不认同这种说法，而称其远祖是安徽贵池的殷文圭。更甚的是在七修谱中，居然还删除了“本源世系”一节，即彻底摒弃了以苏州温坊汤季珍为文昌汤氏远祖之说。这是什么原因呢？循此发现，笔者将《抚临谱》与《文昌谱》摆在案头进行比对细读，并进行了一些考证。进而发现，《抚临谱》与《文昌谱》分别载有的、且被视为经典而引用的王安石等大文豪序，均有伪托之疑；两宗谱同时载有的章世纯等四位时贤序，貌似一致，却大谬不然，实为两个不同的版本。由此还发现，两宗谱在对于远祖的认同上，有一个由共尊一祖到分道扬镳的历史过程。从而不仅回归到了汤显祖借祖父汤懋昭之言“江南之汤，皆唐殷公文圭之后”的叙说，还将以汤伯清为开山祖的临川文昌桥东汤氏定名为文昌汤氏。从此，以汤显祖为代表的临川文昌汤氏名扬四海。

《抚临汤氏宗谱》

《文昌汤氏宗谱》

《抚临谱》与《文昌谱》中珍藏着的上述种种史料信息，之所以称为“发现”，这是由民间宗谱存放的隐秘性所决定的。在抚州，长期以来，宗谱的存放都有非常严格的规定，一般情况下本族人都很难接触到，更不用说外借了，因而少有披露。有比较方有鉴别。两部宗谱相互比照，对于订正史实，缺一不可。且经检索，目前学界尚无此类对比考证和专题研究的信息。基于这种现状，笔者在剖析这两部渊源至深的宗谱的同时，结合多年来对抚州区域内若干支汤氏家族的关注，撰写此文，以期为专家学者进一步探讨汤显祖家族世系之源的真相，提供一些新的史料。

两谱中所载名人序考

《抚临谱》载有王安石、真德秀、朱熹序各一篇，《文昌谱》载有曾巩序一篇。经笔者考证，均疑为伪作。为避断章取义之嫌，本书将其全文分别累录，仅进行标点符号的加注与段落处置，对相关疑点或重点，加下划线以提示。

一、王安石、曾巩序考

王安石《抚临汤氏宗谱首修原序》

古者圣人治天下，必先正人道。正人道必始于定氏族。故因生以赐姓祚土以命氏者，所以别生分类，而俾之不可紊也。姓氏既定，圣人虑夫薄于亲而遗夫远，则又教之，以尊尊亲亲而立大宗小宗之法焉。宗书之传绵绵不息，可谓光其前而启其后

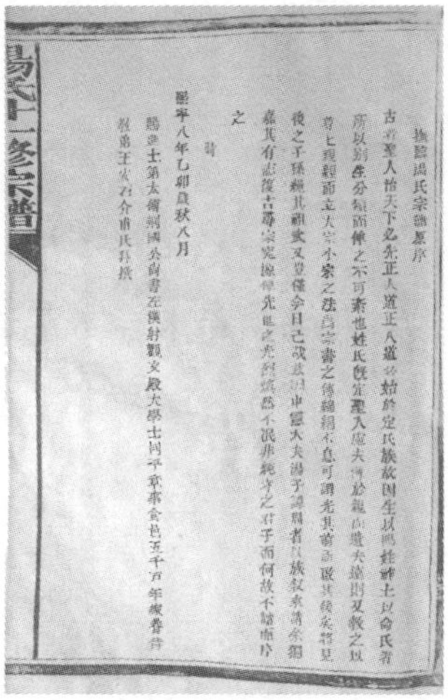

《抚临谱》之王安石序书影

矣。将见后之子孙绳其祖武，又岂仅今日已哉。兹因中宪大夫汤子讳周者，以族叔[1]来请，余独嘉其有志复古寻宗究源，俾先世之光烈焕然不泯，非纯孝之，君子而何故不让，而序之。

时

大宋熙宁八年乙卯岁秋八月

宋赐进士第太傅荆国公尚书左仆射观

文殿大学士同平章事食邑五千户年

家眷侍教弟王安石介甫氏拜撰

曾巩《（文昌）汤氏宗谱原序》

予幼读《孔氏世家》，知孔圣之后当必有达者，盖孔子殷人也。及长与汤子交订，以文章气节相期许，汤子讳周，字信卿，家于昭武已数世矣。既乃详询其家世，曰殷之后也。予笑谓之，曰："子自谓殷之后，毋亦谓与孔氏同源异派，而其如祖商王何？"答曰："否否。试观今天下谁非皇炎氏之子孙？但人各有祖，祖各有所自出。虽格于成宪不可以祖帝王，然世谱渊源于其所从出者，胡竟昧之？"予于是知汤姓之来也远矣，而未始不凿凿有据。盖世所谓族氏别有九，或以号谥，或以爵官，或以国邑，或以事职，或以王父字。若汤姓者，则

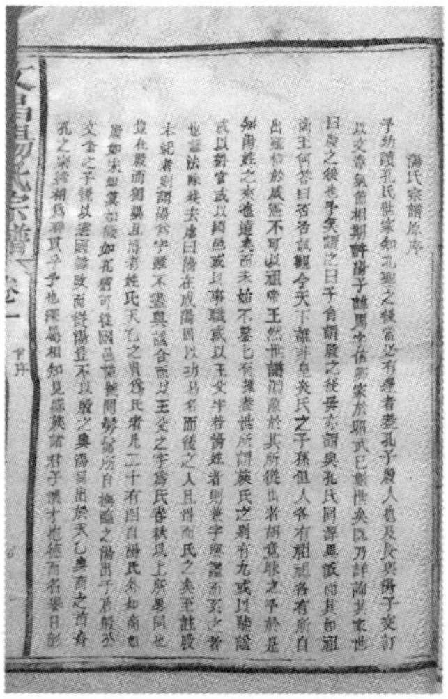

《文昌谱》之曾巩序

① 考《抚临汤氏宗谱》（十一修），"叔"为"叙"。"叙""序"本义相同，意指请王安石写谱序。而（十二修）则为"叔"字，族叔的本义指的是（叔）父辈。由于古时语言的地域习惯等因素，也将比"族叔本义"血缘隔得更远的"（叔）父辈"笼统地称为族叔。如在抚州临川方言中，至今仍有将与父辈年龄相仿的男性尊称为"哈（há）叔"，女性尊称为"婶咪"的说法。

兼字与谥而系之者也。谥法除残去虐，曰汤在成汤，固以功易名，而后之人且得而氏之矣。至注《殷本纪》者，则谓汤为字，虽不尽与谥合，而以王父之字，为春秋以上所略同也，岂在殷而独异。且博考姓氏天乙之胄为氏者，凡二十有四自汤氏外，如商、如殷、如宋、如箕、如微、如孔，犹可从国、邑、谥号间仿佛所自。

抚临之汤出于唐殷公文圭之子悦，以避国讳改而从汤，岂不以殷之与汤同出于天乙，与商之苗裔孔之宗缔相为联贯乎？予也深属相知，见盛族诸君子怀才抱德，而名誉日彰，积世系代，而闻日著后起之人，安知不更有光前裕后，名当时而传万世者，从而继述之也哉？是以次其家世而为之序。

皇宋熙宁九年丙辰岁孟春正月　　穀旦

赐进士出身集贤院学士特加龙图阁大学士馆总修撰

年家眷侍教弟曾巩子固氏拜撰

［考］疑点的产生，是从王安石序落款开始的。《宋史》卷三百二十七列传第八十六[①]载，元丰二年（1079），王安石“改封荆”（即王荆国），“元祐元年（1086），卒，年六十六，赠太傅”。也就是说，在王安石序落款的大串官爵当中，至少这两项是在撰序之年“熙宁八年（1075）乙卯岁秋”甚至逝后所获，所以王安石自己不可能如此撰写落款。

如果说为了彰显撰文者的显赫身份，以增添谱主家族的荣耀，后人妄加撰序者的功名，是民间宗谱文献中司空见惯的现象。而仅凭此断定其就是伪作的话，不免有点过于武断。因为只有内容的真实与否才是判断的唯一标准。那么《抚临谱》《文昌谱》中的王、曾两序，判断其真伪的依据在哪？

王安石序中“兹因中宪大夫汤子讳周者，以族叔来请”句，从字面看，

① （元）脱脱等撰：《宋史》，中华书局 1999 年版，第 8461 页。

这位邀请王安石撰写谱序者姓汤名周，尽管官位不及两度任宰相的王安石，但年龄不小，否则时年 55 岁的王安石不会以“族叔”相称。比王安石年长两岁的曾巩，在序中交代得更为详细些“及长与汤子交订，以文章气节相期许，汤子讳周，字信卿，家于昭武已数世矣”。显然，王、曾序中的“汤子讳周”指的是同一人。那么，汤周者，何人也？此人的认证，就构成判断其真伪的关键要素。巧合的是，在《文昌谱》（六修）“远派世系”图表中，确有此人，并附有行传：“信卿公，书言公次子，名周，登宋绍兴癸丑陈亮榜进士[1]，官宜黄尉，知吉州贡举。”循此线索，笔者查阅了相应的方志。天一阁藏明代方志《建昌府志》卷十六载：“汤周，字信卿，南丰人，官宜黄县尉。力学登第，赏以运司檄考吉州贡举，有暮夜求鬻举者，公叱曰：敢作此欺天事乎？求者亟去。”这是方志中对汤周最为详细的记载。按《文昌谱》（六修）“远派世系”所列，汤周是“唐僖宗时以词赋掇科，官抚州宣慰使”的汤季珍五个儿子中的第四子明六公的后代，是宣慰公的第十世裔孙，与文昌汤氏同宗共祖（见下图）：

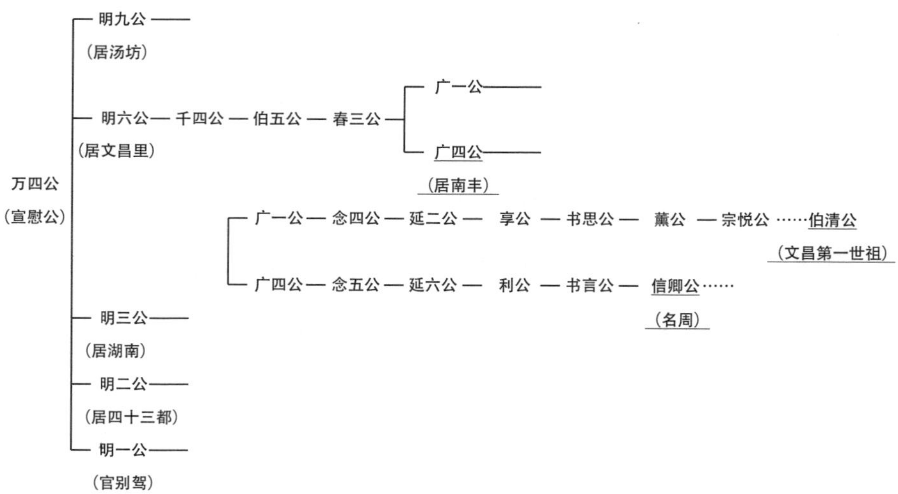

① 考数部“方志”，宋绍兴四年（1134）未有会试，只有“绍熙四年癸丑（1193）进士科陈亮榜”。

尽管《文昌谱》《抚临谱》以及《（南丰）汤氏族谱》[①]中，均无汤周的生卒葬记载，但从官修的《建昌府志》与《宜黄县志》中，可以得知，汤周中进士的时间是“绍熙四年癸丑进士科陈亮榜”。按公历计算，绍熙四年是1193年。也就是说，汤周是南宋之人，与北宋的王安石（1021—1086）、曾巩（1019—1083）相距百余年，何来“以族叔来请”和“及长与汤子交订”？还有，更具意味的是，在“请序人”汤周自己创修的《（南丰）汤氏族谱》中，亦看不到任何所谓王、曾“为之序”的只言片语。那么，在王安石与曾巩时期，其他的汤姓族人中是否有“讳周，字信卿”的同名同字的汤姓之人呢？经考证，至少目前还没有这方面的发现。据上辨析，其疑为伪托就毋庸再言了。

二、真德秀[②]序考

真德秀《抚临汤氏宗谱首修原序》

古立宗法，汉肇谱学，皆所以维持人心、匡翼世道者也。自秦兴而宗法废，唐衰而谱学息，其尊尊亲亲之义几不明于天下矣。盖谱牒之作，宗法之遗意也，有五善焉：上知吾身之所自出，一也；下知宗派之所由分，二也；近而世居远而迁徙，不紊不遗，三也；知为望族，而不忍自弃，思以振之，四也；使后人知吾意所在，相观而善，以昌大其族属，光荣其祖宗，五也。五善也者，皆由尊尊亲亲之心扩充而得之也。故君子之学莫先于此，孝友之道莫切于此。奈何寥寥数百载曾未多见。幸而临邑汤氏以其谱请序于予，余开卷阅之，始知昭武宣慰大夫万四公原出于苏，乃唐时名臣也。

① 《（南丰）汤氏族谱》于1933年重修，活字木刻本。共十六册，缺2—5、14五册。据谱载：南丰汤氏之家谱宋绍熙四年癸巳（1193）由汤周创修，至清道光庚子年（1840），凡十一修。

② 真德秀（1178—1235），字景元，后更为希元，号西山，福建南平浦城人。南宋末著名理学家。

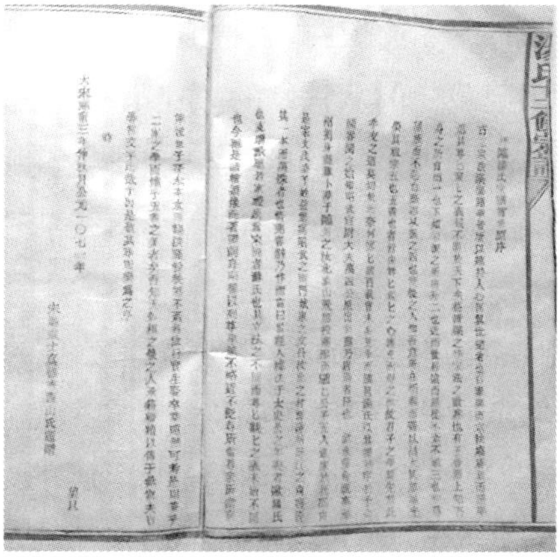

《抚临谱》之真德秀序

钦承简命视事福州，捐身尽难，卜葬于临川之汝北象山飞燕投湖形，而翩翩公子五人遂家于抚郡。由是宗支茂盛，子姓益繁，寓昭武之南门、城东之文昌、汝北之材浦、汤坊、盱江之南丰，皆其一本，而万殊者也。情弗容辞，乃作而言曰：世经人纬，法于太史公之年表者，欧阳氏也；支联派属，若家礼所为宗图者，苏氏也。其立法之不同而尊尊亲亲之义未始不同也。今观是谱，绘遗像而著赞词、序，昭穆以列尊卑，远不略，近不泛，尊所当尊，亲所当亲，俾后世子孙木本水源，亲疏隆杀，秩然不紊；名位行实，生娶卒葬，昭然可考。是则兼乎二家之学而备乎，五善之美者矣。吾知天必相之，后之人承籍继续以传于无穷，夫岂寻常文字比哉！予因是敬其事，而乐为之序。

时

大宋熙宁三年仲秋月　望旦

宋赐进士真德秀西山氏题赠

［考］真德秀序的落款时间“大宋熙宁三年”为1070年。而据《宋史》卷四百三十七列传第一百九十六[①]：真德秀（1178—1235）字景元，后更为希元，福建浦城人，登庆元五年（1199）进士第。如此清晰的年代记载，百余年后之人，怎么可能在百余年之前应“临邑汤氏”之请，撰写这《抚临谱》

① （元）脱脱等撰：《宋史》，中华书局1999年版，第10104页。

首修原序呢？如此断定此为伪作，应是无疑的。

同时，笔者还注意到，该文与2015年出版的《汤显祖集全编》“诗文续补遗”中收录的《水田陈氏大成宗谱序》[①]如出一辙。只是《水田陈氏大成宗谱序》中的“幸而余邑陈炌[②]先生子讳以德者，与予有世谊焉，重修谱牒，问序于予，情弗容辞……”在《抚临汤氏宗谱首修原序》中则是“幸而临邑汤氏以其谱请序于予，余开卷阅之，始知昭武宣慰大夫万四公原出于苏，乃唐时名臣也。钦承简命视事福州，捐身尽难，卜葬于临川之汝北象山飞燕投湖形，而翩翩公子五人遂家于抚郡。由是宗支茂盛，子姓益繁，寓昭武之南门、城东之文昌、汝北之材浦、汤坊、盱江之南丰，皆其一本，而万殊者也。情弗容辞……”其替换的内容是对其序以及远祖来源的描述。有趣的是，署名为汤显祖撰文的《水田陈氏大成宗谱序》，来源于同为抚州临川的云山水田陈家村的《陈氏宗谱》，序中的“余邑陈炌先生”还为汤显祖的祖父酉塘公作传，存于《文昌汤氏宗谱》中。对于《汤显祖全编》收录的《水田陈氏大成宗谱序》一文，当代学者浙江大学周明初教授，专门写有一篇辨伪之作。[③]在文中，周明初教授还列举了此谱序在清乾隆二十七年（1762）刻本《（遂安）慈峰李氏宗谱》和1913年崇德堂木刻活字本安徽庐江《胡氏宗谱》的旧谱序中同样存在，且内容完全相同。恰巧的是，《（遂安）慈峰李氏宗谱》中作者署名也是“真德秀”。周明初教授在他的辨伪文中对《水田陈氏大成宗谱序》定论为一篇宗谱程式文的典型。看来《抚临汤氏宗谱》中的所谓真德秀序，为周教授的结论又增添了一个新的例证了。

① 徐朔方笺校：《汤显祖全编》（第4册）“诗文续补遗”，上海古籍出版社2015年版，第2226—2227页。

② 陈炌（生卒不详），字文晦，临川人，嘉靖二十年（1541）进士，历任左副都御史、刑部侍郎、吏部侍郎、左都御史。《文昌汤氏宗谱》上的《酉塘公传》为其所作。

③ 周明初：《〈汤显祖全编〉“诗文续补遗”所收〈水田陈氏大成宗谱序〉辨伪》，《汤学聚珍》，上海古籍出版社2016年版，第347—350页。

三、朱熹序考

朱熹《抚临汤氏宗谱首修原序》

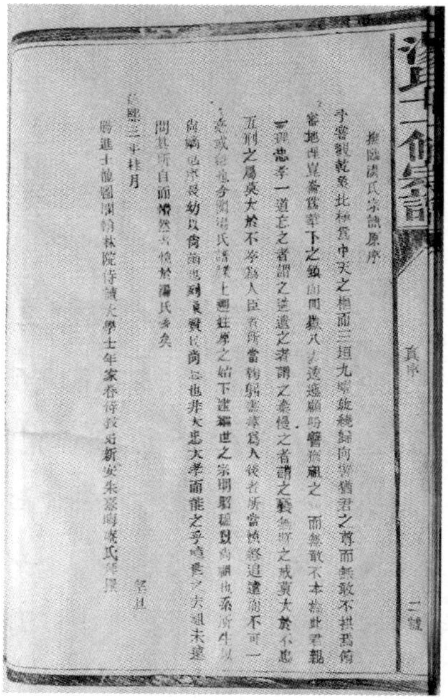

《抚临谱》之朱熹序

予赏观乾象北极，为中天之枢，而三垣九曜，旋绕归向，譬犹君之尊，而无敢不拱焉。俯审地理昆仑，为华夏之镇，而四岳八表，逶迤顾盼，譬犹祖之亲，而无敢不本焉。此君亲一理忠孝一道，忘之者谓之逆，遗之者谓之弃，慢之者谓之亵。无将之戒，莫大于不忠。五刑之属，莫大于不孝。为人臣者（《善山汤氏族谱》无者字）[①]，所当鞠躬尽瘁，为人后者（《善山谱》无者字），所当慎终追远，而不可一毫或忽也。今阅汤氏谱牒（《善山谱》牒字改帙字），上溯姓源之始，下逮继世之宗，明昭穆以尚祖也，系所生以尚嫡也。序长幼以尚齿也，列像赞以尚思也，非大忠大孝而能乎？噫，世之去祖未远，问其所（《善山谱》无所字）自而懵然者，愧于汤氏多矣。

大宋淳熙三年　　　　望月

宋赐进士龙图阁翰林院侍读大学士年家眷侍教弟新安朱熹晦氏拜撰

---

① 括号内所注为抚州金溪《善山汤氏族谱》中所载相同的所谓朱熹序之差别。

［考］据《抚临谱》“汤氏历届联修宗谱一览表”显示：“一修，公元1071年；二修，公元1544年。一至二修相隔四百七十三年”。而此“大宋淳熙三年（1176）”所作的《抚临汤氏宗谱首修原序》，迟于首修时间逾百年，何来“首修”之称？距二修还有三百多年，所以错将二修误为首修可能性也不大。当然依此判断其伪，证据尚不充分，重要的是它与笔者所见抚州金溪县左坊镇汤家村所存1915年活字木刻版的《善山汤氏族谱》中标题为“龙图阁侍制新安朱熹序”几乎完全一致，只是标题与撰写时间不同。《善山汤氏族谱》撰写时间是“乾道九年仲冬之吉”，比《抚临汤氏宗谱首修原序》“大宋淳熙三年”还要早三年。正文内容如前括号内所示，也只有四个字的漏、改之差。需要说明的是，善山汤氏与抚临汤氏并非同宗共祖。据《善山汤氏族谱》载，善山汤氏“本为殷氏，因避北宋先祖庙讳，始更以汤，今闾里相称语尚有以殷而不以汤，盖未忘其故欤”①。善山汤氏的来源是：“始祖原住昇州，上元县小郊社人，因地震徙于抚州小浆市②，后为子孙蕃衍迁于……”③这两个不同宗祖的汤氏族谱，出现内容完全一致的谱序，只能说明它们都是伪造之作，是史上某次修谱时，职业修谱匠人加入的又一篇程式文。

在《抚临谱》中，还载有一篇北宋宰相晏殊［991—1055，字同叔，古临川文港人］所作的《宣慰公传》以及王安石所作十六字的像赞。由于笔者学浅，考证无策，故不敢枉作评论。只将其全文录入如下，相信采信者自会得出结论。

宣慰公传

公讳季珍，字君重，号宝亭，唐季以词赋擢科名，任抚州路

① 载于金溪《善山汤氏家谱·云锦汤氏族谱序》，宋嘉泰二年（1202）正月望日，孙师中书。

② 小浆市，现为废墟，处抚州市东乡区小璜镇境内。

③ 载于金溪《善山汤氏家谱·云锦汤氏族谱序》，宋嘉泰二年（1202）正月望日，孙师中书。

宣慰，奋身追贼，为国尽难，作一方保障，上嘉其忠勇，敕封公葬抚汝北汤坊象山飞雁投湖形。而是时，人民俱获安全，立像庙祀于长春地，答乃丕勋，厥后子孙蕃衍，衣冠济济，累世簪缨，莫非公之正气所钟也。是为传。

大宋赐进士出身历官龙图阁大学士年后学晏殊同叔氏顿首拜撰

唐鼻祖宣慰大夫万四公遗像

赞曰：忠贞贯日，义勇参天，英气不灭，启佑后贤。

后学王安石谨题

托名人之言，彰家族显贵，无疑是民间宗谱文献中的一大通病。抚临汤氏与文昌汤氏也没能免俗。尤其是作序之人王安石、曾巩，还有为之作《宣慰公传》的晏殊，与谱主都同为抚州临川人，乍一看去，同乡人为同乡人撰写谱序，是再平常不过的事情了。如《宜黄许氏通谱》所载王安石于宋熙宁乙卯年（1075）撰写的《许氏得姓源流》序文，经考证，确定是真作，于1974年收入《王安石全集》中。[①]正是由于这种原因，《抚临谱》与《文昌谱》分别所载的名人序，史上一直无人求证，从而流传了下来。然而，去伪存真，同样能够得出一些重要的历史信息。如在两谱分别出现的王、曾两序中，同时出现历史上真有其人的“汤周”，尽管因此留下了伪造的痕迹，但也透露出一个不可忽略的史实，即文昌汤氏与抚临汤氏对汤周其人的共同认可，亦表明对先祖来源，即曾经一度奉汤季珍（万四公）为共同的先祖，此话题待后详叙。

① 《王安石全集》卷71《许氏世谱》，吉林人民出版社1996年版。

两谱同载时贤序比照

重修于光绪三十二年（1906）《文昌谱》（七修）中有谱序32篇，考、跋、引4篇；重修于2004年的《抚临谱》（十二修）中有谱序46篇，跋3篇。其中两谱署名者相同、内容大体相似的族外之人章世纯、艾南英、刘同升、杜果所作的“他序”有4篇。如此数量相同的他序，这在笔者目击的众多家谱中尚未有过。出于节省篇幅，下面仅将章世纯序原文并列比照，并用下划线以提示区别之处，而艾南英等序只摘其主要不同之处进行比照。

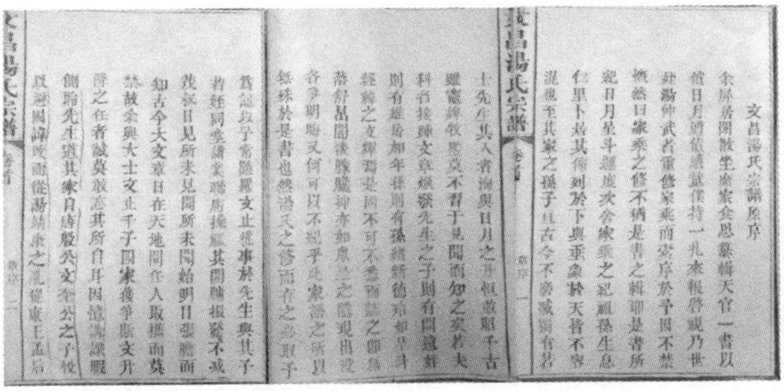

《文昌谱》之章世纯序书影（一）

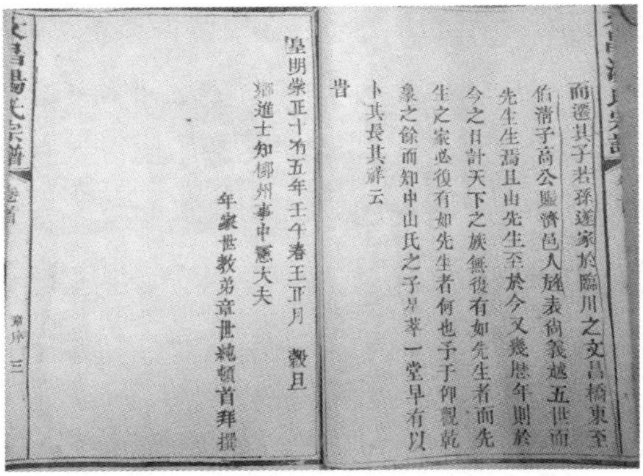

而遷其子若孫遂家於臨川之文昌橋東至
佑清子高公賑濟邑人旌表尚義越五世而
先生生焉且由先生至於今又幾歷年則於
今之日計天下之族無復有如先生者而先
生之家必復有如先生者何也予仰觀乾
象之餘而知中山氏之子孫萃一堂早有以
卜其長其祥云
昔
皇明崇正十有五年壬午春王正月　穀旦
賜進士知郴州事中憲大夫
年家世教弟章世純頓首拜撰

《文昌谱》之章世纯序书影（二）

一、章世纯[①]序比照

（文昌）汤氏宗谱原序

余屏居闲散，坐縻家食，思纂辑《天官》一书，以偿日月逋债。适童仆持一扎来报，启视，乃世侄汤仲武[②]者重修家乘，而索序于予。因不禁慨然曰：家乘之修，不犹是书之辑耶？是书所纪，日月星斗运度次舍；家乘之纪，祖孙生息仁里卜居，其布列于下与垂象于天，皆不容混也。至其家之孙子，亘古今不磨灭。独有若士先生其人者，洵与日月之升恒，并昭千古。虽灶婢牧竖，莫不习于见闻而知之矣。若夫科名接踵，文章焕发，先生之子则有开远；

抚临汤氏二修宗谱原序

予屏居闲散，坐縻家食，思纂辑《天官》一书，以偿日月逋债。适童仆持一扎来报，启视，乃世侄汤仲武者重修家乘，而索序于予。因不禁慨然曰：家乘之修，不犹是书之辑耶？是书所纪，日月星斗躔度次舍。家乘之纪，祖孙生息仁里卜居，其布列于下与垂象于天，皆不容混也。至其家之子孙，亘古今不磨灭，独有若士先生其人者，洵与日月之升恒，并昭千古。虽灶婢牧竖，莫不习于见闻而知之矣。若夫科名接踵，文章焕发，先生之子则有开远；

① 章世纯（1575—1644），字大力，明临川白城（现南昌县黄马乡白城村）人。受业于汤显祖，明末古文家。

② 汤仲武（1610—1670），讳孙绪，汤维岳之子。明崇祯己卯科（1639）乡试中式。拣选文林郎。

侄则有维岳、加年[①]；孙则有孙绪、新德[②]，殆如星斗经纬之交辉焉。是固不可不悉而志之，即磊落舒昆，暗淡朦胧，抑亦如众星之隐现，出没各争明晦，又何可以不纪乎！此家谱之所以无殊，于是书也。然汤氏之修而存之，必取予为证，以予常随罗文止[③]从事于先生，与其子若侄同堂讲业，联席操觚，其开牖振发，不减茂叔，日见所未见，闻所未闻，始明目张胆而知古今大文章，日在天地间，任人取携而莫禁，故余与大士、文止、千子[④]四家获争斯文升降之任者，诚莫敢忘其所自

侄则有维岳、加年；孙则有孙绪、新德，殆如星斗经纬之交辉焉。是固不可不悉而志之，即磊落舒昆，暗淡朦胧，抑亦如众星之隐现，出没各争明晦，又何可以不纪乎！此家谱之所以无殊，于是书也。然汤氏之修而存之，必取予为证，以予常随罗文正从事于先生，与其子若侄同堂讲业，联席操觚，其开牖振发，不减茂叔，日见所未见，闻所未闻，殆明目张胆而知古今大文章，日在天地间，任人取携而莫禁，故予与大士、文正、千子四家获争斯文升降之任者，诚莫敢忘其所自耳，

① 开远（1588—1640），汤显祖三子，字叔宁，号谷灵，明万历乙卯（1615）科乡试中式。历官安庐道监军，卒赠太仆少卿，《明史》有传。维岳（1583—1640），号山公，汤儒祖次子，明崇祯庚午（1630）科乡试中式，任象山、南靖令，升广西南宁府司马。加年（嘉），享年55岁，号靖庵，汤奉祖三子，清顺治丙戌（1646）科乡试中式，任奉新县外翰林，卒于官。

② 孙绪，即汤仲武。见第016页注②。新德（生卒不详），号五峰，汤显祖嫡孙，汤士耆长子，明崇祯壬午科乡试中式，官教谕。

③ 止，为正误。罗文正，罗万藻。

④ 大士，陈际泰；千子，艾南英。此两人与罗万藻、章世纯一起求学于汤显祖。史称陈、罗、章、艾“临川四才子”。

耳。因忆讲课暇侧聆先生道，其家自唐殷公文圭公之子悦，以避国讳，改而从汤，靖康之乱从康王孟后而迁，其子若孙遂家于临川之文昌桥东，至伯清、子高公赈济邑人，旌表尚义，越五世而先生生焉，[①]且由先生至于今，又几历年，则于今之日计天下之族，无复有如先生者。而先生之家必复有如先生者，何也？予于仰观乾象之余而知中山氏之子星萃一堂，早有以卜其长其祥云。

时皇明崇正十有五年壬午春王正月　穀旦

乡进士知柳州事中宪大夫年家世教弟章世纯顿首拜撰

因忆讲课暇侧聆先生道，其家来自苏州温坊市万四公，蒞吾郡，家于汝北，其子五：明一公迁城南、明二公未详、明三公迁材浦、明九公居汤坊，万四公墓在焉，明六公迁文昌之桥东，又二十三世而先生生焉，且由先生至于今，又几历年，则于今之日计天下之族，无复有如先生者。而先生之家必复有如先生者，何也？予于仰观乾象之余而知中山氏之子星萃一堂，早有以卜其不骞不崩云。

时大明崇祯十有五年壬午岁春王正月　穀旦

大明乡进士知柳州事中宪大夫年家世教弟章世纯顿首谨撰

① 本书所有空格下划线只起对应识别提示作用，原文中并无空格。

二、艾南英[①]序比照（全文约480字）

（文昌）汤氏宗谱原序	抚临汤氏二修宗谱原序
……谱牒不修，而宗法不讲，数世之下，遂相视如秦越，讵能厚宗族而追崇其也乎？______________________________吾师汤玉茗先生……	……谱牒不修，而宗法不讲，数世之下，遂相视如秦越，安能厚宗族而追崇其也乎？今汤氏惓惓于谱之是辑也，出自昭武宣尉大夫之后，吾师汤玉茗先生……

三、刘同升[②]序比照（全文约560字）

（文昌）汤氏宗谱	抚临汤氏二修宗谱原序
……余按图而稽知，江南之汤得姓于殷公悦，而伯清公者实开文昌桥之族者也，______________________________自今溯之百有余年，族之蕃滋，名公钜卿代有其人，不亦宜乎！	……予按图而稽知，南门之始祖明一公、材浦之始祖明三公与夫先生之文昌里分衍盱丰、宜邑其始祖则为明六公，汝北汤坊其始祖则为明九公，是数族者皆肇于有唐之宣慰也，自今溯之将及千年，族之蕃滋，名公巨卿代有其人，不亦宜乎！

① 艾南英（1583—1646），字千子，号天佣子，明末“临川四大才子”之一。

② 刘同升（1587—1646），字晋卿，江西吉水人。明崇祯十年丁丑（1637）科状元。其父刘应秋探花出身，与汤显祖同年进士，结成儿女亲家，但汤女詹秀七岁时夭折。

四、杜果[①]序比照（全文约660字）

（文昌）汤氏宗谱原序	抚临汤氏三修宗谱原序
……予与小翁[②]三十有馀年，论文赋诗赠答不倦，因得备问家世之隆。小翁携谱以应，原其先伯清公以矐目著其节，子高公以散粟行其义，________________________________文人义士接踵而兴，玉茗其六世孙也。若是乎玉茗之祖功宗德源远而流长……	……予与小翁交三十有馀年，论文赋诗赠答不倦，因得备问家世之隆。小翁携谱以应，原其先以万四公任抚州宣慰，其子若孙遂分居临川之汤坊、桥头、材浦、南门及宜邑之仙源、盱江之南丰等处，各有文人达士接踵而兴，玉茗其桥头裔[③]孙也。若是乎玉茗之祖功宗德源远而流长……

从以上四时贤序的比照中，可以清晰地看到的，尽管只是极少部分文字表述不同，却是两宗谱在远祖认同上的巨大区别。应该说，汤显祖的学生章世纯、艾南英，以及未过门的女婿刘同升，还有汤显祖学生的学生杜果，他们为自己的老师、长辈撰写谱序，即使是有所笔误，也不至于连谱主的先祖都不知道。这在仅见于《文昌谱》，同样是汤显祖的学生，67岁才中进

① 杜果，字登圣，号觉庵。新建人，清顺治丙戌（1646）科乡试中举，顺治四年（1647）中进士，授翰林院庶吉士，改御史，巡按两浙，以廉明著（《同治新建县志》卷41）。曾就学于汤显祖的学生陈、罗、章、艾。

② 小翁，汤秀琦（1625—1699），字小岑、从岭，号弓庵。汤寅祖之孙，汤显祖之从孙，清顺治三年（1646）副贡，授鄱阳县教谕，清初文士、著名史学家。

③ 桥头，汤显祖家住文昌桥东头。

士的陈际泰[①]序可为一证：

> 汤氏之姓始自南唐……汤氏之先，天命始契，睿敏汤孙，其丽不亿，南唐崇义，德隆望硕，由唐入宋，为君出力，应天顺人……

可以说，陈际泰序与章世纯序"讲课暇侧聆先生道，其家自唐殷公文圭公之子悦，以避国讳，改而从汤……"其辞不同，但所表达的意思是一致的。且所有向时贤们请序者皆为文昌汤氏的后裔，真实可信。由此推断，《文昌谱》所载应为原作。那么章世纯、艾南英、刘同升、杜果所作谱序，为什么会出现在两部不同的汤氏宗谱，形成两种不同的版本呢？文昌汤氏与抚临汤氏存在着哪些相联的历史渊源？为搞清这一系列的疑点，有必要对两宗谱进行更深层次的比对分析。

文昌汤氏修谱史上的风云录

我们说《抚临谱》与《文昌谱》关联非常密切，绝非泛言。据笔者实地调查，在清溪汤家村安葬着万四公的飞雁投湖形山上，现在仍能看到注明有"文昌"字样的墓碑。且据《文昌谱》统计，从清顺治己亥年（1659）至清同治甲子年（1864）两百余年间，共有23位文昌汤氏的先人安葬在此。请注意此处的起始年"顺治己亥年（1659）"，表明这是在史称"甲申变革"的改朝换代激烈战争中，文昌汤氏后裔已迁移出文昌里之后所发生的史实。[②]那么，曾经"铁"到过连祖坟山都可以共有的两汤氏家族，后来为什么会

① 陈际泰（1567—1641），字大士，号方城，江西临川鹏田陈坊村人，明崇祯七年（1634）中进士，任行人，明末"临川四大才子"之一。陈序约460字。

② "甲申鼎革，祠屋荡毁为圩"（《文昌汤氏宗谱·新建承塘公祠记》），"庙已毁而为圩，予宗皆转徙侨居"（《文昌汤氏宗谱·承塘公支下正旦诣祖簿序》）。

分道扬镳、各立其宗了呢？其缘由在《文昌谱》所载清嘉庆丁卯年（1807）以“合局公识”名义撰写的《例言》[①]中，交代得较为清楚。此文正文可分为10段，共800余字，现摘要抄录之：

例言

（第1段）宣慰万四公，吾谱宗之已数传矣。……

（第2段）江南之汤始于殷公文圭之子悦，避讳从汤，先人言之明矣。兹修详述于序考。

（第3段）之中而世系不载，以世远年湮追溯无由，与其妄有增益，毋宁阙而不录也。

（第7段）吾家在胜朝[②]本无谱牒……癸巳草创之初，材浦、汤坊[③]与焉，于戊戌既以另修……

（第9段）修谱之重同于修史，一有不慎，神灵示警！兹修内局诸人变故之，来至数十夜不能成寐，然小心谨慎，幸毕，乃事后之仕事者，惟毋怠毋荒，弗退缩而已。

此文告诉了我们诸多方面的史料信息，一是文昌汤氏曾与抚临汤氏等共尊汤季珍“宣慰万四公”为鼻祖；二是“江南之汤始于殷公文圭之子悦”，但由于“世远年湮追溯无由”，故宁缺而不录；三是文昌汤氏在明朝时并无族谱，而是“草创”于清康熙癸巳年（1713），与材浦、汤坊等地的汤氏联修，才结束了无宗谱的历史；四是清乾隆戊戌年（1778）文昌汤氏即已开始另修；五是文昌汤氏对另修宗谱极其谨慎，绝非一时兴起之作。

---

① 载于《文昌汤氏宗谱》（七修复制件，一百廿二号）。

② 胜朝，指已灭亡的前王朝——明朝。

③ 材浦、汤坊。材浦即现进贤县李渡镇柴埠口；汤坊即现云山镇清溪。据《抚临汤氏宗谱》，材浦汤氏为万四公第三子明三公的后裔，汤坊为第五子明九公的后裔。

下面我们以此为脉络，试着还原清康熙癸巳年和清乾隆丁卯年（1807）两个时间点上，文昌汤氏修谱史上曾经发生过的两件大事。

一、康熙癸巳年——文昌汤氏谱草创时代

为清楚地说明问题，我们将《文昌谱》（七修）“首事众名”所列修谱时间，与《抚临谱》（十二修）“联修宗谱一览表”，以及每次修谱时的序、跋数量一道以表格形式，并列于下，以供比照：

修谱时间比照表[①]

文昌汤氏宗谱					抚临汤氏宗谱				
修次	时间	地点	监修督率	序跋	修次	时间	地点	主修人	序跋
					首修	熙宁辛亥（1071）	抚城东	明三公	3
				5	二修	嘉靖甲辰（1544）	玉茗堂	启原公	5
首修	康熙癸巳（1713）	玉茗堂	宪万 洁儒	12	三修	康熙癸巳（1713）	玉茗堂	宪万公	7
二修	乾隆癸巳（1773）	玉茗堂	（总理世系）克让	4	四修	乾隆癸巳（1773）	玉茗堂	道言公	8
三修	乾隆戊戌（1778）	玉茗堂	（总理世系）翘青	0	五修	乾隆己酉（1789）	玉茗堂	青彝公	1
					六修与文昌分修（注：原文载）				
四修	嘉庆丁卯（1807）	玉茗堂	畏持 汉卿	5	六修	嘉庆丁卯（1807）	汤坊祠	觉堂公	5
五修	道光戊戌（1838）	玉茗堂	幼芳 协义、策芬	5	七修	咸丰辛亥（1851）	上汤祠	贞一公	2
六修	同治戊辰（1868）	玉茗堂	瑾华	3	八修	光绪乙未（1895）	上汤祠	院初公	4
七修	光绪乙巳（1905）	玉茗堂	庆垣	2	九修	1919 年	下汤祠	茗孙公	3

① 两表分别存有错误或有疑惑之处。如《抚临谱》首修时间，按此谱提供的万四公简传“宣慰大夫……唐僖宗时授官于抚郡以为家焉”“奋身追贼为国尽难”来推算，万四公的儿子们都应出生在其“尽难”之前，即唐僖宗（874—888 年在位）之前。而谱牒首修时间是宋熙宁辛亥岁（1071），相距近二百年。主修人明三公如此长寿？《抚临谱》二修于明嘉靖甲辰（1544），地点是玉茗堂，有悖于史实。玉茗堂是明万历二十六年（1598）汤显祖弃遂昌县令后才创建的。至于《文昌谱》中的二修与三修，没有监修督率人之疑，详见后叙。

对文昌汤氏来说，清康熙癸巳年（1713）是结束家族无宗谱历史的一年。其领军人物是宪万公（文昌八世）。宪万，讳亮（1655—？），汤显祖同父异母之幼弟——汤寅祖之孙，邑庠生。清康熙癸巳年时，宪万已是58岁。据推测，此时的宪万可能是文昌汤氏的族长，掌管着传统赋予的活动权。按习俗，每年春节期间，汤氏族人都要到文昌里灵芝园汤氏祠堂集中祭祖，这是族长必须主持的最重要的祭祀活动之一。在宪万自撰的谱序[①]中可以看到：清康熙癸巳年正月团拜时，分居各地的族人[②]久未见面，老幼都很高兴，但也出现一些年轻人搞不清世次有失礼仪的现象。由此议及家谱之事，一致认为家谱非修不可。宪万看到大家对辑修家谱兴致很高，顺势而为，决定组织修谱。也许是对于修谱之事没有经验，需要学习借鉴，也许是文昌汤氏当时尚属人口不多的小家族（见下表），难以修成皇皇大谱，宪万想到联合大派。于是他命文昌的几个晚辈，乘船顺抚河而下，来到汤姓人口较多的云山汤坊、李渡材浦等地，商讨共修宗谱之事。此事对于抚临汤氏来说，也是相隔167年后想做而还未做的大事。这在《抚临谱》中有着清晰的记载：

文昌汤氏一至十代繁衍状况简表

代	一	二	三	四	五	六	七	八	九	十
男丁	1	3	6	12	9	14	37	61	107	128

说明：根据《文昌谱》统计。已迁徙、注明不详，以及早夭者未统计在内。

① 见《文昌汤氏宗谱》（七修）复制件，序，十号。

② 甲申鼎革，在战火的蹂躏中，文昌里几度成为废墟。文昌汤氏迁居到郡城周边的湖田、云山、白水、榆坊、西津、洋洲、璜溪等地。

吾抚郡汤姓……旧谱未修已百十余年，今癸巳春，文昌明六公支下宪万叔祖，暨上庸、少由、砥及[①]诸君兴思重纂，不惮跋涉之艰，至予材浦、汤坊探讨遗编……予不胜欣跃，快夙志之。

大清康熙五十三年甲午岁春月　　榖旦

清材浦里仕远公裔孙拜昌殿飏氏薰沐书

今癸巳春有文昌明六公之裔宪万叔命其侄上庸、少由、砥及等扁舟至舍，道及吾宗支分派远愈久愈疏，昭穆能无紊乎？彝伦能无斁乎？予辈皆跃然起曰："叔兄等心祖宗之心，昭祖宗之德，诚快事也！"

大清康熙五十三年甲午岁春月　　榖旦

材浦里仕远公裔孙能理、瑾蔼如氏顿首拜撰

也许是众人的尊重，汤宪万担任了这次联修的主修人。经过一年的艰苦努力，《抚临谱》（三修）完成，可谓功德圆满，赞美之词跃然纸上：

……癸巳岁有抚城文昌里宪万叔祖等，同吾支材浦与汤坊之尊长，毅然有重修之举，搜寻原委，考究世次，汇集成帙……岂不感哉！

大清康熙五十二年癸巳岁孟冬月　　榖旦

清材浦里仕诚公支下十一世裔孙成烈楚伟氏顿首拜撰

不是一家人，不入一家门。文昌汤氏是怎样参合到以万四公为鼻祖的抚临汤氏宗谱中去的呢？在《抚临谱》中，有一篇撰于明隆庆六年（1572）

① 上庸、少由、砥及，均为文昌汤氏子高公位下九世至十二世裔孙。

的原序[①]，此时文昌汤氏还没有参合到抚临谱中来。从这篇早期的序文中，也许可以看到稍许端倪：

……吾祖自贵池而分苏（州）[②]，宣（既指宣慰公）又由苏而分东邑（东乡）小浆，自小浆而分为南塘麻畲，为贵溪浮桥，为抚之东门文昌桥、南门、善山（金溪），湖南雍州，（临川）汤坊、富坊，宜邑（宜黄）仙源，盱江南丰、新城（黎川），诸宗又自各有派分，益繁以衍，而小浆则历四百年未有溯其自始者，今谱文修小浆与焉，可谓千载一时之会。

此话的意思是：所谓宣慰公自于苏州，其实都是源于贵池。宣慰万四公只是其中的一个分支。也就是说，认可苏州万四公与认可远祖源于贵池，是一致的，无碍于抚郡各汤氏共存一谱。这在《文昌谱》的《原谱考》中也可得到印证："虽两癸巳之修以万四公为鼻祖，而序记中独谆谆述若士、弓庵二公纪文圭公之言，万四公亦略焉。"所以在清嘉庆丁卯年（1807）以前，文昌汤氏"由伯清公上溯之，历修以万四公为鼻祖……乾隆戊戌以前数修，均仍其旧"[③]。

"水之有源者流必长，木之有本者枝必茂""海内士大夫家类有世谱以联族而传家法，甚盛事也！"清康熙癸巳联修谱牒，对文昌汤氏来说，既结束了无谱的历史，了却了数代人的夙愿，又是自立门户的发端。所以文昌汤氏的后人，亦称此次联合修谱为文昌汤氏的首修谱。主修人宪万也在他自撰的序中，很是自豪地写道："古立宗法，汉肇谱学……宗谱之修，自

---

① 《抚临汤氏二修宗谱原序》，大明隆庆六年（1572）春二月，明广东廉州推官二十二世孙柏谷惟允书。

② 括号为笔者所加注。

③ 见《文昌汤氏宗谱》（七修）复制件，序，四十号 。

不容已矣。”

二、嘉庆丁卯年——文昌汤氏自立门户

> 吾家宗谱始于宋元，自康熙癸巳迄嘉庆丁卯凡四修。第康熙之修统材浦、仙源、汤坊等处在焉。所以乾隆癸巳，克让公于孟正公位下另联派行，乾隆戊戌问渠公[①]复合子高公位下，续联派行，始均有澄清之意欤。故丁卯冬惟议修文昌子高支谱。

这是存于《文昌谱》中，子高公十二世裔孙邑庠生汤荣典，在清道光戊戌岁五修宗谱时撰写的序言（摘抄）。从荣典序[②]中可以看到，文昌汤氏族人对清康熙癸巳年联大派并不满意，另行辑修势在必行。从《文昌谱》修谱时间表中，可以得知，清乾隆癸巳年第二次联修时，在没有族长（即无监修督率人）授意的情况下，克让公自任“总理世系”，带领族人悄悄地进行了另修，并合于同年撰修的《抚临谱》中。也许是这次另修并不彻底，仅过五年后的清乾隆戊戌年，翘青（号问渠）又进行了第三修。值得一提的是，第三修似乎是在悄无声息中进行的。据《文昌谱》历次修谱的“首士众名”载，初修宗谱首士 21 人，二修 23 人，而三修却只有 6 人，其中还有两人参与过二修。如“总理世系”人翘青就在二修中担任“在局对稿”。此次修谱尽管没有留下一篇可资查证的序或跋，但还是有迹可循：“昔叔父问渠先生忧深虑远，恐有遗漏附曾之误，此事三致意焉。不意寿终京舍，

---

① 克让公，讳日恭，字克让，号石溪，汤秀琦之孙，清乾隆壬午（1762）科乡试乙榜，候选儒学正堂，生于清康熙庚寅年（1710），殁于清乾隆己酉年（1789）。孟正公，谱名元公公，汤寅祖长子，讳应台，字孟正，郡庠增广生，艾南英之婿，生于明万历乙巳（1605）年，卒于清康熙庚戌年（1670）。问渠公（1738—1801），讳日濬，字翘清，号问渠，清乾隆戊申（1788）科乡试中举，四次参加会试，清嘉庆辛酉（1801）年赴京会试，卒于旅寓。

② 见《文昌汤氏宗谱》（七修）复制件，四一号，子高公支下十二世裔孙邑庠生荣典敬撰。

有志未逮。”[①]

大张声势地公开“叫板”，出现在清嘉庆丁卯年，“引爆”的是汤行可[②]的一篇《原谱考》[③]。全文很长，现摘抄之：

丁卯冬，予家将修宗谱。予因检阅原编，窃有感于前人首述文圭公子悦得姓之由，独详伯清公以下事迹之。故与夫不联大派，大书特书子高公位下。孙之征旨，而不禁反复之、慎重之。盖考《玉茗堂集》述酉塘公之言，曰：“江南之汤，皆出唐殷公文圭之后，公之子悦……”江南之汤得姓实在宋初，而何以唐时抚郡先有万四公，其人者官则宣慰大夫，郡、县志书俱不载传，则云抚州路宣慰，夫路名创于元、宋，何以先有抚州路？称墓则在飞雁投湖，予遍询同姓，各处俱有万四公之墓，山亦俱名飞雁投湖，是其官、其传、其墓皆不足据也。

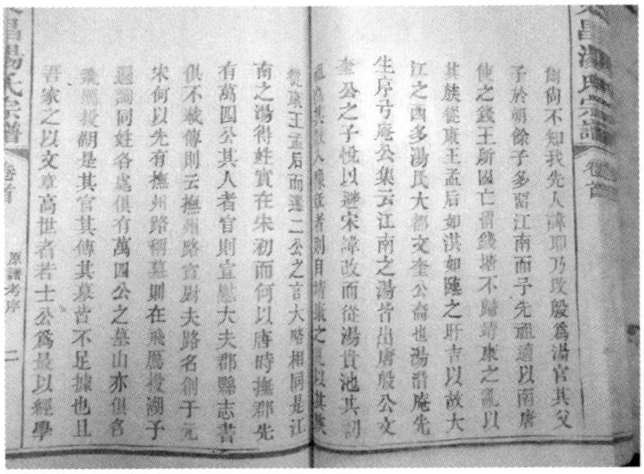

《文昌汤氏宗谱》之《原谱考》书影

且吾家之以文章高世者，若士公为最；以经学著名者，弓庵公为最，即其所自注皆详于文圭，而未尝一语及于万四公。虽两癸巳之修以万四公为鼻祖，而序记中独谆谆述若士、弓庵二公纪文圭公之言，万四公亦略焉。则兹修不宗万四公，其即先人首述文

① 见《文昌汤氏宗谱》（七修）复制件，四一号。子高公支下十二世裔孙邑庠生荣典敬撰。

② 汤行可，讳梗，字行可，号如章，太学生，汤秀琦第五世孙。

③ 《原谱考》全文1500余字。见《文昌汤氏宗谱》（七修）复制件，三十一号，子高公十一世孙梗行可氏谨识。

圭公意也。

《原谱考》以汤显祖《吉永丰家族文录序》为由，以考证为据，托四世祖西塘公之口，直言不讳地指出了为何不崇万四公为鼻祖之理。此在文昌汤氏中引起轩然大波：“初阅之不胜惊骇，谓其有僭易前人之制，既而摒弃。诸务静阅一遍，乃知其慷慨持论，非漫无所据而云。”[①]《原谱考》在当时对《文昌谱》的另修起到了关键性的推动作用，“故不忍以蓄疑者欺祖宗，尤不敢以蓄疑者传后世”[②]。

> 余家自南唐以来，迄于元季，家乘迭经兵燹，而且散居乡落，泾渭难分，自伯清公而后，代有伟人，各纪所闻，虽未作而阙疑征信，始有自己。
>
> 大清嘉庆十二年丁卯岁季冬月中浣　穀旦
>
> 子高公十世孙太学生治薰沐谨撰

> 今得行可弟原始要终正其舛谬，删先人所未删，定前人所未定，以变通为遵守，质列祖在天之灵……吾知假胥之弊从此免矣。
>
> 大清嘉庆十二年丁卯岁季冬月中浣　穀旦
>
> 附贡生子高公支下十一世孙文标灿廷敬撰

文昌汤氏退出联修，令抚临汤氏无比遗憾。这在《抚临谱》中也记载不少：

① 见《文昌汤氏宗谱》（七修），三十八号，附贡生子高公支下十一世孙文标灿廷敬撰。
② 同上。

修谱之为盛事而亦为难事矣……欲将宗谱更集大成，奈何族谊睽离已久也，人心向背也……噫，予愧矣！予愧矣！是所望于后之作者，悯其力之有未逮，而我祖在天之灵或亦鉴其苦衷，而少为谴责焉耳。

大清嘉庆十二年丁卯岁仲春月　　榖旦

廿八世裔孙郡庠有辉耀武氏薰沐敬撰

……明六公居文昌桥，越廿三世而若士公生，文名流播海内，当时李、何、王、徐诸人后先号称七子者，远逊公一筹焉，其子开远公、士耆公皆显宦于一时，而功业亦斑斑可考。厥后代有伟人，难以毕述，兹因新修未与，概不录入。

大清嘉庆十二年丁卯岁在仲春月　　榖旦

清洋湾位一公支下三十一世裔孙优庠生觉堂三聘改名顿首拜撰

文昌汤氏清嘉庆丁卯岁另修宗谱，“仿孔子再删书”[①]“信者录之，疑者阙焉”[②]，最后的定论是：

……江南之汤出于唐殷公文圭之子悦，以避国讳改而从汤。其散入豫章者，则自靖康之乱，我族人从康王孟后而迁，抚临之有汤自此始。而兹谱不载，亦断也……特考先人之遗书，征历代之旧史，有不敢避僭妄者亦非无据也。然而力能行者则行之，其

① 见《文昌汤氏宗谱》(七修)，原序，三十八号，附贡生子高公支下十一世孙文标灿廷氏敬撰。

② 见《文昌汤氏宗谱》(七修)，原序，四十一号，邦杰仍孙氏谨撰。

有不能者仍隐约，以俟后人。而已澄清之任，其在斯与。[①]

"述文圭而世系不列者，阙疑文也；冠以文德者，原伯清祖之所自出也；标以文昌者，明材浦、汤坊之不与也。"[②]在清嘉庆丁卯岁的宗谱另修中，不仅在远祖的认识上回归到了汤显祖"江南之汤，皆唐殷公文圭之后"的叙说中来，还将以汤伯清为开山祖的文昌桥东汤氏，定名为文昌汤氏。自此，标志着文昌汤氏数百年来形成的"独立坚守"的儒家家风得到了很好的传承与延伸。

诚然，此次"大翻盘式"的另修，并非众口一辞的说好，守成不变者亦有之。这在近百年后的一篇作于清光绪三十二年（1906）的七修谱序中仍可看到其说："检阅家乘，历览世学，其尊万四公为鼻祖，伯清公为始祖，子高公为嫡祖，本源所自前序考证悉详，无容复赘。"[③]不过，这在整个《文昌谱》的近四十篇序与跋中，仅此一件而已。

文昌汤氏自立门户后，材浦、温坊汤氏的《抚临谱》仍将文昌汤氏中三位翘楚人物的传保留下来：由赐进士右都御史易应昌（临川人，生卒不详）撰写的（汤显祖）《若士公实录》，由赐进士吏部员外郎揭重熙（临川人，？—1651）撰写的（汤开远）《叔宁公实录》，由赐进士文林郎知新宁县事钦取候选吏部主事陈廷桂（待考）撰写的（汤秀琦）《弓庵公传》。

文昌汤氏数代人的不懈探究

据考察，明清时期抚州区域内的汤姓家族，主要分为两大类。一类以

① 《文昌汤氏宗谱·文昌汤氏宗谱引》（七修），三十九号，子高公支下十一世孙桢、梃、樸，十二世孙荣典，十三世孙樑敬撰。

② 《文昌汤宗谱跋》，敕授修职郎分发浙江候补县丞，子高公十一世孙楠，十二世孙英候同跋。

③ 见《文昌汤氏宗谱七修谱序》（七修）复制件，一号，子高公支下十四世孙郡庠生钟璜淡如氏敬撰。

万四公为鼻祖，其祖庭在云山清溪（汤季珍安葬之地），其后裔在各县区都有分布；一类以殷文圭为鼻祖，其代表是文昌汤氏，分布在抚州城区周边。如前所述，由于清康熙癸巳岁至清嘉庆丁卯年期间，文昌汤氏曾认宗于万四公祖下，所以以殷文圭为鼻祖的汤氏，在这近百年的时期里，只存在于汤显祖的《吉永丰家族文录序》中。

一、《吉永丰家族文录序》的语境分析

> 盖予祖茂昭公言：予江南之汤，皆唐殷公文圭之后也。公之子悦，仕南唐，以文章高世。国亡，从其君入宋。艺祖恚曰：尚不知我先人讳耶？乃改殷为汤，官其父子于宋，御医平叔，其后也。余子多留江南者。而予先祖适以南唐使之钱王所。国亡，遂留钱塘不归。靖康之乱，以族从康王、孟后，如洪、如临，之盱、吉。以故大江之西多吾氏，而大则文圭公之裔也。
>
> 汤显祖《吉永丰家族文录序》[1]

汤显祖的这段关于远祖的论述，因为有其“盖予祖茂昭公言”句，往往被后人解读为不确定用语，是“对家世源流其实也并不清楚”。作为研究并撰写《宋史》的汤显祖，会对自己的家世如此糊涂？我们可以试着对其语境进行分析，看一下汤显祖是在什么样的历史条件下作此说的。

语境一：文昌汤氏其时并没有可供查对的家谱。按照汤显祖“元季谱牒散亡”的说法，文昌汤氏此时是无家谱存在的。但在《文昌谱》清康熙癸巳年首修序中，却看到了“旧有族谱，当鼎革时，居抚郡者各散，处于四乡谱牒存失居半，迨甲寅而后，仅存一，又多残缺失次，且未续者百余

① 徐朔方笺校：《汤显祖全集》，北京古籍出版社 1999 年版，第 1067—1069 页。

年"[①]"议定数日，集同宗数人，探讨故帙，互相较正"[②]。那么谁的说法更为准确，文昌汤氏到底有没有可供查对的家谱呢？前文引用过《文昌谱·例言》"吾家在胜朝本无谱牒……"句，现在把这省略号的内容填充起来："吾家在胜朝本无谱牒，弓庵公遍询同姓广为搜罗，卒，以散乱而无成。"[③]尽管这是汤显祖身后之事，但也可以看到"元季谱牒散亡"之实。至于"旧有族谱……且未续者百余年"句，这与前列《抚临谱》修谱时间二修到三修之隔是相契合的。据笔者反复考证，没有任何史料表明，在汤显祖时代及之前，文昌汤氏曾经纂修过宗谱。所以，文昌汤氏在一个相当长的历史时期，确实是没有家谱存在的。当然，汤显祖是否看到过侄孙汤秀琦收集到的"散乱"残谱，已无从考证，但这也无法构成其时对文昌汤氏远祖来源的链接。否则，也就不会有汤显祖在《吉永丰家族文录序》中所言："吉之永丰有吾宗焉？魁然大矣……予祖文德、友信公父子耳，知与益翔父子后先焉否也？"

语境二：其时，两大来源派系分明，但却是一强一弱。依《抚临谱》所叙，万四公有子五：明一公居城南，明二公居四十三都，明三公居材浦，明六公居文昌里，明九公居汤坊。"炳炳烺烺，其散居诸郡，若宜邑、盱丰、余干、袁吉、饶信、临江、进贤、丰城、新城、瑞州，实繁且大。然溯其始，又俱以临川为起祖之地。"[④]依此线索，笔者进行了追踪考察，发现《抚临谱》所列各支，虽经千年变迁，仍有相当部分的家族存在。笔者查阅了他们的宗谱，分别是：居抚州市城南（现体育路）明一公谱暨《抚郡城南汤氏族谱》；居广昌县赤水镇明二公谱暨《平西汤氏家乘》；居现进贤县李渡镇柴埠的明三公与居临川区云山镇清溪明九公后裔合为一谱暨《抚临汤氏宗谱》；明六公后裔迁盱丰暨南丰《汤氏族谱》。而坚持以殷文圭为鼻祖的汤氏，除文昌

① 见《文昌汤氏宗谱》（七修）复制件，十三号，九世裔孙于汉撰。

② 见《文昌汤氏宗谱》（七修）复制件，十五号，九世裔孙于澜撰。

③ 弓庵公，汤秀琦，详见前"小翁"注。

④ 《抚临汤氏宗谱》，清材浦里仕诚公支下十一世裔孙成烈撰。

汤氏外，只发现有以东乡小浆为中心的周边如金溪善山、余江画桥等少数几支。

需要注意的是，在以宣慰万四公为鼻祖的数支汤氏谱中，有关世系的叙述也并非一致，而是各吹各号，各唱各调。如抚临等谱载宣慰万四公生有五子，而广昌《平西汤氏家乘》则“生子四”。又如，对宣慰公的生平描述，《抚临谱》载：“公讳季珍，字君重，号宝亭，唐季以词赋掇科名，任抚州路宣慰……”《抚郡南汤族谱》载：“名季珍，字涒重，号宝亭，生于后梁开平戊辰……公晋高祖时词赋登科，授抚州宣慰，遂家于抚郡城南……”很明显，其时间有较大相差。再如，按《抚临谱》，文昌汤氏系万四公四子明六公后裔，文昌开山祖伯清是万四公裔下十八世；但在《抚郡城南谱》中，文昌汤氏则是长子明一公即别驾公的后裔，文昌开山祖伯清是宣慰公裔下十四世，“汝清公，克忠公幼子，改名伯清”。甚至为何迁于文昌桥东，也有一段惟妙惟肖的描写：“公甫议分爨之夕，梦左手书一伯字，解曰左者东也，伯者长也。因易汝为伯，迁居文昌桥头。厥后家声宏大，人文炳蔚，迄今东族奉为鼻祖，果如所梦焉。娶艾氏，生子三，子高、子昂、子杰。”[①]

语境三：发出“江南之汤，皆唐殷公文圭之后”之声的，并非文昌汤氏一家。

如金溪《善山汤氏族谱》序言：“谨按族姓本为殷氏，因避北宋先祖庙讳，始更以汤……”[②]临川县小浆市（现为东乡小浆）《汤氏族谱》云：“汤本殷姓，世居池州九华，唐季时，文圭公以诗文鸣天下……生子二，长崇义公，仕南唐为宰相，后归于宋；次崇礼公，为抚州路宣慰使，协和危仔昌父子保境安民，卒于官，夫人邵氏并葬今临川之小浆市，实抚建两郡始迁祖也。”[③]以上两谱关于远祖的论述，几乎都与汤显祖在《吉永丰家族文录序》所言

---

① 《抚郡南汤族谱》“宣慰公支下世系”图十五号。

② 金溪：《善山汤氏族谱·云锦汤氏族谱序》，宋嘉泰二年（1202）正月，孙师中书。

③ 转引自《范阳汤氏宗谱》卷首附录《江西抚州府临川县小浆市宗谱序》。

“盖予祖茂昭公言”相一致。即使是已经尊汤季珍为鼻祖的南丰汤氏亦认为：“汤氏得姓实自殷来，得姓之后，源流末分，漫不可考，访之长老以宣慰公为始祖。”[①] 这足以说明，其时，对江南之汤来源于贵池殷文圭的认同，并非是文昌汤氏一家的自说自话。

在如此语境下，汤显祖以“盖予祖茂昭公言”，表达自己认同祖辈对远祖的认识，就很有谦谦之范了。更难得的是，在临川以万四公为鼻祖的汤氏具有“压倒性”优势的前提下，文昌汤氏能够不随“大流”，坚持自己的原则，并以此教育后代。经过数代人的不懈探究，文昌汤氏终于自立门户，在当时的环境下，是需要何等的勇气与谋略！

据此，绘制《临川文昌汤氏远祖世系略表》于下：

临川文昌汤氏远祖世系略表

（根据清光绪戊戌《范阳汤氏宗谱》、清同治戊辰《文昌汤氏宗谱》绘制）

殷文圭

- 汤悦　原名殷崇礼，宋初避讳改汤姓，名悦，居涿州，别中山郡。
- 汤净　原名殷崇义，随兄改汤姓，名净。江西抚（州）建（昌）始迁祖。
  - （元季谱亡不详）
  - 文德
  - 友信
  - 伯清（文昌汤氏一世祖）
- 殷崇范　庶出，池阳诸殷姓始祖。

① 南丰《汤氏家乘》“卷首源流一号”。

二、数代人的不懈探究

在《文昌谱》中，三十余篇序与跋，无不透露着文昌汤氏族人，为辑修宗谱所付出的艰辛与努力。

> 兹以四舅讳维岳者抵京入觐，因出其重修族谱，以嘱序于余。（刘同升序）

> 七世孙南宁司马生甫世兄，予师玉茗夫子仲侄也。庚午科与予同领乡荐，因出其重修谱牒示予。（陈际泰序）

> 世侄汤仲武者重修家乘，而索序于予。（章世纯序）

上述刘、章序作于明崇祯十五年（1642），陈序更早些，作于明崇祯十三年（1640）。[①]说明至少从那个时期起，修谱已经见诸文昌汤氏的行动之中了。其请序之人汤维岳（文昌汤氏第七世）是时年辈分最高者。汤维岳是汤显祖同母之弟汤儒祖之子，幼年父亲去世后，跟随在伯父汤显祖身边，耳濡目染，影响一生。汤仲武（第八世），维岳之子也。父子两人同时外出请时贤作序，足见其心情之迫切了。

《文昌谱》中所载章世纯、艾南英、刘同升、杜果等时贤所作的谱序，不仅是《文昌谱》起步的见证，由于作者是汤显祖的学生，或学生的学生，其笔触所到之处，流露出对玉茗先生的教授之恩，至真至情，感人至深。

---

① 谱载原件为“崇祯五十三年”，查明崇祯年号仅存17年（1627—1644），且陈际泰于明崇祯十四年（1641）去世，所以“崇祯五十三年”的五字应为后人制谱之误。

今予之声称不后于天下士，何一非先生提命之所致也乎。（刘同升序）

予常随罗文正从事于先生，与其子若侄同堂讲业，联席操觚，其开牖振发，不减茂叔，日见所未见，闻所未闻，始明目张胆，而知古今大文章日在天地间，任人取携而莫禁，故余与大士、文正、千子四家获争斯文升降之任者，诚莫敢忘其所自耳。（章世纯序）

悉从自己性灵探讨，不从纸堆里作生活；皆从学道精思，不从帖括中求出脱。（杜果序）

这些鲜为人知的记叙，填补了汤显祖教育活动研究的空白，其思想之深刻，即使在今天也是振聋发聩，是研究汤显祖教育思想不可多得的文献资料。

其时，在文昌后裔中，为辑修宗谱而奔波的远非几人，而是一大批：

逾年有汤生元辅、亮升、象泰、于澜，首拔儒童于洪等，踵予官舍，出其谱牒请予，曰："生欲重修家谱，愿得当道一言，以为光庞。"[1]

吾祖孙绪偕叔曾祖嘉年、叔祖新德，屡赴春宫，所历同姓求其谱复葺而新之。群相告曰，再遭兵燹，谱之存几何？吾祖愀然

① 《文昌汤氏宗谱·汉阳张伯琮序》（七修）复制件，八号。

作色曰：失今不修，族谊几亡，肃然有靖节少陵之悲也。[①]

先君子[②]……出游江省，命余偕往，与诸同姓相会，聚抵南丰而得惕庵先生，过余干而得子安诸君子，至都下而又得遇睢阳潜庵先生，与同居江右如吉、如洪、如袁、如饶者殷勤晋接，音问弗疏，无非追溯先代之源流而考其实迹也。[③]

临川文昌汤氏立志修谱，也得到了江右之外汤氏人士的响应。河南睢阳汤潜庵先生[④]即是一例。他说："江南之汤皆出唐殷公文圭公之子悦，以避宋讳改而从汤，贵池其初也……予祖亦出贵池，明初以开国辅运，功世袭骁骑尉，守

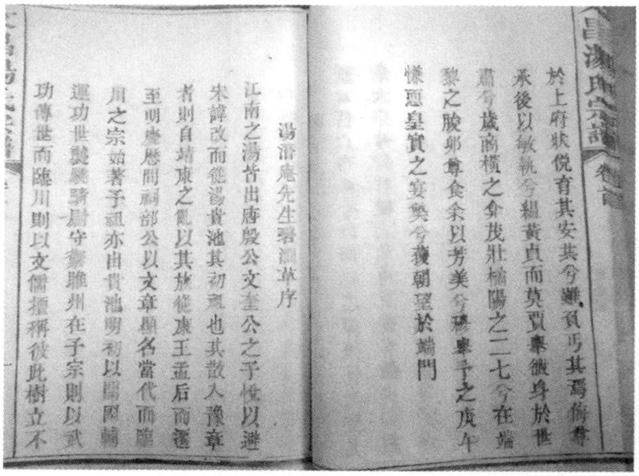
湯潛庵先生碧澗草序
江南之湯皆出唐殷公文圭公之子悅以避
宋諱改而從湯貴池其初氣也其散入豫章
者則自靖康之亂以其族從康王孟后而遷
至明嘉歷間祠部公以文章顯名當代而臨
川之宗始著予祖亦由貴池明初以開國輔
運功世襲驍騎尉守睢州在予宗則以武
功傳世而臨川則以文儒擅稱彼此樹立不

《文昌汤氏宗谱》之《汤潜庵先生〈碧涧草序〉》书影

御睢阳。在余宗则以武功传世，而临川则以文儒擅称。彼此树立不同，而其祖本贵池则一也。"[⑤]潜庵先生与文昌嘉年、孙谋、新德、秀琦等人交欢日久，还计划与南丰惕庵先生、余干子安先生联修会谱，并进行了大量的搜

---

① 见《文昌汤氏宗谱》（七修）复制件，十五号。

② 先君子，汤秀琦，汤宪万长兄。

③ 见《文昌汤氏宗谱》十二号，基序，子高公支下八世裔孙邑庠生坦之氏顿首敬撰。坦之，讳基，谱名敬亭公，汤秀琦三子。

④ 汤潜庵（1627—1687），讳斌，字孔伯，号荆岘，晚号潜庵。河南睢州（今河南睢县）人，清朝政治家、理学家、史学家与书法家，官至工部尚书，卒谥文正。

⑤ 《文昌汤氏宗谱·汤潜庵先生碧涧草序》（七修）复制件，序，廿三号，翰林院侍读叔斌荆岘氏题于京师之银湾曲。

集与考证，拿出了会谱之梗概。潜庵先生还为之序："……就中考其源流，皆以贵池为最初，数百年间世次分明，略无附会。而临川文昌一宗原以伯清为始迁之祖……"[①]其世系中的佼佼者，在《文昌谱》序中也列出有十余位："余族自南唐殷公悦改而从汤，如宋之允恭、景仁、道矜、恒汉、湘东野，元明之伯飚、璹和、鼎、鼐、顗彻、宾尹辈，皆其苗裔也。"[②]后来只是由于汤秀琦公车日促，两任鄱阳教谕，"力革学中旧弊，使鄱阳诸校焕然一新"，而创修家谱一事则一再搁置，最后其志未遂[③]，留下了无尽的遗憾。

倘若历史无此遗憾，《文昌汤氏宗谱》创修的时间不仅要提前近三十年，而且围绕修谱所发生的风云变幻，想必定会是别样景象了。

① 见《文昌汤氏宗谱》（七修）复制件，九号，赐进士出身巡抚江苏等处地方兼理粮饷军务右佥都御史前内阁学士兼礼部侍郎愚叔斌荆岘氏顿首撰。

② 见《文昌汤氏宗谱》（七修）复制件，十三号，子高公支下九世裔孙邑庠生于汉撰。序中所列人物皆非文昌汤氏。

③ 根据清康熙五十二年（1713）坦之序："先君子谋为会谱之志益坚矣，然卒也。公车日促，莅任鄱阳，是以其志未遂。"《文昌汤氏宗谱》（七修）复制件，十二号。

《原谱考》考论

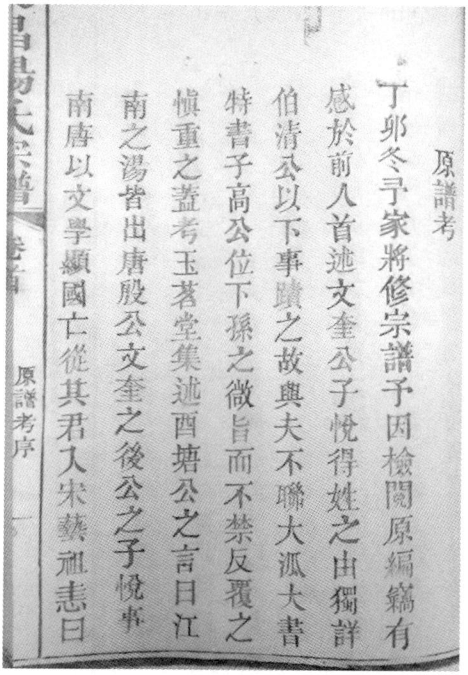
原譜考

丁卯冬予家將修宗譜予因檢閱原編竊有感於前人首述文奎公子悅得姓之由獨詳伯清公以下事蹟之故與夫不聯大泒大書特書子高公位下孫之微旨而不禁反覆之慎重之蓋考玉茗堂集述酉塘公之言曰江南之湯皆出唐殷公文奎之後公之子悅事南唐以文學顯國亡從其君入宋藝祖恚曰

原譜考序

《文昌汤氏宗谱》之《原谱考》书影

在临川文昌汤氏世系远祖的认识上，学界有苏州万四公说与贵池殷文圭说。对此笔者进行了考证，发现此两说并非空穴来风，而是文昌汤氏自身在远祖的认识上，曾自清康熙癸巳岁（1713）起，确实有过一段认同苏州万四公（汤季珍）为远祖，而在94年后的清嘉庆丁卯岁（1807）重新回归到了认同以贵池殷文圭为远祖的过程。这在拙作《临川两部〈汤氏宗谱〉之观照——兼析汤显祖家族世系之源》一文中，进行过较为详细的记述与分析。然而，细究这种认识反差的根源，尽管其纲领来自于汤显祖明万历二十八年（1600）所作《吉永丰家族文录序》中关于远祖的论述，纲举目张，执本末从，但就其发生转折的时间节点而言，与当时出现的“举纲”之作——《原谱考》密切相关。“……

尤兢兢族谱为念，考据详畅，苴遗补漏，曰：‘吾不忍妄攀他族，亦不命非种不锄而’。”[①] 所以，了解临川文昌汤氏世系之源变化的钥匙就在这篇《原谱考》。

何为“原谱”？据考，《文昌汤氏宗谱》草创于清康熙癸巳岁，包括后来清乾隆癸巳岁（1773）、清乾隆戊戌岁（1778）两次修谱，都是与临川云山清溪、李渡材埔汤氏合修，《抚临汤氏宗谱》称为三修、四修、五修谱，而文昌汤氏则将其称为本族宗谱的首修、二修、三修。清嘉庆丁卯岁（1807），文昌汤氏开始独立修谱，称为第四修，故前三次的合修谱统称为“原谱”。

《原谱考》共1500余字，写作时间是清嘉庆丁卯岁，迄今210余年。作者是汤显祖之幼弟，汤寅祖第六世孙汤梗（1769—1810），字行可，号如章。

由于《原谱考》只是收存于《文昌汤氏宗谱》之中，传播范围十分有限，研读者更是寥寥，以至于在文昌汤氏看来并不存在而学界却有人津津乐道的所谓“苏州学”的根本原因，就是不知道或者是没有注意研读这篇《原谱考》。基于此，笔者以抚州市汤显祖纪念馆收藏的清同治戊辰岁（1868）第六修《文昌汤氏宗谱》为蓝本，进行句逗与注译，并对其文献价值做一粗浅考析，期望有兴趣者能有所获。

一、原文释考

【原文】丁卯冬，予家将修宗谱，予因检阅原编。窃有感于前人首述文圭公子悦得姓之由，独详伯清公以下事迹之故，与夫[②]不联大派，大书特书子高公位下。孙之征旨[③]，而不禁反复之、慎重之。

---

① 清同治戊辰岁六修《文昌汤氏宗谱·如章公传》。

② 夫：第三人称代词，那，那些。

③ 征：验证。旨：意图。

【析读】清嘉庆丁卯年冬，吾族人合议要重修宗谱，我因此查阅了原来的谱牒。深有感触的是前人首先叙述的文圭公之子殷崇义改汤悦得姓的缘由，单独详述伯清公以下事迹的缘故，以及那些不与他族联大派且特别郑重记载子高公名下族人等情况。作为汤氏孙裔，我不禁对这些进行了反复、慎重的考证。

【原文】盖考《玉茗堂集》述酉塘公[①]之言曰："江南之汤皆出唐殷公文圭之后。公之子悦，事南唐，以文学显，国亡，从其君入宋。艺祖恚[②]曰：'尔尚不知我先人讳耶？'乃改殷为汤，官其父子于朝，余子多留江南。而予先祖适以南唐使之钱王所，国亡留钱塘不归。靖康之乱以其族从康王、孟后，如洪、如临，之盱、吉，以故大江之西多汤氏，大都文圭公裔也。"汤潜庵先生《序》[③]弓庵公《集》[④]云："江南之汤皆出唐殷公文圭公之子悦，以避宋讳，改而从汤，贵池其初祖也。其散入豫章者，则自靖康之乱以其族从康王、孟后而迁。"二公之言大略相同。

是江南之汤得姓实在宋初，而何以唐时抚郡先有万四公？其人者，官则宣慰大夫，郡、县志书俱不载传，则云抚州路宣尉，夫路名创于元，宋何以先有抚州路？称墓则在飞雁投湖，予遍询同姓，各处俱有万四公之墓，山亦俱名飞雁投湖，是其官、其传、其墓皆不足据也。且吾家之以文章高世者，若士公为最；以经学著名者，弓庵公为最。即其所自注，皆详于文

---

① 酉塘公：汤懋昭（1487—1566），字日新，号酉塘。文昌汤氏第四世，汤显祖祖父。

② 恚〔huì〕：恼恨；发怒。

③ 汤潜庵（1627—1687），讳斌，字孔伯，号荆岘，晚号潜庵。河南睢州（今河南睢县）人，清朝政治家、理学家、史学家与书法家，官至工部尚书，卒谥文正。其《序》指的是《汤潜庵先生碧涧草序》，见《文昌汤氏宗谱》卷首。

④ 弓庵公《集》：据考《集》为《记》误，即汤秀琦于康熙二十九年十月作《祖基复还记》。其开篇即叙："余祖世居桥东文昌里，其来远矣。先代本家贵池，以殷为氏……"

圭，而未尝一语及于万四。虽两癸巳之修[①]以万四公为鼻祖，而《序》《记》中独谆谆述若士、弓庵二公纪文圭公之言，万四公亦略焉。则兹修之不宗万四公，其即先人首述文圭公，意也。

【析读】经考索，汤显祖在《玉茗堂集》[②]中，转述酉塘公之言说："我们江南的汤姓族人，都是唐代殷文圭之后。殷文圭之子殷崇义，在南唐（937—976）做官，因文学才华而引人注目。南唐亡国后，殷崇义随南唐主李煜投降宋朝。宋太祖生气地对殷崇义说：'你不知道我的先人（宋太祖赵匡胤的父亲名叫弘殷）名讳吗？'所以殷崇义改殷为汤（名悦），父子都在宋朝为官，其他的儿子大多留在了江南。而我们的先祖殷崇礼（殷文圭次子，殷崇义之弟，遂改名为汤净），当时作为南唐使者去钱塘（今属杭州）钱王那里出使，南唐国亡后就留在了钱塘。靖康之乱（1127）北宋灭亡，汤净的后人又跟随南宋开国皇帝康王赵构以及扶持康王恢复国祚的孟后，迁徙到洪州（今南昌地区）、临川和盱（南城府）吉（安）等地，所以大江之西很多的汤氏，大都是文圭公的后裔。"汤潜庵先生《序》和弓庵公《集》都说："江南之汤皆出唐殷公文圭之子崇义，以避宋讳，改而从汤，贵池殷文圭是初祖。后来分散迁入江西的，则是殷崇义之弟殷崇礼的后裔，他们在靖康之乱中跟随康王、孟后，其族人陆续迁入江西。"二位前辈所叙大体相同。

这江南之汤得姓实际是在宋初，但为何说在唐时抚郡就先有万四公？其人官至宣慰大夫，然而郡、县志书都不见其传；又说他是抚州路宣尉，路之名创于元代，之前的宋朝哪有抚州路？称墓在飞雁投湖，我遍询同姓，各处都说有万四公的墓，山名也都称飞雁投湖。是其官、其传、其墓皆不足为据。况且我家族以文章著称于世者，若士公为最；以经学著名者，弓庵公

① 两癸巳之修，指的是清康熙癸巳与清乾隆癸巳与临川云山清溪、李渡柴埠等汤氏合修的《抚临汤氏宗谱》，其清康熙癸巳所修的《抚临汤氏宗谱》，实为《抚临汤氏宗谱》第三修，《文昌汤氏宗谱》称为文昌汤氏宗谱的首修。详见拙作《临川两部〈汤氏宗谱〉之观照——兼析汤显祖家族世系之源》。

② 按：指《吉永丰家族文录序》。

为最。在他们的论述中，都是详述于文圭，而没有一句说到万四。虽清康熙癸巳年与清乾隆癸巳年两次修谱（与《抚临谱》合修）都是崇万四公为鼻祖，但在谱《序》与《记》中却独自反复叙述若士、弓庵二公所记的远祖是文圭公的话，也忽略了万四公。这次修谱不崇万四公为鼻祖，也就是遵先人首述文圭公的意旨。

【原文】弓庵公《祖基复还记》① 云：吾祖伯清公感猎翠 ② 之报，以服道耦耕传家。值明初严于课吏，自矐 ③ 以避举。盖身既隐矣，又焉用文？故虽以若士公之淹博，去伯清公才五世而已，尚第曰："予祖文德、友信父子耳。元季谱牒散亡，不能定其后先，则二公虽吾祖也，而世代不可考矣。"故原谱虽列二祖，而事迹惟载伯清公以下。则兹修之以伯清公为始祖，首列文德、友信二公而不敢以世次，其即前人独详伯清公以下事迹，意也。夫谱之有派，所以辨尊卑、序长幼也。前人岂不知之原谱不统以大派，使之各自为派，诚恐当日于非所派者而派之，则后日将于所当派者而反不派。则兹修之合同宗而一，世惟以"一"字统之，而数目之使他族无从紊者，其即前人不联大派意也。且文昌之祖 ④ 始于伯清，而原谱《序》《跋》俱首冠以子高公位下孙合之。予祖石溪公 ⑤ 之言，吾家宗谱当以子高公位为正，则子昂、子杰公 ⑥ 之后其亦不能无疑矣。兹修始于伯清公，而派独联子高公位下诸族，而子昂、子杰公之后不与焉。其即先人大书特书子高公位下，意也。之数

① 弓庵公：汤秀琦。汤显祖幼弟汤寅祖之孙。《祖基复还记》，见《文昌汤氏宗谱》，作于清康熙二十九年（1690）。

② 猎翠。猎：《说文》放猎，逐禽也。翠：鸟名，翠鸟，又专指雌性的翠鸟。

③ 矐［huò］：用石灰或马粪熏眼睛，使人失明。

④ 文昌之祖：据考，在嘉庆丁卯岁修的宗谱中，第一次将以汤伯清为开山祖的文昌桥东汤氏，定名为文昌汤氏。

⑤ 石溪公：克让公，讳日恭，字克让，号石溪，汤秀琦之孙。清乾隆壬午（1762）科乡试乙榜，候选儒学正堂。生于清康熙庚寅年（1710），殁于清乾隆己酉年（1789）。

⑥ 子昂、子杰公（生卒不详）：第一世祖伯清公有三个儿子，依次为子高、子昂、子杰。逝后皆葬于灵芝园。

者泥其迹，虽若异于先人所为，究其实，即使先人在，今日亦不以予为妄也。

【析读】弓庵公在《祖基复还记》中说：我祖伯清公有感于猎翠的善恶终会有所报应，于是潜心修道，耕种传家。明初时，朝廷严课吏法，株连了不少清正廉洁的官员，士大夫视仕途为畏途，避之唯恐不及。伯清公为逃避科举，自残其目，隐居不出。既然瞎了眼睛，又如何能作文写字？虽然若士公距伯清公才不过五代，凭若士公的渊博知识尚且只是说："我祖文德、友信是父与子。但元末谱牒散亡，不能确定他们谁先谁后。"故此原来的谱牒虽列二祖，但生平事迹只记伯清公以下。这次修谱以伯清公为始祖，首列文德、友信二公，而不冒昧地分世次，也就是前人独详伯清公以下事迹的意旨。因谱有派别，所以能辨明尊卑、长幼有序。前人难道会不知原谱不统于大派之下吗？当时让他们各自成为派别，只是担心当时不属于派的却成为派，而后来能够成为派的却反而成不了派。此次修谱合同宗而为一谱，以"一"祖统之，便不会因为有他族者而紊乱了，这也是前人不联大派的意思。且文昌之祖始于伯清，而原谱《序》《跋》都首冠以子高公位下孙合之。我祖石溪公说，我们的宗谱应当以子高公位为正，那么子昂、子杰公之后的序次大概也就没有疑问了。此次修谱始于伯清公，在派别上是单独把子高公位下的各族联在一起，而子昂、子杰公的后裔单列。这种做法，大概就是先人大书特书子高公位下之意了。如果拘泥于前迹，这些做法与先人的做法是不一样的，但依其史实，即使是先人在世，也不会认为我的话这是妄说的。

【原文】难者[①]曰："谱有大同之名，兹修也得毋邻于隘乎？"

予曰："文昌之汤人文蔚起，代不乏人，不特太常若士公、巡抚谷灵公，

① 难者：有疑难问题的人。

直节名臣垂于国史[①]；原其先有若避举之伯清，尚义之子高，大隐之酉塘诸公，济其盛有若徐州司马尊宿[②]，南宁司马生甫[③]外，翰文林郎季云、善卿、元白、仲武[④]诸公，继其后则元公公[⑤]以修桥独任，弓庵公以著述自显，虽问渠公[⑥]以诗古文词擅名，而布衣育南兄有《易学锥指》之著[⑦]，方兴未艾，立德、立功、立言三者均堪不朽，又奚以滥为？且康熙癸巳尚有宜邑仙源，在乾隆癸巳惟材浦、汤坊[⑧]与焉。前人已有返博归约[⑨]之志，况材浦下房因抚异姓之子纂宗，经众察觉累及一房不允同修，则兹修之不允材浦、汤坊等处者非无故也。"

【析读】疑难者说："族谱都有将族人统为一体之名，这次修谱（独联子高公位下诸族）该不会太狭隘了吧？"

我说："文昌汤氏人文蔚起，代不乏人，不只是有太常博士若士公（汤显祖）、巡抚谷灵公（汤开远）作为直节名臣而垂于史册，在他们之先原本有避举自曜的伯清、尚义的子高、大隐的酉塘诸公，成就汤氏盛名的除徐州司马尊宿，南宁司马生甫外，有翰文林郎季云、善卿、元白、仲武诸公，继其后者还有元公公以修桥独任，弓庵公以著述自显，虽然问渠公以诗古文词擅名，但布衣育南兄更有《易学锥指》之著，方兴未艾，立德、立功、

① 分别见《明史》卷二百三十，列传第一百十八《汤显祖传》；卷二百五十八，列传第一百四十六《汤开远传》。

② 徐州司马尊宿：汤显祖之仲子汤大耆。

③ 南宁司马生甫：汤儒祖之子汤维岳。

④ 季云，讳开先，号潭庵，显祖第四子；善卿，讳嘉年，号靖庵，奉祖长子，清顺治丙戌（1646）乡荐，授奉新教谕；元白，讳新德，字元白，大耆长子，崇祯壬午乡荐授进贤县学正；仲武（1610—1670）讳孙绪，汤维岳之子。明崇祯己卯（1639）乡试中式。拣选文林郎。

⑤ 元公公，汤寅祖长子，讳应台，字孟正，谱名元公公，郡庠增广生，艾南英之婿。生于明万历乙巳年（1605），卒于清康熙庚戌年（1670）。

⑥ 问渠公（1738—1801），讳日濬，字翘清，号问渠。清乾隆戊申（1788）科乡试中举，四次参加会试，清嘉庆辛酉（1801）赴京会试，卒于旅寓。

⑦ 育南，讳道煦，乡饮大宾，生于清雍正丙午年（1762），卒于清嘉庆戊辰年（1808），著有《易学玩图锥指》，县志列入处士。汤维岳五世孙。

⑧ 宜邑，宜黄县。仙源，现为南源乡所在地。材浦，今李渡柴埠。汤坊，今临川区云山镇清溪汤家村。

⑨ 返博归约，即由博返约，指做学问从广博出发，继而务精深，最终达到简约。

立言三者均能不朽，又哪里是随意之为？况且康熙癸巳修谱时尚有宜黄仙源参与合修，但到乾隆癸巳修谱时则只有材浦、汤坊在一起合修了。前人已有不再联大派而简约之志，况材浦下房有人因为欲将抚育异姓之子入谱，视为篡宗，被族人发现，因而累及整个一房都不允许同修族谱。因此，此修之所以不与材浦、汤坊等地联修，也不是没有缘故的。”

【原文】难者又曰：“子言诚是矣，得无大凿乎？”

予曰：“斯言也。得之考索者固多，得之庭训者亦不少。以耳所之闻参目之所见，不得不为先人讳，而又不敢使前人引而不发之旨，终昧昧焉，不白于后世，故言之若是。其详也否？则后乎吾者所见异辞，所闻异辞，所传闻又异辞，世远年湮，考据无由，虽欲深究其实，其亦孰从而辨之。后之子孙或有慕大同之名复为合修之举者，睹斯言也，其亦可以退然返矣。”

皇清嘉庆丁卯岁　　谷旦

子高公十一世孙梗行可氏谨识

【析读】疑难者又说：“你说的确实是对的，该不会有穿凿附会吧？”

我说：“所言极是。从考查中得到的固然很多，从长辈的教诲中得到的也不少。用耳听之事加上目之所见，不得不讳于先人，又不敢使前人的启发引导之言最终变得模糊不清，不白于后世，所以要说明白。像这种事情是需要详究的，如果不这样，到后世就更难办了。我所见到的不仅措辞不同，所听到的说法也不同，传说也不一致。这些不同之说由于年代久远而无从考证，虽想追根究底，却不知依随谁的说法来进行辨析。以后的子孙或有慕大同之名再进行合修宗谱的举动，如目睹此言，也是可以退而复返的。”

二、价值论考

《原谱考》在文昌汤氏的历史上留下了难以磨灭的印记，对于研究文昌汤氏家族史乃至整个抚州区域内古代汤姓族人的源流，都有重要的价值。

其一，正本清源，重新回归到以贵池殷文圭为远祖源头的认识上来。

从《原谱考》"虽两癸巳之修以万四公为鼻祖"可以看到，文昌汤氏在清康熙癸巳岁到清乾隆癸巳岁的60年间，尊崇的远祖确实是苏州万四公，但这并不代表之前与之后都是如此。这在2016年新发现的，撰于明正德九年（1514）的《明故汤母孺人艾氏墓志铭》中所记载的即可为一证：

> ……比长选家，得汤君子高。盖汤本汝东著姓，世居文昌堰之左。其讳伯清者子高之父，讳友信者子高之祖，顾发见之祥已非一日……

撰于明正德十五年（1520）的《明故义士汤公子高墓志铭》载：

> 公讳子高，字汝升，耕读轩其号也。世居临川文昌堰之左，宣德癸丑岁五月二十六日寔其生辰也。曾祖讳文德，祖讳友信，父讳伯清，俱有隐德。

正缘于上述祖先对远祖的认识，所以，50多年后的明万历五年（1577），汤显祖作《广意赋》①，开篇叙作：

① 徐朔方校笺：《汤显祖全集》，北京古籍出版社1999年版，第143页。

肇皇皇之帝夋兮，备鸿芬之纯粹。下瑶台之佚美兮，玄昊依而作对。祀武敏而高歆兮，感禖丘之隘隘。旬司马之醇化兮，帝开图而命子。提仍躬以肄圣兮，越祗共乎大禹。政景云而上熹兮，济黄鱼之熻跃。振尧台而黑挥兮，仰舐天而下禄。原尊名以布氏兮，散商丘之厚族。惟先圣光余大宗兮，狩轩辕之兑角。厥后岂微夫懿哲兮，怪春秋之亡录。余先人乃为文德兮，里铺仁而善福。卤厥施于友信兮，迨余饮其百谷。伯清灵而善育兮，子高丰而秀文……招余曾与余祖。余祖实名懋昭兮……尊承厚以敏执兮，缊黄贞而莫贯。

此段赋辞的意思是，我族汤姓起源于遥远美丽的帝夋之事。《史记·殷本纪》[①] 说：殷契，母曰简狄，为帝喾次妃。一次行浴中，吞玄鸟之卵而生契，为汤氏之始祖。契辅佐大禹治水有功，派为司徒之官，教百姓以人伦，受封于商地，赐姓子。越十四世天乙继位，"是为成汤"，为汤姓之始。

嗣后数百年的殷商史上，"政景云而上熹兮，济黄鱼之熻跃"。几经兴衰，最后随着残义损善的纣的灭亡而归附于周。纣的庶兄微子受封于商丘，承袭殷汤的血脉。"厥后岂微夫懿哲兮，怪春秋之亡录"。历代殷汤子孙尊崇圣德，贤人无数，然而由于史书未有记载，致使我只知道我先祖名文德—名友信—天祖名伯清—高祖名子高—曾祖名廷用—祖父名懋昭—父亲名尚贤。他们都是我的榜样。

上述三件文献足可证明，倘若他们知其尊崇的远祖是唐季的万四公，怎么可能会被忽略了呢？何况万四公还是一位"忠贞贯日，义勇参天"[②] 的英

① 司马迁《史记》卷三《殷本纪第三》，中华书局1999年版，第67页。
② 江西临川云山清溪汤家村《汤氏十二修宗谱·万四公像赞》。

雄。尤其是汤显祖作《广意赋》时，年 28 岁，血气方刚，赋文中不无自视血统高贵之情。正如徐渭在对《广意赋》的评语中说："调逼骚……是好高之心胜也。"[①] 如此"心胜"怎么可能会丢弃唐季即是"宣慰大夫"的万四公这一"义勇参天"的远祖呢？据此可以确凿地断定，文昌汤氏在汤显祖及其之前，还没有尊崇万四公为远祖的迹象。其后裔在《文昌谱》草创期间"以万四公为鼻祖，而《序》《记》中独谆谆述若士、弓庵二公纪文圭公之言，万四公亦略焉"。所以，遵先人以述文圭公的意旨，清嘉庆丁卯岁第四修之始，就不再尊万四公为鼻祖了。

所以说，《原谱考》在文昌汤氏的家族史上，有着正本清源的意义，是研究文昌汤氏远祖渊源的一把钥匙。

其二，开宗立派，奠定了临川《文昌汤氏宗谱》的基本格局。

从《原谱考》"原谱虽列二祖，而事迹惟载伯清公以下"的叙述中，可以想见，文昌汤氏在前三修谱中，并未以伯清公为始祖，否则就不会有"兹修之以伯清公为始祖，首列文德、友信二公而不敢以世次，其即前人独详伯清公以下事迹"。何谓"兹"？兹者，此也。何为"兹修"？清嘉庆丁卯岁四修《文昌汤氏宗谱》也。也就是说，是从"嘉庆丁卯岁"开始，才以伯清公为始祖，并且"兹修之合同宗而一，世惟以'一'字统之，而数目之使他族无从紊者，其即前人不联大派意也"。意思是，此次合修谱只以伯清公为宗，其他族人不参与其中。并且在伯清公以下，也是以子高公位为正，独联子高公位下各房，子昂、子杰公的后裔另列，从而奠定了临川《文昌汤氏宗谱》的基本格局。自此之后，文昌汤氏每次修谱，都是按照这个格局进行的。对此，同年撰写的《文昌汤氏宗谱跋》[②] 是这样概括的：

---

① 徐渭：《〈问棘邮草〉诸作评语》，见毛效同编：《汤显祖研究资料汇编》，上海古籍出版社 1986 年版，第 333 页。

② 清同治戊辰岁（1868）六修《文昌汤氏宗谱》。

祖伯清而不宗万四者，略荒远也。述文圭而世系不列者，阙疑文也。冠以文德者，原伯清祖之所自出也。标以文昌者，明材浦、汤坊之不与也。派联子高公以下者，法先人特书子高公下意也。录若士公及诸先人序、记者，见兹修之非无所本也。果同宗也，则微贱不弃，窎远不遗。苟可法也，则著述必载训诫必详致。列传赞，扬先德也。表贞节，发幽光也。生娶卒葬不差讹也。仕宦儒林不遗逸也。迁徙乔居不忘所自也。

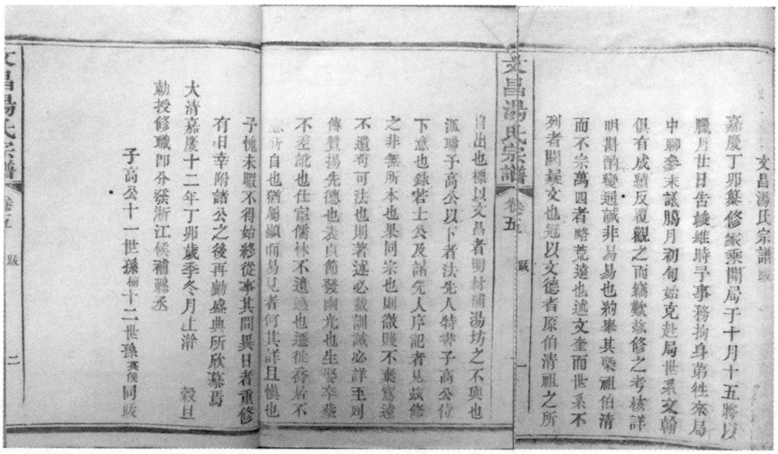

文昌湯氏宗譜跋

嘉慶丁卯纂修族乘開局于十月十五將以臘月廿日告竣維時予事務拘身弟徃來局中聊參末議臘月初旬始克赴局世系文翰俱有成績反覆觀之而竊歎茲修之考核詳明斟酌變通誠非易易也約舉其槩祖伯清而不宗萬四者略荒遠也述文奎而世系不列者闕疑文也冠以文德者原伯清祖之所

文昌湯氏宗譜 卷五 跋 一

自出也標以文昌者明材浦湯坊之不與也派聯子高公以下者法先人特書子高公位下意也錄若士公及諸先人序記者見茲修之非無所本也果同宗也則微賤不棄窵遠不遺苟可法也則著述必載訓誡必詳致列傳贊揚先德也表貞節發幽光也生娶卒葬不差訛也仕宦儒林不遺逸也遷徙喬居不忘所自也猶屬顯而易見者何其詳且慎也

予愧未暇不得始終從事其間異日者重修有日幸附諸公之後再勷盛典所欣慕焉

大清嘉慶十二年丁卯歲季冬月上澣 穀旦

勅授修職郎分發浙江候補縣丞

子高公十一世孫[illegible]十二世孫[illegible]同跋

文昌湯氏宗譜 卷五 跋 二

《文昌汤氏宗谱跋》书影

“标以文昌者，明材浦、汤坊之不与也。”迄今约150年前的文昌汤氏后人，已经非常明确地与其他汤氏割席分坐了，然而，今天仍有学者置若罔闻，甚至加以指责，这确实是叫人难以理解的。《文昌汤氏宗谱》的独修，实质上是文昌汤氏尚义不计利，不攀荣附贵，坚守独立家风的传承。《原谱考》正是研究文昌汤氏家风的又一鲜活的例证。

其三，丰富了抚临区域汤姓源流“之说”。

在抚州区域内，关于汤姓远祖的来源至少有五种以上的说法：

一是以云山清溪为祖庭地的“抚临汤氏”苏州万四公之说：“万四，宣慰大夫，名季珍，字钧重。妣邵氏，夫人生子五，自苏州温坊市，唐僖宗时（874—888年在位）授官于抚郡，以为家焉。”①

二是抚郡城南汤氏的“昇州温坊”之说：“宣慰公，名季珍，字涒重，号宝亭。生于梁太祖开平戊辰（908），按旧谱及先人记，祖由昇州温坊市来徙小浆，再徙南丰义头井，三世而生，公晋高祖时（937—942年在位）以词赋登科，授抚州宣慰，遂家于抚郡城南。”②

三是贵池汤净带入说。在《范阳汤氏宗谱》所载《附录江西抚州府临川县小浆市宗谱序》中有较为详细的叙述：“文圭公……生子二，长崇义，公仕南唐为宰相，后归于宋。次崇礼，公为抚州路宣慰使，协和危仔昌父子保境安民，卒于官。夫人邵氏并葬今临川之小浆市，实抚建两郡始迁祖也。”③据考，此文中的危仔昌是唐末抚之建昌人。“唐乾符初年，王仙芝、黄巢先后起义反唐，其势波及江西。乾符六年（879），年仅23岁的危全讽与兄危韬、弟危仔昌……聚乡勇3万余人于麻姑山麻源……”④如此，殷崇礼官于抚州，应当是在这一时期之事。

四是东乡鸭塘汤氏的小浆之说：“吾祖殷庆父公，原住昇州（今河南省唐河县境内）上元县，（西汉成帝阳朔三年，即公元前22年）因地震迁于抚之小浆，递至宋宣祖，避其庙讳改殷为汤。”⑤

五是文昌汤氏的“靖康之乱以其族从康王、孟后而迁”分散迁入江西说。

---

① 《汤氏十二修宗谱·世系吊图》，江西临川云山清溪汤家村，2004年。

② 《抚郡城南汤氏宗谱》（九修），1989年。

③ 《范阳汤氏宗谱》（五修），清道光四年（1824）。

④ 《抚州市志》，方志出版社2013年版，第3563页。又据《南唐书》卷九列传第四《周本》：天祐五年，危仔昌“信州刺史”。《南唐书（两种）》，南京出版社，第76页。

⑤ 《鸭塘汤氏重修族谱新序》，抚州东乡，1953年。

值得一提的是，笔者在《宜黄汤氏四修族谱》[1]的《源流考》中，看到了前人所作的“汤净带入说”的详细考论。摘录如下：

乾隆甲子年，盱水奕濬[2]公《汤氏得姓源流考》：“吾家旧谱载始祖宣慰公，后晋高祖时，以词赋掇科，官抚州宣慰使，遂家焉。”余读之心窃疑焉。考后晋史，抚州始属吴（杨溥）继属南唐（李昇），安有掇科于后晋而复官于杨吴与南唐之理？及阅《江南贵池汤氏宗谱》，载有殷文圭者居秋浦之殷村，仕杨吴为翰林学士，生子二，长崇义，仕南唐为宰相后，从后主入宋，避宋祖庙讳改姓汤，并易名悦。次崇礼，为抚州路宣谕判官，至宋为汤净。今江西汤氏皆公苗裔是说也，其庶几乎。考诸史所载，宋以前实无汤氏人文，则净公之得姓为吾江西汤氏之始迁祖也。明矣。其为抚州路宣谕判官者，则未改姓，前仕南唐也，其赞净公曰：“扈跸洪州，竭忠无外。”考《南唐书》，李璟因避宋逼迁都洪州，号曰南都，不忍北望，引帷幞障之，自是郁郁而殂，遗命葬西山，后主不忍，卒返葬金陵，则所谓扈跸者，为南唐主无疑也。弟在南唐则为殷崇礼，入宋则始为汤净也。况吾家原谱载，始祖为宣慰公，官抚州宣慰，而贵池谱则载崇礼为抚州宣谕判官，阅南唐官制，有宣谕而无宣慰，则称宣慰者因宣谕而讹之也。吾家支谱应以净公为得姓始迁之祖，而以殷文圭为所自出之祖也。实信而有征，夫祖者祖其可知者也。故特考而正之。

此《源流》尽管无清晰的行文年限与作者名称，但从其所存留的谱序

① 《宜黄汤氏四修族谱·世系本源》，1939 年修。

② 据《（南丰）汤氏族谱》载：“奕濬，抚州南丰人，康熙庚子科中举，官广西来宾县知县，署新宁州知州。”

来看，两篇清嘉庆十七年（1812）的《二修谱序》，其中有一篇无一字谈及“先祖宣慰公”，而且强调“其有疑者阙之，信者传之，非敢妄有所援引也”。此后的清同治十一年（1872）的两篇《三修谱序》中，也都没有谈及“先祖宣慰公”。

据此笔者认为此《源流考》形成时间，可能是在二次修谱时的清嘉庆十七年，并且其作者也是这次修谱时的三位纂修人建宾、庭奎、大绅中的一人。也许是“吾家支谱应以净公为得姓始迁之祖，而以殷文圭为所自出之祖”的结论没有得到族人的广泛认可，所以在《宜黄汤氏四修族谱·世系本源》中，对一世祖宣慰公的描述显得别具一格：“宣慰公，名净，字季珍，行万四，号宝亭。公由苏州温坊市来，系南唐进士，授抚州宣谕判官，遂家于抚城南。”这里的宣慰公汤净，是安徽贵池的汤净？还是苏州的汤季珍？抑或是将贵池汤净与苏州汤季珍调和成了一个人？由于历史资料的严重缺失，还真考证无策。

其四，弥补了史料失载的缺憾。

殷文圭长子殷崇义因避宋讳，改为汤悦，这在正史上是有记载的。如《宋史》载：建隆元年“三月乙巳，改天下郡县之犯御名、庙讳者”[①]。“九月……壬申，天清节，群臣诣广德殿上寿。江南进奉使商崇义代李景捧寿觞以献。案《宋类苑》云：汤悦，父殷举，唐末有才名。本名崇义，建隆初，避宣祖讳改姓汤。”[②]从这里可以看到，殷崇义是先改商姓再改汤姓的。在《南唐书》中亦有汤悦约150字的小传。[③]

然而关于殷改汤，在《宋史》中还有一说：“彝兴，彝超之弟也，本名彝殷，避宋宣祖讳，改‘殷’为‘兴’。”“建隆初献马三百匹，太祖大喜，亲视攻玉为带，且召使问曰：‘汝帅腹围几何？’使言：‘彝兴腰复甚大。’太

---

① 《宋史》卷一《本纪第一·太祖一》，中华书局1999年版，第6页。

② 《旧五代史》卷一百一十八《周书九，世宗纪第五》，中华书局1999年版，第1096页。

③ 马令撰：《南唐书》，南京出版社2010年版，第164页。

祖曰：'汝帅真福人也。'遂遣使以带赐之。"[①] 根据上述的记载，后人将其连缀在一起，撰为"建隆三年四月宋定难节度使李彝殷遣使贡马三百匹于银台，大臣奏其名犯太祖赵匡胤之父赵弘殷名讳，诏令其改名李彝兴"，并将其引申为"殷姓闻知，为避宋宣祖名讳而改为汤氏。如南唐丞相殷崇义改名为汤悦"[②]。

那么，"适以南唐使之钱王所"的殷崇礼的史载情况呢？

考《范阳汤氏宗谱》，殷文圭有三子，长子汤悦，原姓殷，讳崇义，避宋宣祖庙讳，赐今姓，更名悦。公父曾居涿，故别中山郡，为范阳望。次子汤净，原讳崇礼，江西抚（州）、建（昌）两郡始迁祖。幼子殷崇范，庶出，仍殷姓，池阳诸殷姓始祖。由于《范阳汤氏宗谱》为汤悦家族支谱，故汤净只是在此谱《世系》中列有上述加下划线的 13 个字介绍，在明嘉靖二十四年（1545）《池州府志》人物篇中更是仅有"汤净，悦之弟"五个字。至于《宋史》等史籍，经笔者寻找，目前还没有发现片言记载。

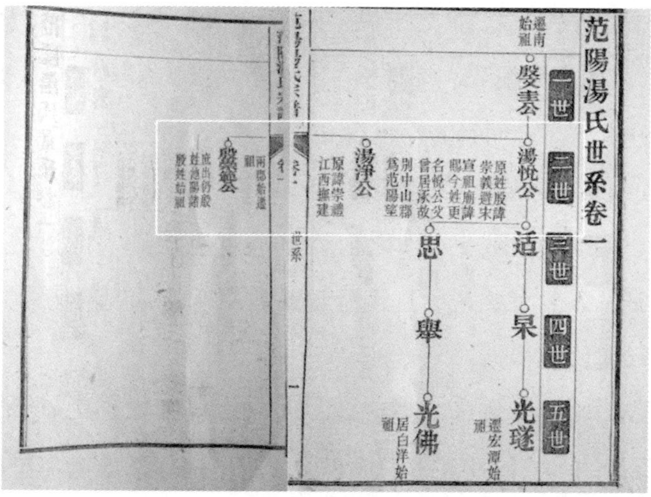

光绪戊戌（1898）重修《范阳汤氏宗谱》殷氏三兄弟《行传》

但在《中国家谱总目》收集到的全国各地包括中国台湾在内的 182 种[③] 汤氏宗谱中，笔者发现了两则疑似与殷文圭的两个儿子直接相关的

① 《宋史》卷四百八十五列传第二百四十四，中华书局 1999 年版，第 10800 页。

② 汤锦程编著：《中华汤姓源流》，中国文联出版社 2006 年版，第 114 页。

③ 王鹤鸣主编：《中国家谱总目》，上海古籍出版社 2009 年版，第 3581—3598 页。

线索：

第420—0065〔浙江龙泉〕剑川汤氏族谱："始祖悦，字良俊，五代南唐人。始迁祖鸣柔，……明弘治元年自江西临川县迁居龙泉净信村（今属兰巨乡）。"①

第420—0041〔浙江兰溪〕中山汤氏宗谱："始祖夔，名崇礼，字一龙，唐乾宁间迁居江西临川县。"②

有趣的是，这两则贵池殷氏兄弟的珍贵线索，都与抚州临川有关，若能追寻得下去，是很有意义的。考第420—0065，尽管记载的是"明弘治元年自江西临川县"迁出的情况，但有迁出就有迁入。从"始祖悦……五代南唐人"可以得知，其时汤悦在南唐为相。这也与汤显祖在《吉永丰家族文录序》所述"公之子悦，事南唐，以文学显，国亡，从其君入宋。艺祖恚曰：'尔尚不知我先人讳耶？'乃改殷为汤，官其父子于朝，余子多留江南"衔接起来了，而且为汤悦后裔在江西临川繁衍生息提供了实证。至于第420—0041上的崇礼，唐乾宁年间（894—898）迁入临川，若依此，殷崇礼在"适以南唐使之钱王所"之前约30年，就已迁入抚州临川了，但尚需进一步考证。不管怎么说，这也是目前我们所能掌握的汤净后裔在抚州临川生息的珍贵文献依据。

上述关于汤净的记载，大都是零散且没有经过严密考证（或者无法进行考证），但这并不构成否定文昌汤氏在清康熙癸巳岁之前，以及清嘉庆丁卯岁之后，自我认定以殷文圭为远祖的史实基础。而且它们与汤显祖《吉

① 王鹤鸣主编：《中国家谱总目》，上海古籍出版社2009年版，第3597页。

② 同上书，第3584页。

永丰家族文录序》、汤行可《原谱考》及《宜黄汤氏四修族谱》卷首《源流》等对汤净的记述，一道弥补了史料失载的缺憾。

当然，由于历史的限制，《原谱考》也存在着一些考论不够严谨之处。如“江南之汤皆出唐殷公文圭公之子悦，以避宋讳改而从汤，贵池其初祖也。其散入豫章者，则自靖康之乱以其族从康王、孟后而迁”。笔者认为，此话含有两层意思：一是“皆”者，“全”也，“都”也。即江南原来没有汤姓，江南的汤姓，都是由殷文圭之子悦因避宋讳，改汤而来。二是零散迁徙江西的汤氏，是（汤净之族人）在靖康之乱（1127）迁入的。

上述说法是不是准确呢？

据《中国家谱总目》收录的江西省20种汤氏宗谱分析，其中第420—0099[①]，1943年修的木活字本《宜春慈化汤氏族谱》很能说明问题。这是一部由九支（房）不同祖，并且是在不同的时期迁入宜春的汤氏合修的族谱。其最早迁入的是“五房，祖绍兴，名琬，号隐阉，唐高宗时自山东汶水而来，为南岭下祖”。其他各房迁入的是：宋时两支，明时四支，清时一支，另有一支迁徙时间失载。如此可知，唐高宗时江西境内就有汤氏人文，而不只是宋初殷改汤之始。而宋初殷改汤者，如抚州东乡《云锦汤氏增修谱序》载：“谨按族姓，本为殷氏，宗因避宣祖庙讳，始更以汤。今闾里相称，语尚有以殷而不以汤者，盖未忘其故欤！然自更姓以来，俱从汤氏，而望中山、范阳则非也。”此话清晰地说明，他们的殷改汤，与中山、范阳的殷改汤不是同宗共祖的，也不是靖康之乱之后迁入的，而是自西汉成帝阳朔三年（前22）因地震迁于抚之小浆的。所以，“江南之汤皆出唐殷公文圭公之子悦……其散入豫章者，则自靖康之乱以其族从康王、孟后而迁”的结论，似有以偏概全之嫌疑。

然而，瑕不掩瑜。不能因此而否认二百余年前《原谱考》的历史价值，

① 王鹤鸣主编：《中国家谱总目》，上海古籍出版社2009年版，第3590页。

更不能以文昌汤氏历史上曾经有过一段尊崇万四公，并且在临川云山清溪汤家村至今仍保存有“唐故始祖汤公宣慰大夫讳季珍字重万四府君墓”，以及“乾隆二十四年”立的原碑石为据，而咬定文昌汤氏尊崇的远祖是万四公，就有些荒唐了。至于将文昌汤氏在《原谱考》的推动下，于清嘉庆丁卯岁独立修谱的行为，绑架到“独立于氏族之上”的道德战车上，并以“违背了宗谱为敦睦亲情、联络宗族的法规”[①]而诛伐，就愈加荒诞了。

① 参见本书第133页。

文昌汤氏

WEN CHANG TANG SHI

汤显祖家族祖茔灵芝园考

2016 年 11 月的一天，抚州市文昌里历史文化街区改造，在拆除灵芝园地表建筑自来水塔时，带出了地表下的几块古墓砖。由于这里是 400 年前汤显祖的原葬之地，所以随即报告了上级主管部门。根据国家文物局《关于江西抚州汤显祖家族墓园遗址 2017 年考古工作方案的批复》，至 2017 年 8 月，先后出土了汤显祖直系亲属六方墓志铭。[①] 一座早已淡出世人视线的文昌汤氏古墓葬群，随即显现了出来。同时也将灵芝园的研究摆到了面前。笔者就此爬梳剔抉，不揣谫陋，妄提拙见。

2019 年 10 月 21 日，参加汤显祖国际学术论坛的海内外专家学者瞻仰汤显祖家族墓园（灵芝园）

① 六方墓志分别是：汤显祖的高祖《明故义士汤公子高墓志铭》，高祖母《明故汤母孺人艾氏墓志铭》，祖父《明故酉塘汤君墓志铭》（汤显祖书丹），《祖母魏夫人迁祔灵芝园墓志铭》（汤显祖撰文与书丹），汤显祖夫人《明敕赠吴孺人墓志铭》（汤显祖撰文、汤大耆书丹），汤显祖大弟汤儒祖《明故敕赠文林郎少海汤先生元配潘太孺人合葬墓志铭》。

一、灵芝园的由来

“敝庐前江后丘墓，相传百叶孙曾住。”① 文昌汤氏的先祖很早以前就来到了抚州，并在文昌里生息繁衍的。然而由于资料的缺乏，具体时期却无考。其后辈认定生于明永乐初年（1403—1424）的汤伯清② 为第一世祖，究其缘由，不仅是汤伯清“构文昌阁于桥右，建太平庵于桥左，复建正觉寺于长春坊，置贾田产供佛斋僧”③，而且是汤氏家族第一个安葬在灵芝园的先人。《文昌汤氏宗谱》云：“玉茗集之予祖文德、友信公父子耳。生、娶、殁、葬未详。惟伯清公以下历历可考。”其中固然有“元季谱牒散亡”④ 的因素，但最主要的还是当“以卒葬而论，自伯清公、子高公以下诸祖，悉数葬于承塘公捐赀所购之灵芝园”⑤。

那么，灵芝园名称是怎样来的呢？现有文献中都没有记载，后人亦无考论。新近出土的汤显祖于1606年撰写的《祖母魏夫人迁祔灵芝园墓志铭》为我们提供了依据。从铭文中“吾祖茔产芝”可以得知，灵芝园的名称，来自祖茔确实长出过真实的灵芝草。然而更早见诸文字的，则是汤显祖1582年所作的《吾庐》诗：

吾庐⑥

大父喜书诗，大母爱林池。

嘉鱼荐君子，嘉树引其藥。

---

① 汤秀琦：《祖基复还记》，《文昌汤氏宗谱》（七修），清光绪三十二年（1906）。

② 由于汤伯清生卒不详，故从第二世汤子高生于明宣德癸丑年（1433）推算。

③ 《伯清公传》，《文昌汤氏宗谱》（七修），清光绪三十二年（1906）。

④ 徐朔方笺校：《汤显祖全集》，北京古籍出版社1999年版，第1067页。

⑤ 《文昌汤氏宗谱》之《抚郡汤氏廨宇规模记》。承塘公为汤显祖之父汤尚贤。

⑥ 徐朔方笺校：《汤显祖全集》，北京古籍出版社1999年版，第166页。

藏书倏以火，林薄积披离。

十载居无常，辛勤严与慈。

连石构川崎，凿翠启堂基。

四阿长中绳，三门映重规。

文昌通旧观，东井饮余晖。

出入桥梁望，郁葱佳气微。

层台对金玉，隈阡隐灵芝。

吾庐亦可爱，复此倦游时。

徐朔方先生根据“藏书倏以火……十载居无常”句，推算《吾庐》作于明万历十年（1582），这是一个非常重要的时间节点。因为汤显祖在两年前的春试中，再次拒绝首辅张居中的揽延而又一次落第，这正是他准备第五次进京考试之前。这年六月，首辅张居正因病去世了，汤显祖的科考路显露了些许明朗的色彩。“神州虽大局，数着亦可毕。”① 十余年前中举之时的狂狷之态又出现在了诗句中：“层台对金玉，隈阡隐灵芝。”前半句巧妙地将“金石台分宰相出，文昌堰合状元生”② 的临川古民谣浓缩在一起，后半句则是借用唐诗“灵芝非庭草，辽鹤委池鹜。终当署里门，一表高阳族”③ 的意韵。并可推论，《吾庐》诗作之时，祖坟山上已经长有灵芝草，故而作者借景生情，托物言志，表达对科考中遇到的不公正待遇的不屈心绪，以及对再次进京科考必中的信念。这在《魏铭》中所叙“吾祖茔产芝，而吾成进士则

① 徐朔方笺校：《三十七》，见《汤显祖全集》，北京古籍出版社 1999 年版，第 245 页。

② 清道光《临川县志》古迹志：宋景定家坤翁《记》云“临汝东西涯两阜相望，各以台名，一曰金石，一曰玉石，谓两台为地灵……旧有谶语云：‘金石台分宰相出。’传者以为晏（晏殊）王（王安石）两相国之祥。”宋咸淳八年（1272），州守黄震《记》云：“抚州故老，相传有谣曰：‘文昌堰合状元生。堰在城东杨家、聂家二洲间……按，文昌堰旧志未详，其处疑即千金陂。唐初汝水从此处决口，冲成支港，正道淤塞。筑堰堵之，使河归正道，故‘有金石台分，文昌堰合’之谣。盖正道淤则金石台之水枯，堰口合则金石台之水亦壮。金石分入江中与东厓之玉石俱浮，故堰合则台分，以水分之也。”

③ 韦应物：《送丘员外还山》，见《全唐诗》第 1 卷，海南国际新闻出版中心 1995 年版，第 641 页。

其吉也”句中，可以明白无误地得出此结论。由于诗中的“隈阡隐灵芝”，喻指阡陌之中的祖坟山，所以，这也是目前所有能查找文献资料中，我们看到的将文昌汤氏桥东祖坟山冠以“灵芝”二字的最早用词。其依据是：

一是发现的撰于1514年的《明故汤母孺人艾氏墓志铭》，撰于1520年的《明故义士汤公子高墓志铭》，均为“葬于先陇之次”，并无“灵芝”或“灵芝园”一说。

二是在1566年汤显祖书丹的《明故西塘汤君墓志铭》“嘉靖丙寅念三日子时，卜葬于后园，依于伯清公、子高公之墓案塘墩……涓十二月庚寅日巳时而葬之”，这里的“后园”，说明汤显祖的父亲（1528—1615）已经购买了墓园，但仍无“灵芝园”之称。

直到1606年，汤显祖在撰写《祖母魏夫人迁祔灵芝园墓志铭》中，才第一次将祖坟山直接称为灵芝园。其缘由，一是取灵芝吉祥之意。如从《魏铭》中所叙“吾祖茔产芝，而吾成进士则其吉也”之语，可以读出是先有祖茔，后有灵芝，再有诗句“隈阡隐灵芝”，直到《魏铭》中的“灵芝园”。二是取灵芝庇佑之愿，企盼至亲至爱的祖父与祖母永佑后世。如《魏铭》曰：“有园葱菁，华芝载荣。祖遇其妣，永保后生。”“华芝”，即灵芝。为此，在与祖母魏夫人同时迁葬的吴孺人的安葬方式上也很是不同。吴孺人

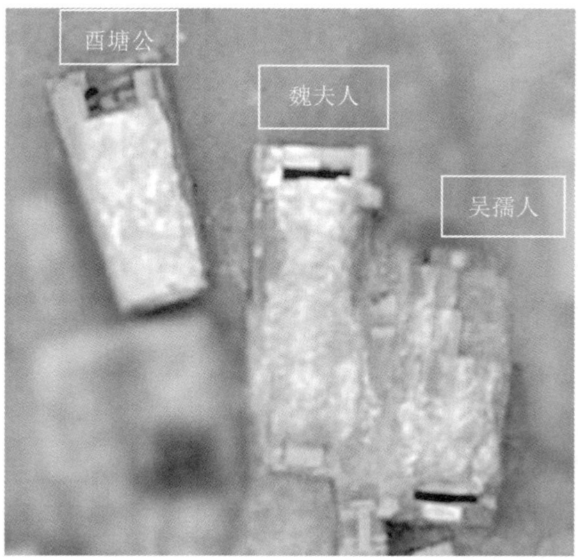

祖母魏夫人与吴孺人墓葬情况

墓紧挨祖母魏夫人墓，头脚摆向相反，即魏夫人墓的摆放是头西脚东，而吴孺人墓摆放是头东脚西，且略下尺余。“祖姑来迁，礼其祔之。”[①]以示时刻服侍。这极为罕见的安葬方式，充分说明了汤显祖对祖父母的尊爱与期望庇佑之情。

二、灵芝园规模考

由于汤氏古墓群的意外发现，其基本位置已无须赘述。这与黄芝冈先生1956年的亲眼目睹是相一致的：“汤墓在文昌桥下太平街十七号怡茂烟号屋后的小块隙地里面。”[②]怡茂烟号是清末建筑，现内部已经倾圮，但整体结构仍在。黄芝冈先生还提供重要信息：“在汤墓的右方西首是汤家祠堂的遗址，墓地左方东首有一藕塘。”[③]如今汤家祠堂遗址已无法辨认，藕塘也仅存遗迹，但其提供的有关灵芝园的最后记载，仍可与撰于清康熙五十二年（1713）的《抚郡汤氏廨宇规模记》等相对照。

> 以卒葬而论，自伯清公、子高公以下诸祖，悉葬于承塘公捐赀所购之灵芝园“其墓道在太平庵左，隔高碑，右手仅四丈穿廛屋间，向西出大街，中有墓道，碑座石尚存。墓前有塘，形家谓之明堂。更前有印山，方而条，犹官府之方印、条印，形家为之案山。案山东南隔有半亩方塘，形家谓之砚池塘。墓左手廛屋，后有墙……皆园之屏蔽……承塘公建祠于灵芝园之右……灵芝园北有经纬楼，凡子孙擢科登仕归而拜墓封陇，礼毕饮福于上，取文经武纬之义也。楼前有一勺亭，取义于亭边一小塘也。”

① 《明敕赠吴儒人墓志铭》，见本书第188页。

② 黄芝冈：《汤显祖编年评传》，中国戏剧出版社1992年版，第3页。

③ 同上。

> 予宗立庙自承塘府君于禅宗朝诰封太常寺博士始，立庙以祀其人，而以家政传之子若孙。由府君而上考……合为一庙而祀之墓道之南，庶几王制官师一庙之意……①

> 承塘公于灵芝园右建立祠宇，祀其先人。甲申鼎革，祠屋荡毁为圩……（庚辰冬）合房公议将承塘公所遗店基一片，变卖钱肆百千，兴工建立厅屋二栋，周围砖墙，门外店房二所……但祠虽成功，而借贷无从清偿，只得将祠堂左隔巷店房二所作价抵偿贰佰千……②

> 承塘公祠地盖店二所……复造里重正屋一栋，向南共六间，其屋三面……正屋面前空地横一丈三尺一寸，直齐土墙牵至街心，俱系承塘公祠基。③

据上所存文献归纳，灵芝园及周边应有地表建筑是：太平庵、汤氏祠堂、经纬楼、一勺亭、廛屋（小平房）、店房等（后附初考示意图）。至此，我们已经得知了墓园地形地貌与地表建筑的大体情况。但墓园有多大呢？在《文昌汤氏宗谱》卷一《山界》中，给出的数据是：

> 一号灵芝园，上截横九丈五尺，中南至北十四丈，中直至塘塝十二丈一尺。

---

① 汤秀琦撰.《承塘公支下正旦诣祖簿序》，见清光绪三十二年《文昌汤氏宗谱》（七修）。

② 清道光十八年（1838）承塘公支下裔孙公志《新建承塘公祠记》，见清光绪三十二年《文昌汤氏宗谱》（七修）。

③ 光绪二十三年（1896）《立议暂赁屋店字人汤熊氏缘夫腾芳前赁外房》，见清光绪三十二年《文昌汤氏宗谱》（七修）。

这里所说的“一号”作“唯一”之解，以断后人将其分割或他人占用之念。

古今计量尺度虽有所不同，但相差不是太大。换算下来相当于现在的1400多平方米。据《文昌汤氏宗谱》所载统计，该墓地共安葬了从生于明永乐年间（1403—1424）的第一世祖汤伯清，到清乾隆庚子年（1780）间第十四世汤俊升[①]，约72位文昌汤氏家族中的部分先人（见后附《主要墓葬者简表》)，其时间跨度近400年。

三、灵芝园之兴废

追溯文昌汤氏灵芝园的兴废史，大体可以划分为以下几个阶段。

（一）购买

如前所述，灵芝园安葬的第一人为文昌汤氏一世祖汤伯清，其时该山地权属可能尚不明晰，因而有二世祖子高公“葬于先陇之次”，到安葬第四世祖西塘公（汤懋昭）时，已是“葬于后园”了。之所以称作“后园”，是因第五世祖汤尚贤“捐赀所购之灵芝园”[②]，在其“去家居百步许”[③]的祖居后面（据笔者考证，其祖居应在现在的官沟上南延伸段与椰树下的交界处)。其时汤尚贤还“建祠于灵芝园之右”，在园的西向，建有不少的店面。[④]

① 最后一位安葬在灵芝园的是第六世汤儒祖的后裔，第十四世汤俊升，生于清乾隆甲戌(1754)，卒于清乾隆庚子（1780）。

② 《文昌汤氏宗谱》之《抚郡汤氏廨宇规模记》。

③ 《明故义士汤公子高墓志铭》。

④ 从《文昌汤氏宗谱》所载清道光戊戌（1838）所撰《新建承塘公祠记》“是年冬，合房公议将承塘公所遗店基一片，变卖钱肆百千……将祠堂左隔巷店房二所作价抵偿贰佰千……”中推知。

（二）兵祸

明末清初改朝换代，兵戈扰攘，孤悬于桥东的文昌里，每逢战事，毫无例外成为交战双方的主要战场。覆巢之下，安有完卵。在战火的蹂躏中，文昌里几度成为废墟。其中：

《临川县志》记载：清顺治二年（1645）夏，清军大兵压境，临川人詹更一、揭重熙、曾亨应纷纷举兵反抗；继而建昌（现南城县）益藩王招集兵马数千，驻扎抚州府，在清军的强大攻势下，兵败，死数百人。时隔几月，永宁王自福建率兵万余入据抚州，在清军的围困下，第二年三月败，“近城民居被冠焚毁，数十里外皆被掠”[①]。

又：清顺治三年（1646），建昌益藩王等数次由金溪、东乡进攻抚州府城，清军江西总兵金声桓遣兵剿洗，“近东一带有数百家之聚落绝人迹者”[②]。后王得仁反清[③]，入驻抚州，见灵芝园“故基垣墉”，残垣断壁，造起了马王庙。从此文昌汤氏“数百年产业一变为异域矣”[④]。直到雍正七年

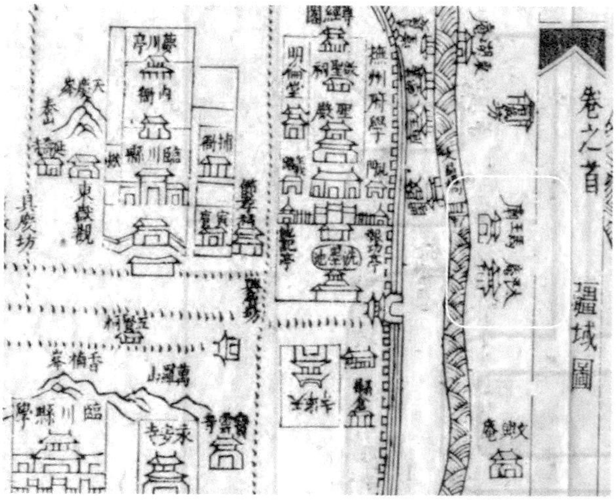

清雍正《抚州府志》治图中的马王庙与太平庵

① 清道光《临川县志》卷十四，武事。

② 清道光《临川县志》卷十四，武事。

③ 王得仁，出生于明朝末年，原是闯王李自成旧部。李自成遇难后，降清军移师南昌。永历二年，王得仁叛清归明。

④ 《文昌汤氏宗谱·抚郡汤氏廨宇规模记》。

(1729)，马王庙还与一世祖汤伯清建的太平庵[①]一起，作为地标性建筑，标注在清雍正《抚州府志》的治图中。

（三）抗争

文昌汤氏数百年积累下来的祖业废而被占，后辈潸然，为此进行了长达数十年的诉讼。清顺治八年（1651），寅祖长子应台偕同显祖之子大耆等，呈文巡按张嘉[②]，诉“毁折值有害其成”，张以任职将满而搁置。如此过了几年，官府竟在此地基上建起了仓廪，收蓄漕粮，将其变成官地。清康熙二十六年（1687）冬，寅祖之孙、应台之子汤秀琦与知府张四教[③]在府署相接甚欢，汤秀琦“具述其事，以请命”。张知府查复说：“此地贮漕已久，边上又是市场，内外都是一副败相，不好处理。”知县李天植[④]也站在知府一边。秀琦虽再三辩驳，也无法成议。加之张知府任职期满，所以又一次搁置了起来。清康熙二十七年（1688），宋荦[⑤]巡抚江西，重道崇儒，秀琦以所著书请教宋公，宋公亲自到秀琦居住的旅店迎接，相交甚欢。第二年春，宋荦问起秀琦家世，秀琦将家族之事详细诉说了一遍。宋很是同情，复审了张知府的批文，提出“移仓给还之议”。临川县令李天植“坐价三十六两以赎质”，恰新县令储抡[⑥]到任，宋召集多方议定，腾仓归还。新仓当年八月动工，第二年（1690）九月竣工。至此，文昌汤氏的墓地终得以复还，历时四十五年。[⑦]

清道光八年（1828），万寿宫首士欲买墓园案山侧的八亩田盖造栈房，榆坊等房后人“恐闭塞祖坟明堂，祖墓不安，子孙丁财有碍”，合伙捐赀承

---

①《文昌汤氏宗谱·伯清公传》：汤伯清“世居河东大街……构文昌阁于桥右，建太平庵于桥左，复建正觉寺于长春坊，置贯田产供佛齐僧……”

② 清光绪《江西通志》卷十五：张嘉，顺治八年（1651），巡按。

③ 清雍正《抚州府志》卷十四：知府，张四教，清康熙二十三年（1684）升任江西驿盐道副使。

④ 清道光《临川县志》卷十九：知县，李天植，清康熙二十年（1681）任。

⑤ 清光绪《江西通志》卷十五：宋荦，清康熙二十六（1687）年，巡抚。

⑥ 清道光《临川县志》卷十九：知县，储抡，清康熙二十八（1689）年任。

⑦ 本段以《文昌汤氏宗谱》汤秀琦撰清康熙二十九年（1690）《祖基复还记》为据。

买田八亩，为伯清公祭产，传遗后代。并将原出租藕塘积存下的租金，购买地基一所，修理旧宅倾颓等。清道光十六年（1836）冬，将所存租钱新构祠屋一栋，清道光十八年（1838）祠堂开局，重修宗谱。①

由于在明末清初的数次兵连祸结中，“庙已毁而为圩，予宗皆转徙侨居”②，灵芝园逐渐被人“蚕食”③。其凋敝之状，在清康熙至雍正年间之人冯咏（约1672—1731）的《灵芝山汤祠部墓》诗中可略见一斑：“步出城东桥，杨柳夹河路。居民百千家，中有玉茗墓。是山名灵芝，四面逾百步。其上列祖茔，其旁昆弟祔。昭穆虽分明，碑阡半欲仆。野豕拱墓道，疯人息荫树。路旁况粪埌，溷秽多所污。先生神仙才，乃复遭冥数。白云起混茫，青山变朝暮。喟焉念文采，焉有金石固。”④

清朝晚期，从咸丰六年（1856）到同治三年（1864），太平天国军与清军为争夺抚州城，进行过数次激烈的战斗，文昌桥头的灵芝园又屡遭兵毁。

清光绪二十九年（1903），安徽桐城人江召棠⑤代理临川知县，他十分钦慕汤显祖的文章品节，当他在桥东看到汤墓荡然无存，连墓碑都没有时，很是悲戚，捐出自己的俸银，重修了汤显祖墓，立了碑石，并亲书碑联：“文章超海内，品节冠临川。”

（四）再毁

1930年十二月，动工修建赣闽公路温家圳至临川文昌桥段，这是抚州

① 本段以《文昌汤氏宗谱》撰于清道光十八年（1838）《伯清公祠宇暨田租塘租记》为据。

② 《文昌汤氏宗谱·承塘公支下正旦诣祖簿序》。

③《文昌汤氏宗谱》所载汤秀琦撰《兴复曾祖承塘祠堂纪略》：“近年间适有租吾祠地而造居者，族众以其地在墓道之侧，因以祠近，故往来充斥，马牛践踏，故听其建造，以为坟墓捍围，计可也。去年冬，其人遂将此屋举偿债主折移，将有目矣。向之借为捍围者今能恃以为安乎？”

④ 冯咏撰：《桐村诗四卷》卷三，二十一，南京图书馆藏，清康熙刻本。

⑤ 江召棠（1849—1906），字伯庵，号云卿，今安徽省安庆市宜秀区罗岭镇人。光绪十五年（1889），江召棠调补江西上高知县，历任庐陵（今吉安）、新建、南昌、德化（今九江）、临川等县令。他廉正求治，秉公执法，以发展生产、注重教化和奖掖人才为己任，受百姓感戴。

境内的第一条公路，次年八月竣工通车。[①] 文昌桥也由原来从两侧上桥的人行桥，改建为直行汽车的公路桥。受此影响，墓园以北被填埋加高，成了公路引桥的一部分。文昌桥也易名为“行易桥”。

1940 年 4 月 13 日，日军飞机轰炸抚州城区，炸死数百人。1942 年 5 月下旬，日军第八军调集 3 万余兵力，编为 3 个兵团及预备队，分 3 路入侵抚州。[②]“日本兵在这里（墓园）挖战壕，把这里的坟墓都铲平了……汤墓（即 1903 年江召棠修建的墓）得以保存，是因为烟店老板用竹篱把墓地圈入自己家里，想作为他自己的私有土地。”[③]

就这样，几百年来，虽经汤氏后裔的不断抗争，但在战火的蹂躏中，汤氏墓园渐渐地淡出了世人的视线。

（五）保护

中华人民共和国成立以后不久，汤显祖墓即被列入省级文物保护单位。1957 年，国家文化部（现国家和文化旅游部）决定在江西举办纪念汤显祖逝世 340 周年活动（当时将汤显祖逝世时间误为 1617 年）。抚州专署拨专款将残存下来的江召棠修的汤显祖墓重新修葺，并在汤墓旁增盖了牡丹亭。

1957 年重新修葺的汤显祖墓

惋惜的是，在“文化大革命”中，汤显祖墓地表建筑遭到了彻底的破坏。

1969 年，在墓址上建起了一栋东西长 31 米，南北宽 11 米，占地 340

---

① 《抚州市志》第 1 卷《大事记》，方志出版社 2013 年版，第 44 页。

② 《抚州市志》第 1 卷《大事记》，方志出版社 2013 年版，第 49 页。

③ 黄芝冈：《汤显祖编年评传》，中国戏剧出版社 1992 年版，第 3 页。

抚州市人民公园内的汤显祖墓

平方米的冰冻厂单层车间，车间周围建了自来水塔与低矮的仓库等辅助设施。也就是说，整个墓园的地表基本上都被占用了。但从对墓园的挖掘考古情形来看，正是得益于这种占用，整个墓园核心部分的墓葬大多保存得比较完整。

1982 年，囿于当时的认识能力，有关部门看到文昌里汤墓损毁严重，地表且已被占用，于是将其移迁到了市中心的人民公园内。① 新汤墓建筑群称若士园，位于公园北隅，占地 5000 平方米。背湖向阳，幽雅静谧，矮墙围隔，石路相连。两座四柱牌坊各为入出口，入口牌坊横镌"汤墓"二字，出口牌坊文字由汤学大家徐朔方先生选定，横镌篆体"因情成梦"四字，楹联为汤公集句"攒古今之千变，极人物于万途"。青白两色的汤墓围墙逶迤绵长，墙壁饰以镂花雕窗，里外通透，围墙上嵌有四块墨玉石，镌刻"临川四梦"的戏文图像，神采生动。

墓道周边松柏映翠，汉白玉雕刻的环形围栏怀抱汤墓，肃穆庄重、朴

① 据当时参与迁墓工作的傅林辉先生撰文回忆："1982 年 8 月 24 日早晨八点，开始对原汤墓进行开挖，直至次日凌晨二点三十五分结束……挖入深度为 3.2 米，开挖面积约 4 平方米"。"只挖到许多古砖，规格为长 × 宽 × 厚＝ 40 厘米 ×16 厘米 ×7 厘米。还有不少碗、钵碎片、棺材板、骨骼均不见，只有少许腐烂的木屑，有一支发黑的发簪，洗干净后发现是银质的。"

实恬淡。墓碑正面镌“汤显祖之墓”五字，由中国书协主席舒同亲书，笔力遒劲。《汤显祖墓志》用高质青石板正楷阴刻，由当地书法名家书协主席吴光国书丹，镶嵌在墓碑正后方之墓冢环形石围栏正中位置。志文概述汤公生平业绩及其高风亮节。

汤墓旁临湖建有牡丹亭一座，亭柱刻联："文章超海内，品节冠临川。"

汤墓迁建后，国内外学者曾多次在这里举行隆重的纪念活动，成为人们瞻仰凭吊伟大先贤汤显祖的场所。

四、补遗

2017 年 8 月 28 日，江西省文化厅、抚州市政府召开新闻发布会，宣布灵芝园的考古情况。由于笔者跟踪了中后期的考古过程，并对灵芝园的遗存进行了相关比对，发现以下几项有必要深入补证。

（1）考古中发现的“汤临川玉茗先生墓”“玉茗公墓”的压棺石，笔者认为极有可能不是汤显祖原墓所有。其理由是，汤显祖在家谱中称为若士公，而不是非名非字非号的玉茗公。“玉茗堂”是汤显祖的堂号，生前也曾以堂名出版过其著作《玉茗堂文集》。后人十分钦慕汤显祖的文章与品节，而将“玉茗”二字简称其人。这在《文昌汤氏宗谱》中保存的汤显祖晚年的学生陈际泰作于明崇祯十三年（1640）《文昌汤氏宗谱序》中首次将汤显祖称为“玉茗夫子”，以及清康熙四十三年（1704）抚州府知事张伯宗所作《谱序》中首称“玉茗先生”中可以得到印证。所以，“玉茗公墓”的压棺石应是在清康熙二十九年（1690)，在巡抚宋荦的帮助下，灵芝园得以复还后，其后裔在对汤显祖墓进行整修时加盖上去的。“汤临川玉茗先生墓”的压棺石，则极有可能是清光绪二十九年（1903），江召棠重修时加盖的。

“義”“羲”两字与残碑字对照

桥头井，亦称东井遗迹

（2）发布会上宣布的刻有“……義仍汤公之墓”六字的半截墓碑，从残字看，并非“義”字而是“羲”字。羲仍是汤显祖小弟汤寅祖的字号。从形制看，此残碑高117厘米（高度有缺少）、宽64厘米，厚13厘米，与汤显祖的学生，68岁考中进士，曾任七品行人的陈际泰的墓碑高212厘米、宽97厘米、厚18厘米相差甚远。相比之下，汤显祖作为曾经的六品官员，其逝后的墓碑应与陈际泰的墓碑相当，才符合当时的墓葬规制。汤显祖的墓碑现已无存，但在灵芝园内一旁静静躺着的一方长158厘米、宽54厘米、高51厘米，且风化十分严重的花岗岩趺座，从其安放碑石的凹槽长85厘米、宽19厘米的尺寸来看，或许这才是汤显祖墓中的一件原件。这也是目前发现的灵芝园中唯一一块碑石趺座。

（3）汤显祖《吾庐》：“文昌通旧观，东井饮余晖。”诗句中的“文昌”指的是文昌桥，“旧观”则是玉隆万寿宫的旧称“帷余观”。那么“东井”呢？它与清雍正《抚州府志》卷五《邑里志》中有“港东厢……其井一，曰文昌桥头井”，是同一所指吗？如果是的话，这个井现在还在吗？巧合的是，在灵芝园西侧一倒塌房屋的草地里，隐藏着一口已弃用的水井，井圈内径

48厘米，井壁呈弧形，向下扩展达1.5米以上，内壁由红石砌接，此处距文昌桥头仅50余米。已倒塌的房屋为清代建筑。据耄耋者说，在20世纪五六十年代，这里是一所茶社，店面迎街，井在后厨烧水房内，是茶社的专用水井。从井的形制看，尽管上部井圈是后来加砌的，但井圈以下部分非常古老，笔者认为，这可能是汤显祖时代的“东井”，当然还有待于进一步考古认证。

（4）原冰冻厂建厂时间考。笔者寻访到了当时负责冰冻厂车间承建的临川第二建筑公司施工人员邱浩民先生。据他回忆，灵芝园冰冻厂车间施工时间是1969年5月，同年12月完工，次年5月正式投产。之所以记忆如此深刻，是由于他刚结婚不久，妻子黄兰英也在工地上做事，当时怀有女儿邱霞，孕期约5个月。1969年10月，车间墙体已经完工，有一天，在进行屋顶盖瓦作业时，由于毛竹脚手架承受不了一时堆放太多的泥瓦而倒塌。他妻子黄兰英当时因口渴下到地面上来喝水，所以免受惊吓。

笔者问及在建设车间时，挖地基过程中是否挖到有墓穴？邱浩民先生说：“是我带领几个人挖的地基，人工作业，由于是单层车间式建筑，图纸

原地表建筑：车间与水塔

设计是混凝土地圈梁，所以地基较浅，只挖了一个星期左右就结束了。除了泥土石子，没有挖到任何其他的东西，更没有墓穴。”在灵芝园考古现场，对于笔者指认的车间地梁下的“四号五号墓穴”（初步认定是汤显祖夫妇墓穴），邱先生断然回答，根本没有发现这下面有墓地。邱先生还说，由于他家住在灵芝园边上，从小在这里长大。这里在盖冰冻厂之前，本是一片废墟，是个卖牛的市场，空旷的场地上，只有一处用于临时拴牛用的四面通风的敞篷屋。

关于原冰冻厂初期组建情况，2016年，笔者寻访到了时任抚州饭店“革委会”副主任，后任冰冻厂厂长刘建华老人，他告诉笔者，冰冻厂是由当时的行署商业局投资10万元，委托抚州饭店负责建设的国营商办企业，正式人员编制为14人。当时的饭店经理、南下干部张永久建设初期为抓进度，曾搬竹床睡在灵芝园工地上。第一批职工全部由抚州饭店制冰室抽调组成。他们是刘建华（时任抚州饭店“革委会”副主任）、徐生根（时任抚州饭店工会主席）、胥寿庆、付柳根、江显进、吴银宝、王小毛、万早香、杨早红。冰厂建成后，夏秋两季生产市民食用的冰棒与冰块，结束了当时抚州地区境内无制冰企业的历史。

2019年10月21日，参加汤显祖国际学术论坛的海内外专家学者在汤显祖家族庭墓园灵芝园举行瞻仰活动

附录一

灵芝园主要墓葬者简表

谱名	名	字（号）	生	卒（殁）	备注
伯清公	亮文		未详	未详	第一世
	艾氏		未详	未详	合葬灵芝园
子高公	峻明		宣德癸丑（1433）	正德乙亥（1515）	第二世
	艾氏		宣德癸丑（1433）	正德辛未（1511）	合葬灵芝园
廷蔚公	子高公长子		未详	未详	第三世
	阙氏		未详	未详	合葬灵芝园
廷用公	子高公幼子	勷胜	未详	未详	第三世
	郑氏		未详	未详	合葬灵芝园
乔一公	懋昭	日新 西塘	成化丁未（1487）	嘉靖丙寅（1566）	第四世
	李氏				公妣合葬灵芝园
	魏氏		弘治戊申（1488）	万历己卯（1579）	祔公茔之左尺余
铭四公	尚贤	承塘	嘉靖戊子（1528）	万历乙卯（1615）	第五世
	吴氏		嘉靖庚寅（1530）	万历甲寅（1614）	公妣合葬灵芝园
	李氏		隆庆丁卯（1567）	顺治丁亥（1647）	葬公之左
若士公	显祖	义仍 海若	嘉靖庚戌（1550）	万历丙辰（1616）	第六世
	吴氏		嘉靖甲寅（1554）	万历乙酉（1585）	克祔于祖姑魏夫人
尊宿公	大耆		万历庚辰（1580）	康熙乙巳（1665）	第七世，显祖二子
	钱孔中女		未详	未详	
	胡氏（副室）		未详	未详	公妣俱葬灵芝园
季云公	开先	潭庵	未详	未详	第七世，显祖四子
	高氏		未详	未详	俱葬灵芝园
少海公	儒祖	醇甫	嘉靖己未（1559）	万历甲午（1594）	第六世，显祖大弟 家谱中失载安葬地
	魏氏		嘉靖戊午（1558）	万历丙戌（1586）	
仪亭公	奉祖		未详	未详	第六世，显祖二弟
	杨氏		未详	未详	
	继王氏		未详	未详	公妣合葬灵芝园
素其公	会祖		未详	未详	第六世，显祖三弟
	何氏		未详	未详	合葬灵芝园
亦士公	寅祖	羲仍	万历丙戌（1586）	崇祯戊辰（1628）	第六世，显祖小弟
	胡氏		万历乙酉（1585）	万历甲寅（1614）	合葬灵芝园
生甫公	维岳	山公	万历辛巳（1581）	顺治乙未（1655）	第七世，儒祖之子 公妣合葬灵芝园
子杰公	伯清公幼子		未详	未详	第二世
	黎氏		未详	未详	葬灵芝园
廷辅公	子杰公仲子		未详	未详	第三世
	万氏		未详	未详	公妣俱葬灵芝园
子昂公	伯清公次子		未详	未详	第二世

附录二

灵芝园初考示意图

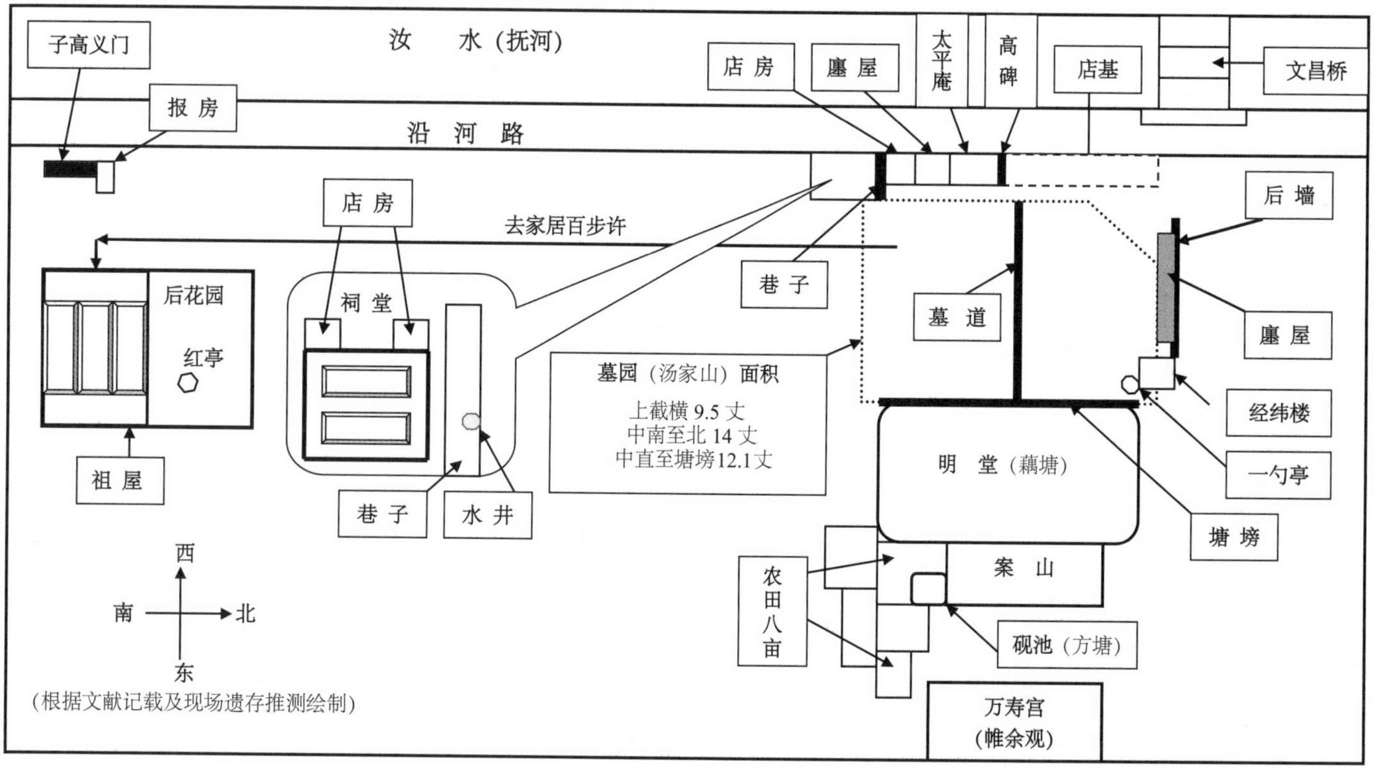

（根据文献记载及现场遗存推测绘制）

汤显祖文昌里祖宅之推考

2017年以来，随着文昌里汤显祖家族墓葬群重新进入人们的视线，文昌汤氏祖宅的研究也摆到了我们面前。由于其宅早在明隆庆六年（1572）的火灾中焚毁于尽，后来的四百多年间也未曾有过重建，而且地表建筑也已几经更替，故史上无人对此做过探讨。现根据新出土的墓志铭，结合汤显祖的诗文等文献，爬梳剔抉，做一推考。

一、方位考

明万历二十年（1592）深秋，汤显祖从徐闻归抚，量移浙江遂昌县令，住城内芙蓉小筑，与友谈起文昌里旧居时，他引用祖宅门联做答："北垣廻武曲，东井映文昌。"[①] 就此，徐朔方先生认为此门联暗喻的是汤氏祖宅所在地理位置，并考证说："文昌为里名，亦为桥名。东井在桥东，今已无考（或云即今东仓乡巷井，未知确否）。武曲指关帝庙，在城北。据此可约略推知汤氏故居在文昌桥东偏北之江边。亦即显祖墓（即灵芝园，一名汤家山）之北，正觉寺之西南江边。"[②] 据清雍正三年（1725）修《抚州府志》治今图

① 徐朔方笺校：《汤显祖全集》，北京古籍出版社1999年版，第477页。

② 徐朔方：《汤显祖年谱》，上海古籍出版社1980年版，第5页。

文昌桥

与清同治九年（1870）《临川县志》今县治图所示，在汝水环城转弯处，即城北城墙外转角处（距文昌桥约二里地，今赣东大桥西头），确有关帝庙与演武厅各一座。徐先生认为“北垣廻武曲”指的即是此。而推测的“东井”，在东乡仓街（徐先生文“东仓乡”为笔误），这口古井至今仍在，只是近些年来淤塞了，此处距文昌桥约 200 米。由于徐先生是对汤显祖的祖宅地理位置考证的第一人，所以后学大都循着这条思路行走。那么，徐先生的推论是否正确呢？

下面我们试着从汤显祖家族墓园——灵芝园考古中新发现的《明故义士汤公子高墓志铭》[①] 所载“世居临川文昌堰之左”“葬于先陇之次，去家居百步许”所提供的信息，来分析汤显祖文昌里祖宅所处的方位情况。

首先需要辩证是这个“文昌堰[②]之左”指的是桥北还是桥南？

---

① 汤子高，文昌汤氏第二世，字汝升。生于明宣德八年（1433），卒于明正德十年（1515）。明弘治十七年（1504），临川大旱，民众疾苦，汤子高“咨爰输粟若干石，备以赈之”，诏旌立子高义门，故亦称义士。

② 清光绪《抚郡文昌桥志》卷二《建置》：“淳熙志曰，临川有文昌堰，壅水为埭，曰堰，言不成梁也。”“宋乾道初，知州事陈公森，因东门外嗷呼争渡，民甚苦之，始作浮梁。”宋嘉泰元年（1201）改建石梁桥，称通济桥。宋宝庆元年（1225）火焦其半，募捐修复，始称文昌桥。

为清楚说明这个问题，我们有必要对文昌桥东的古地质状况做一简要追述。汝水（抚河）自盱而来，由南往北，穿城而过。河西五峰峻秀[①]，因山为城，称为城内；河东地平土疏，湖泊众多，称为城外。东西两岸在河水漫长岁月的冲刷下，有宽有窄。文昌桥就是坐落在这两岸陡然收缩的最窄处，上、下游均为宽阔的河面。唐初千金陂[②]始筑之前，城外桥东一带只是几片面积稍大的丘陵坡地支撑着，环绕坡地的是大小不一的湖泊与田地。千金陂筑成之后，桥东才逐渐兴旺了起来。紧挨文昌桥南侧中轴线的汤氏墓园，就是其中之一的高坡。此高坡分别朝东、南、北（西边即是河流）三个方向平缓下降与延伸，与其接壤的东北方向便是水网密布的广阔赣抚平原。这在汤显祖《吾庐》"连石构川崎，凿翠启堂基"诗句中也可得到印证。

在风水学盛行的中古时期，宅基地的选择，十分重视地形地貌与宅向定位的关系，顺则吉，逆则凶。依此俗，下面试以灵芝园为基点，对东西南北四个方向在"百步许"的范围内，分别进行勘察。往西，实测距离不到五十米便是抚河；往东，"百步许[③]"则越过万寿宫（帷余观），远离桥头，无"出入桥梁望"之视野；往北，其"百步许"即是山北了。在风水学中，山南与山北区别很大。中国南方惯以房屋坐北朝南而论，如在山南，宅基地低于山形，"后高前低，主多牛马"[④]，居之并吉。而在山北，坐北朝南，宅基

---

① 清雍正《抚州府志》卷四，《山川》："郡治耸为五峰，一曰青云……二曰逍遥……三曰桐林……四曰香楠……五曰天庆。"

② 千金陂，位于文昌里南约三公里处。逶迤而来的盱水，达于瑶湖，在西岸崖壁的阻挡下，斜直孔家渡，"唐时初决一口，其后支港横溢，正道堙淤"，从此"一郡之水迁徙无常"。唐上元间（674—676），守臣尝建华陂，以遏支而行正。唐大历中，刺史颜真卿继续修筑，命为土塍陂。唐贞元（785—805）中，刺史戴叔伦又继续修筑，命名为冷泉陂。清道光《临川县志》卷六《水利》："咸通九年，刺史渤海李公（失名）凿冷泉，故基自文昌桥直抵南洲铺上口，凡九百七十余丈，尽出其沙与积壤，萦束盘委，望之若带。又于其上横截汝水置千金陂南北百二十五丈，于十夏告成……自此水复故道……四乡之间，沟浍绮错，灌田各数千顷。"，据此，笔者认为，史上应该是先有护城的陂，后才有"横截汝水"的千金陂，合称千金堤，即汤显祖所称"金堤"的。

③ 步，长度单位，历代不一。周代以八尺为步，秦代以六尺为步，《辞海》记旧制以营造尺五尺为步。依旧制营造尺（32 厘米一尺）换算，每步约合现在的 1.6 米。

④ 明《营造门》，转引自徐杰舜主编，周耀明著：《汉族风俗史》第四卷，学林出版社 2004 年版，第 97 页。

地低于山形，前高后低，“必主寡妇孤儿，门户必败”①，若为满足“后高前低”则需坐南朝北，其结果必然是寒风习习。这对于家有诸史百家，“天官、地理、医药、卜筮、河渠、墨兵、神经、怪牒”②藏书四万余卷计的文昌汤氏先祖来说，凿翠开基，事关后代万世之大业，任何悖于风水之举都绝不可以。所以，“文昌堰之左”指的是文昌桥的桥之南。

“北斗桥南金玉台”③，由此可以坐实，文昌汤氏祖宅是在文昌桥东偏南之江边，而不是徐先生所推断的“文昌桥东偏北之江边”。

那么“东井”呢？据清雍正《抚州府志》卷五《邑里志》：“港东厢……其井一，曰文昌桥头井。”“港东厢”时为桥东行政区划名。《旧宅》：“北斗桥阑旧井床”④。汤显祖诗中的“旧井床”当指此桥头之井。巧合的是，我们发现，在墓园西侧一倒塌房屋的草丛中（距墓园边缘约五米，距文昌桥头不到五十米），隐藏着一口已弃用的水井，井圈内径 0.48 米，井壁呈弧形向下扩展达 1.5 米以上，内壁由红石砌接，此井口及以下弧形面，均有明显的近现代砖砌的痕迹。已倒塌的房屋为清代建筑。据耄耋者说，在 20 世纪五六十年代，这里是一所茶社，店面朝西迎街，井在后厨烧水房内，是茶社的专用水井。此井应当是汤显祖时代位于文昌桥东的“桥头井”，也是徐先生误认为是在“东乡仓路”而实则是在此桥东头之井，亦称为“东井”。

据上所考，门联“北垣廻武曲，东井映文昌”中所指的地理物象是：北垣——抚州城北城墙，武曲——关帝庙；文昌——文昌桥，那么东井——桥东之“桥头井”。门联对其位置的指向只是个大概。因为在新的出土文献支持下，汤显祖文昌里祖宅的准确位置，是在文昌桥东偏南“百步许”，即

---

① 《营造门》，转引自徐杰舜主编，周耀明著：《汉族风俗史》第四卷，学林出版社 2004 年版，第 96 页。

② 邹迪光：《临川汤先生传》，毛效同编：《汤显祖研究资料汇编》，上海古籍出版社 1986 年版，第 82 页。

③ 徐朔方笺校：《汤显祖全集》，北京古籍出版社 1999 年版，第 126 页。

④ 同上。

现在的文昌里官沟上南端与椰树下西端两条小道的交会之处。所以，笔者认为门联的本义应该是寓意于天地物象，冀望子孙后代成为文经武纬之才，而非指具体的地理位置。

二、环境考

《金堤赋》:“正伭纪之文昌兮，乃余居之所世。”[①] 从文昌汤氏祖宅所在位置可以看到，这里往西，近处是汝水河（抚河），河对岸是古拟岘台；往北，百步之遥即是文昌桥。与汤显祖诗句中描绘的“出入桥梁望”实景相一致。往南，近处是当地百姓称之为“倒垱口”的“√”形湖泊。这是由于此段河岸近似胳膊肘，在洪水的冲击下，史上曾多次发生过溃塌，形成了一个较大的湖面。湖水向东往北绕过万寿宫、正觉寺，流过孝义桥，流向斗门。一派阡陌纵横、绿柳拂水的田野风光。《移筑沙井》:“家近金堤田负郭”[②]，从这里往东南远眺，就是千金堤以及称之为瑶湖的宽阔河面了。

今日文昌里之一隅

① 徐朔方笺校：《汤显祖全集》，北京古籍出版社 1999 年版，第 1659 页。

② 同上书，第 554 页。

《金堤赋》:“戒云河之下润兮，市明堂之升气”。在以水运为主要交通载体的中古时期，处于汝水边城乡交接处的文昌里，是抚郡府最重要的商品集散地之一。在北起文昌桥、南至山前庙，现称之为太平街200多米长的河岸，历史上就曾有过大小多达五个货运码头，由此可见其商贸活动的发达。而汤显祖的祖宅就在市场的附近。在他的《金堤赋》中，有一段栩栩如生的描写：

> 韡食鬻之齐人兮，辏殊方之末民。冠衣庞制兮，言语咿哈而不伦。乘余居近市兮，时闲用其引缗。居贾辏积兮，难卒单陈。白日出暴兮，璀璨瑀璘。巧蕲完兮众则须珍，瘈恶謦嗥兮争牙不均。侩狙客兮迎远津，攀来下兮辄疾鲜。阑河碕兮絙衡权。分别贾区兮更贩流转，周张脱算兮驵魁攫便。来往飞梁兮踵不得还。大贾遨翔兮连倡嬛，文丝縠缟兮莹波烟。吹歌蹋博兮工数钱，敖民无数兮从流缘。令爰盱兮顿悔贱贫，复市道兮何言。便间人兮食薪，庸徒负兮周身。金南岁北兮漕若云。

这段话的意思是：这里四方商贾汇集，来自远方的外域人十分富有。他们着宽衣大袍，言语咿呀本地人听不懂。由于我住在市场附近，空闲时会到市场上来，充当翻译。这里店铺林立，难以一一陈述。在阳光的映照下，店铺内的商品璀璨缤纷。外场交易区的马匹打扮得漂漂亮亮，买卖双方扳看马牙激烈地争论着，互不相让。老道的买卖中间人等候在码头，迎接远方而来的客商，热情地问寒问暖。曲折的堤岸上满是做买卖的人。商铺里面的顾客流动很快，外场交易一番袖里乾坤（周张脱算）后，买主扬鞭而去。文昌桥上，来来往往的人们接踵而至，相会又相别。志得意满的富商们在美丽的娼妇间周旋，他们穿着高档绫绢，光洁如烟波。艺人们伴随器乐翩翩起舞，取悦富商，多得赏钱。无数城市游民加入到这经商从艺的人流中来，也带动了周边急于摆脱贫穷的农村居民，进入市场谋生。我的很多邻里就是这样靠做生意过日子的。没有什么本事的就靠卖力气赚钱了。依托千金堤，汝水河上漕船如云，南来北往的商人如织，带来了文昌里的繁荣。

清李茹旻《千金陂诗》："义仍赋后无消息，载笔何人许嗣音"①，盛赞汤显祖的《金堤赋》不仅文辞典雅，在众多描写"千金堤"的诗文中超凡脱俗，也是至今发现的写作时间最早、记录最为翔实的文昌里商贸繁荣景象的历史文献。此情此景，在后来汤显祖创作的"四梦"戏剧诸多有关市场的场景中，依稀可以见到其影子。

三、形制考

"室屋之华，甲于他姓，亦必曰汤焉。"② 可以看出，当时的汤氏祖屋，在文昌里一带，是非常显眼的。"北斗桥南金玉台"，汤显祖的诗句尽管是比喻之辞，也足以说明其非凡气派了。 然而由于直接证据的缺失，我们只能从其诗句中拼凑出其相应的形制。

《吾庐》：四阿长中绳，三门映重规。③

四阿，建筑用语，指的是"四出水"的屋顶。由于屋顶有四面斜坡，故称四阿顶，是各屋顶样式中最高等级。长中绳，指的施工测量中用的绳尺。由于屋顶是曲线形的（亦称元宝顶），且弧线很长，要用很长的绳尺才能测量制作出来。此句表明，汤显祖祖宅是四面出水的软形屋顶。"三门映重规"

① 清同治《临川县志》卷六《地理　水利》。

② 参见新出土的《明故汤母孺人艾氏墓志铭》。

③ 徐朔方笺校：《汤显祖全集》，北京古籍出版社 1999 年版，第 166 页。

句中的“三门”指的是前厅、中堂、后堂三道门，“重规”不仅是指前厅、中堂、后堂三门前后相合，而且规制相同。这种一重三进结构，是当时大户人家中最为典型的居室结构。但文昌汤氏“室屋之华，甲于他姓”，可见其豪华状。

> 《壬申除夕，邻火延烬余宅……》：不慎炎洲草，俱焦藻井渠。[①]

从此句中可以了解到，祖宅天花是藻井装饰。藻井虽然与普通天花一样都是室内装饰的一种，但藻井却象征着崇高的天宇，通常用于最尊贵的建筑物，如神佛或帝王座位顶上。所以唐代明确规定，非王公之居，不得施重拱藻井。宋代则规定“凡民庶家，不得施重栱、藻井”，官员不在其列。

> 《广意赋》：鸠遗书盖四万卷余兮。[②]

从赋文中，可以得知，汤显祖的祖辈不仅喜爱读书，还藏书四万余卷。那么四万余卷藏书是个什么样的概念？需要多大的面积才能存放呢？为了形象地说明这个问题，我们试以宁波天一阁明代藏书楼为例。

收藏图书典籍七万余卷的天一阁藏书楼，创建于明嘉靖四十年至四十五年（1561—1566）之间，是嘉靖兵部右侍郎范钦的私家藏书楼，名东明草堂。

---

① 徐朔方笺校：《汤显祖全集》，北京古籍出版社 1999 年版，第 11 页。

② 同上书，第 143 页。

宁波天一阁明代藏书楼　任红辉摄

藏书楼占地面积 288 平方米（24 米 ×12 米），为二层楼房，楼下六间，楼上为一大开间。由于南方多雨，气候湿润，为防止书籍发霉，所以藏书全都列柜于楼上，面积约 200 平方米。仿此计算，汤显祖家的藏书有四万余卷，想必至少需要天一阁藏书楼一半的面积，约 100 平方米才行。

据此分析，汤显祖祖宅的形制应该是一重三进式的结构，装饰较为豪华。由于桥东文昌里地势低洼，历史上有十年九淹之说，所以三进中至少有一进是有着约 100 平方米面积的两层式的楼房，用于存放藏书，并且还建造有配套的院子等附属建筑。

《问棘堂》

问棘堂前旧草筵，百年生活胜焦先。

娟娟树底青羊出，历历江头白鸟悬。[①]

上面诗句是关于庭院的描述。院内有树木有草坪，古朴、幽静、空旷，

① 徐朔方笺校：《汤显祖全集》，北京古籍出版社 1999 年版，第 124 页。

抬头即可看到汝水上空白鸟飞翔。

《红泉家燕》

父老乘云歌紫芝，红亭花柳发参差。

氤氲画雨香全湿，葱翠阴烟影薄移。[①]

《旧宅》

一社友朋随大屐，十年抄纂自巾箱。[②]

《丰城徐德俊从岘台城上出东门石梁，迤逗秋水，枉过草堂……》

不醉会须重折简，池亭相近菊花开。[③]

上面诗句是关于后花园的描述。花园中有池塘，有红亭，如花似锦，“一社”友朋在这里饮酒赋诗作画，毫无局促之感。

《吾庐》

大父喜书诗，大母爱林池。

嘉鱼荐君子，嘉树引其藁。

《旧宅》

北斗桥阑旧井床，清池舍后匝枫樟。

严君别道桑麻长，太母惟夸橘柚芳。

① 徐朔方笺校：《汤显祖全集》，北京古籍出版社1999年版，第15页。

② 同上书，第126页。

③ 同上书，第138页。

上面诗句是关于院落周边环境的描述。屋前有清澈的池塘，屋后环绕着的既有高大的枫树、樟树，又有低矮的桑麻树与橘柚树。

“树大分杈，儿大分家”。文昌汤氏自汤伯清开基以来，经过数代繁衍，到汤显祖代（第六代），已有男丁 14 人，并且还在不断地增加（见下表），因而逐代加盖房屋、分开居住势在必行。这在 20 世纪 50 年代，民间仍有将文昌里太平街一带称为汤家村的说法中可得一证。但从文献中可以证实，其核心建筑——祖宅为汤显祖的父亲汤尚贤所继承。

文昌汤氏一至七代繁衍状况简表

代	一	二	三	四	五	六	七
男丁	1	3	6	12	9	14	37

说明：根据文昌谱统计。据谱载从第四代开始即有往四川、云南迁徙者。表中凡注明迁徙不详以及早夭者未统计在内。

汤显祖《从太母饮伯父园》[①] 诗句“家园作酒侍尊亲……荷盆一一镜红鳞。松枫正合阴长夏，桃李徒言娇上春”，足以证明汤显祖的伯父与他们是分开院落居住的。

《壬申除夕，邻火延烬余宅……》：“大道文昌里，青门帝表闾”。在祖宅附近迎街面之处，还立有汤显祖的高祖汤子高于“弘治甲子，岁方不登，而民多怨，咨爰输粟若干石，备以赈之”[②]，朝廷“昭赐旌表尚义”的木制牌坊，以及牌坊边上的附属建筑“报房”。房内题云：“贺文人高攀丹桂，庆举子直上云霄。”[③]

① 徐朔方笺校：《汤显祖全集》，北京古籍出版社 1999 年版，第 127 页。

② 参见新出土的《明故义士汤公子高墓志铭》。

③ 《文昌汤氏宗谱》之《抚郡汤氏庙宇规模记》。

四、建造时间考

《文昌汤氏宗谱》之《祖基复还记》云“原桥东之居宜在唐宋已定”。这表明，早在汤伯清之前，文昌汤氏已经在文昌里居住有近四百年。只是由于汤伯清（生卒不详）是第一个安葬在灵芝园，所以才以汤伯清为文昌汤氏的开山祖。然而第一世祖汤伯清“构文昌阁于桥右，建太平庵于桥左，复建正觉寺于长春坊，置贾田产供佛斋僧”[①]；第二世祖汤子高（1433—1515）“负郭有田百余亩”[②]；第三世祖汤廷用（生卒未详）“克绍前徽”[③]；第四世祖汤懋昭（1487—1566）“仓有余粟，建庄于陆都之酉塘……近东邑之延桥岭依祖庄之右，亦建一庄”[④]；第五世祖汤尚贤（1528—1615）“捐万石以赈荒歉，出千金以修桥梁”[⑤]。从这些来自宗谱等文献的记载中，可以得知，文昌汤氏世代以耕读传家，尽管十分富有，却都没有留下建造大型宅屋的痕迹。即使是在明隆庆六年（1572）除夕，祖宅焚毁，“祖母泣营于毁室，不忍去也。岁丁丑，泫然而悲曰：‘室可更为之。独诏所旌立子高公义门，非郡县力不可复。’显祖请诸校，校以上郡太守古公，行复之。”[⑥]然而即便如此，也未见有重建的任何记载。这说明两点：一是祖宅建造时间不在汤伯清以及他的后代手中；二是祖宅的建造并非是有财力就能解决得了的。那么，其祖宅是什么时候建造的呢？

为搞清楚这个问题，有必要对宋、元、明各朝的居室制度做一了解。

中国历朝历代都是居室有制。当时的朝廷对人们的居室规模、式样甚至称呼都有严格的等级限制。宋“臣庶室屋制度”规定：“私居，执政、亲王

---

① 《文昌汤氏宗谱》之《亮文公传》。

② 参见新出土的《明故义士汤公子高墓志铭》。

③ 《文昌汤氏宗谱》之《勷圣公传》。

④ 参见新出土的《明故酉塘汤君墓志铭》。

⑤ 《文昌汤氏宗谱》之《承塘公传》。

⑥ 参见新出土的《祖母魏夫人迁祔灵芝园墓志铭》。

曰府，余官曰宅，庶民曰家……六品以上宅舍，许做乌头门。父祖舍宅有者，子孙许仍之。凡民庶家，不得施重栱、藻井及五色文采为饰，仍不得四铺飞檐。庶人舍屋，许五架，门一间两厦而已。”①元从宋制。明朝则规定得更为详细：“洪武二十六年定制，官员营造房屋，不许歇山转角，重檐重栱，及绘藻井，惟楼居重檐不禁……三十五年申明禁制，一品、三品厅堂各七间，六品至九品厅堂梁栋只用粉青饰之……庶民庐舍，洪武二十六年定制，不过三间，五架，不许用斗栱，饰彩色。三十五年复申禁饰，不许造九五间数，房屋虽至一二十所，随其物力但不许过三间。正统十二年令稍变通之，庶民房屋架多而间少者，不在禁限器用之禁。”②

从前面的“形制考”中我们已经得知，文昌汤氏祖宅是一座一重三进，绘有藻井的楼房。对比明朝的规定，“官员营造房屋，不许歇山转角，重檐重栱，及绘藻井”，民舍就更不可能了。所以文昌汤氏四阿重檐并带有藻井的祖宅，不可能是在明朝建造的。而在宋朝的规定中，“民庶家，不得施重栱、藻井及五色文采为饰”，也就是说对官员未作此规定。且从屋室的称呼看，宋规定“私居，执政、亲王曰府，余官曰宅，庶民曰家”。对宋史有着过人研究的汤显祖，对此不能不知。所以汤显祖的诗文在称其祖屋的用辞中，既有自谦为“庶民庐舍”的“庐”字，如诗《吾庐》，但更多的是“宅”字，如诗《旧宅》《壬申除夕，邻火延烬余宅……》，以及《上侍郎王公》：“往使南宗，馆我青门之旧宅”③等。一个“宅”字，透露出这样一个史实，即汤显祖的先祖中，在宋元朝期间，当有在朝为官者。此宅应是先祖所建造。只不过是由于“元季谱牒散亡”④，“而兹谱不载，亦断也”⑤，因而没有留下芳

① 《宋史》卷一百五十四《臣庶室屋制度》。

② 《明史》卷六十八《百官第宅》。

③ 徐朔方笺校：《汤显祖全集》，北京古籍出版社1999年版，第13页。

④ 同上书，第1068页。

⑤ 《文昌汤氏宗谱》之《文昌汤氏宗谱引》。嘉庆十二年丁卯岁季冬上浣，子高公支下十一世孙桢、梗、模，十二世孙荣典，十三世孙梁敬撰。

名罢了。

《壬申除夕，邻火延烬余宅……》：龙文销故剑，鸟篆灭藏书。

《吾庐》：藏书倏以火，林藻积披离。

明隆庆壬申（1572）除夕，邻家着火延至汤氏宅院，火势凶猛，至第二天早上才熄灭。这场火灾使汤氏祖屋毁于一旦，四万余卷藏书荡然无存。从此，汤显祖一家“于乡于城三徙”[①]“十载居无常”。这一年是汤显祖中举后的第三年，这场大火也给他的科举路增添了不少的磨难，但也应了祸福所依、遇难成祥的谶言，为后来盛名远播的玉茗堂的诞生埋下了伏笔。

① 新出土的《明敕赠吴孺人墓志铭》。

文昌汤氏《家训》研究

《文昌汤氏宗谱》[①]中的《家训》，与《抚临汤氏宗谱》[②]中的《家训》有着极大的关联，这是笔者在进行本文写作且已经动笔之后，为校对某一史实而偶然发现的。既为研究，碰到此类问题就必须给出一个符合史实的解释。为此，本文就从两谱中的《家训》为何会出现关联的分析入手。

一、文昌汤氏与抚临汤氏《家训》异同考

（一）《序言》比较

《文昌汤氏宗谱·家训》的《序言》是：

> 《诗》曰："天生烝民，有物有则。"《书》曰："惟民生厚，因物有迁。"是知人匪无良，教之诲之，不容稍缓。矧在一家其可勿训，兹于癸巳冬月重修谱志，余乃摭古典，采方言，取其浅近易晓者，编为十二条，又编为七戒，凡皆以为善后之资，汝后人务宜遵而毋违。

① 《文昌汤氏宗谱》尊殷文圭为远祖，但不入世系图表，只叙文昌开山祖伯清公以下。清同治七年（1868）第六修，瑾华督率。

② 《抚临汤氏宗谱》尊万四公为鼻祖。2004年第十二修，和平主修，仿木刻本。

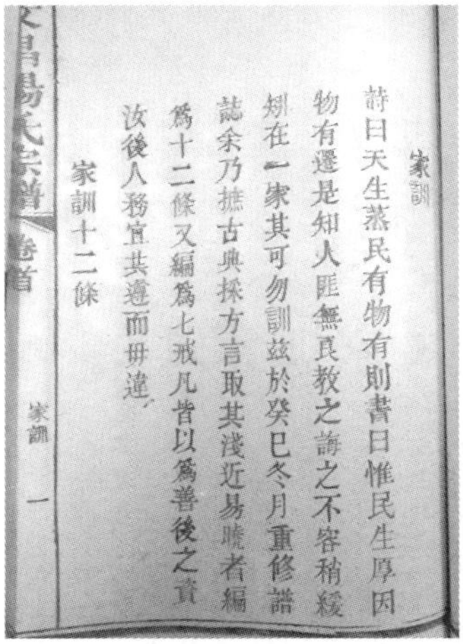
家訓
詩曰天生蒸民有物有則書曰惟民生厚因
物有遷是知人匪無良教之誨之不容稍緩
矧在一家其可勿訓茲於癸巳冬月重修譜
誌余乃摭古典採方言取其淺近易曉者編
爲十二條又編爲七戒凡皆以爲善後之資
汝後人務宜共遵而毋違
家訓十二條
文昌湯氏宗譜 卷首 家訓 一

《文昌谱家训》书影

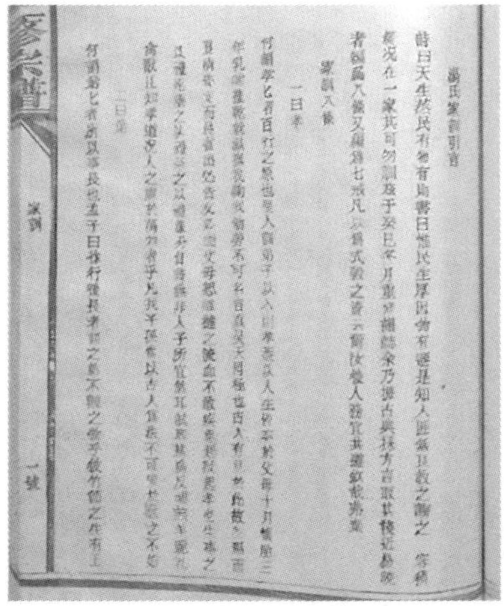

《抚临谱家训》书影

《抚临汤氏宗谱·家训》的《序言》是：

> 《诗》曰："天生蒸民，有物有则。"《书》曰："惟民生厚，因物有迁。"是知人匪无良，教之诲之，不容稍缓。矧在一家其可勿训，兹于癸巳冬月重修谱志，余乃摭古典，采方言，取其浅近易晓者，编为八条，又编为七戒，凡以为式谷之资云尔，汝后人务宜遵，钦哉弗弃。

从上述两序加了下划线的辞句比较可以看到，除了"编为十二条"与"编为八条"有较大差异外，其余尽管有十余字不同，但意思相近。所以说两序言基本相似，应该是非常恰当的。那么谁是原创呢？

（二）形式与内容比较

从形式上看，两宗谱家训都是由两部分构成。第一部分是《家训 × 条》；第二部分是《家训七戒》。

但在内容上，《文昌谱》第一部分是《家训十二条》，分别是：一曰孝；

二曰弟；三曰忠；四曰信；五曰礼；六曰义；七曰廉；八曰耻；九曰冠礼；十曰婚礼；十一曰丧礼；十二曰祭礼。

《抚临谱》第一部分是《家训八条》，分别是：一曰孝；二曰弟；三曰忠；四曰信；五曰礼；六曰义；七曰廉；八曰耻。其文字与《文昌汤氏宗谱》的一至八条极少差异，但少了后面的四条，即九冠礼，十婚礼，十一丧礼，十二祭礼。

笔者进行了详细的比较，推测《抚临汤氏宗谱·家训》之所以去除后面四条以不同“礼仪”冠名的条陈，大概是认为前面第五条“礼”已经是最高层次的“礼仪”，没有必要另外铺陈“冠礼、婚礼、丧礼、祭礼”的训条内容。

第二部分《家训七戒》则完全相同，无一字的差别。分别是：一君臣；二父子；三兄弟；四夫妇；五朋友；六长幼；七宾客。

另外，《文昌汤氏宗谱·家训》正文之后的落款是：皇清康熙五十二年癸巳之冬至日，文昌里子高公八世裔孙人藻洁孺氏撰。而《抚临汤氏宗谱·家训》则没有落款项。

（三）产生关联的缘由

笔者在拙作《临川两部〈汤氏宗谱〉之观照——兼析汤显祖家族世系之源》与《〈原谱考〉考论》两文中，已经进行过详尽的分析，坐实了文昌汤氏是在清康熙癸巳年（1713）与临川云山汤坊、李渡材浦等地的汤氏联修宗谱（称为《抚临汤氏宗谱》）时起，才结束了没有宗谱的历史，因而文昌汤氏称此修谱为首修谱，而抚临汤氏则称之为三修谱。就是说，此修谱的时间与家训成文的时间相重合，绝非偶然。这在《抚临汤氏三修宗谱序》中可推导出其解：

……世系未修多历年，所适今癸巳春有文昌明六公之裔宪万叔命其侄上庸、少由、砥及等扁舟至，余道及吾宗支分派远愈久愈疏，昭穆能无紊乎？彝伦能无斁乎？予辈皆跃然起曰："叔兄等心祖宗之心，昭祖宗之德，诚快事也。"余敦本之念，未尝一日置诸怀敢违命。于是顿忘固陋，纠集同宗，筹金锓梓，俾大宗、小宗有图迁徙居址，有考有像，有赞有传，有记有训，有敕，有跋有序，源流清晰……

这篇由"材浦里仕远公裔孙能理、瑾蔼如氏顿首拜撰"的《抚临汤氏三修宗谱序》，说明了此修宗谱的来历是文昌汤氏的宪万公派人前来商议而成的。序中所叙说的"俾大宗、小宗有图迁徙居址，有考有像，有赞有传，有记有训"，指的是正是这次联修宗谱，才使原谱的内容得到了充实，其中的"有训"，就是指从此时起才有了家训的内容。"凛遵先代，后之子孙，睹是谱也"。看起来这才像是真正的宗谱了。同时笔者注意到的是，此谱序的落款"康熙五十三年甲午岁春月，穀旦"，与《文昌汤氏宗谱·家训》之后的落款时间是一致的。就此笔者认为，此家训文本形成时间是清康熙癸巳年（1713）年，文昌汤氏是原创，文本执笔者是汤显祖大弟汤儒祖儿子汤维岳之孙，名人藻，字洁孺。生于崇祯己卯年（1639），殁于康熙丁酉年（1717），享年 79 岁。在《文昌汤氏宗谱·洁翁汤老先生传》中，也记载有他撰写家训之事："翁作《家训十二条》，名教《七戒》，以示劝惩。"

在此顺便啰唆两句，从家训文本的角度，也印证了笔者在《临川两部〈汤氏宗谱〉之观照——兼析汤显祖家族世系之源》中所断定的文昌、抚临两汤氏，自清康熙癸巳岁起，三次联修宗谱期间，确实是"共尊一祖"即汤季珍的，但在清嘉庆丁卯年（1807）又"分道扬镳"了，文昌汤氏还原到尊崇殷文圭为远祖，而不再"共尊"汤季珍。反映在家训文本上，联修宗谱时共用一个文本，清嘉庆丁卯岁（1807）分开修谱后，文昌汤氏仍沿用此文本，而抚临汤氏则对文本进行了简单的缩减，以示区别。

二、文昌汤氏《家训》的特色

根源于儒家忠孝思想和修身齐家治国平天下（简称修齐治平）的传统，文昌汤氏《家训》尽管文字简扼，但内容却很丰富，形式完备，具有显著的耕读文化特征，同时经过数代文昌汤氏先辈尤其是汤显祖的开拓与浸染，又具有显著的临川文昌汤氏的家风特色：

一是修齐治平，以“孝”为首。

在儒家观念中，修身才能齐家，齐家才能治国。而不管“修身”也好，“齐家”也罢，都离不开一个“孝”字，不知“孝”者是没有资格“治国”的。所以“孝”是“百行之源”。文昌汤氏《家训》的第一条讲的就是“孝”。认为，是人就得讲孝。这是因为：“人生皆本于父母十月怀胎，三年乳哺，推干就湿，抚我鞠我，劬劳不可名言，真昊天罔极之恩也。”如何做到“孝”呢？《家训》中要求子弟们做到“冬温而夏清，昏定而晨省，出必告，反必面”。意思是说，一年四季，每天早晚，都要关心、询问父母安康与否。冬季，要经常询问父母长辈衣物、被褥是否温暖；夏季，要经常询问父母长辈衣物、被褥是否凉爽。每天早晨起床后，晚上入睡前，都要询问父母长辈是否安康。这是比“乐其心，不

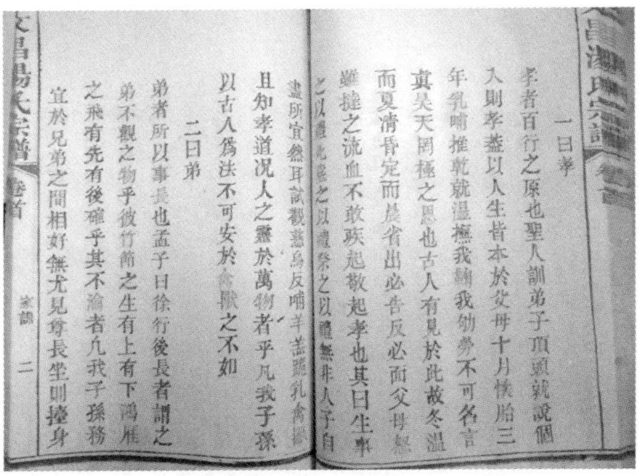
文昌湯氏宗譜 卷首
一曰孝
孝者百行之原也聖人訓弟子頂頭就說個
入則孝蓋以人生皆本於父母十月懷胎三
年乳哺推乾就濕撫我鞠我劬勞不可名言
真昊天罔極之恩也古人有見於此故冬溫
而夏清昏定而晨省出必告反必面父母[illegible]
雖撻之流血不敢疾怨起敬起孝也其曰生事
之以禮[illegible]之以禮祭之以禮無非人子自
盡所宜然耳試觀慈烏反哺羊羔跪乳禽獸
且知孝道況人之靈於萬物者乎凡我子孫
以古人為法不可安於禽獸之不如
二曰弟
弟者所以事長也孟子曰徐行後長者謂之
弟不觀之物乎彼竹節之生有上有下鴻雁
之飛有先有後確乎其不逾者凡我子孫務
宜於兄弟之間相好無尤見尊長坐則[illegible]身
文昌湯氏宗譜 卷首 家訓 二

《文昌汤氏宗谱·家训》书影

违其志”要求更高的“孝”，称之为“敬”。从现有文献来看，汤显祖做出了很好的表率。众所周知，明万历十九年（1591）汤显祖因上疏而贬谪广东徐闻。然而就在他刚到达徐闻约两三个月，打算“安心供职一二年”[①]时，就因父母生病急速回到了家乡临川。在明万历二十年（1592）春刘应秋给汤显祖的信函中有着这样的记录[②]：

> ……吴曙谷过白门，备悉两尊人健安，及居起闲适状，甚慰所思。……在伯之前宜曲意承欢，比往时更须加倍顺亲底豫，非有真精神不可。此皆天之所以玉兄也。

刘应秋在信函中说：最近吴道南路过南京，到了我这里。得知伯父伯母身体安康，清闲舒适，很是欣慰，使我也想起自己的老人。（听道南说你服侍双亲很是辛苦）兄在父亲面前要委曲己意，多些担待与忍耐。需要比往时加倍地奉承老人，博取欢心。如此这般非要有真情实意不可。这样才是最好的兄长了。

从《文昌汤氏宗谱》记录来看，汤显祖长年与父母同住在一起，而且是他一人承担着兄弟五人的侍候义务：

> 与其两尊人居，则柔气愉色，迎所欲恶而先意为之，小不谐怿惵惵忧虞，若负重辜然，与其五兄弟俱解衣分餐弼，其逮而补其缺失，务令得两尊人欢，以一人而兼兄弟五人以事其亲，故两尊人老而致足乐。[③]

---

① 《与刘士和司业》，见徐朔方校笺：《汤显祖全集》，北京古籍出版社1999年版，第1311页。

② 刘应秋：《尺牍〈与汤若士〉》第4通，见《四库禁毁书丛刊补编》，北京出版社2005年版，第251页。

③ 《文昌汤氏宗谱·若士公传》。

汤显祖孝敬父母的示范，在其后代中得到了很好的传承。三儿汤开远1615年乡试中举后，按说可以参加第二年的春试（即考进士），但由于父亲汤显祖病重与去世，开远放弃了“京考”。[①]二儿汤大耆，由廪贡任徐州同知，但在任职期满后，尽管升任了都司副官，却因家中无人主事而寻请归养，并杜绝了与公府的应酬。[②]

二是忠君为国，“尽己之心”。

文昌汤氏《家训》认为“忠君”即是为国。可分为多种情况。一是“事君而不尽其心则为奸佞，为谗謟”。何谓“谗謟”？即阿谀奉承，这是“正士之耻”。君主封我官爵，给我俸禄，并不仅仅是让我富贵，而是希望我忠心干事，岂可一意逢迎，以取悦于上。而应当竭尽全力报效国家，公而忘私，国而忘家啊！忠于国家，有“上”与“下”之分。“上”即“达者”，也就是在朝为官时，如“天下有道则疏附，先后制治于未乱，保邦于未危”，若“天下多故，则灾捍患，为生民保障，为天子于城”，若“穷而在下，则言必忠信”。

文昌汤氏“尽己之心”的忠君思想，在实践中，汤显祖为挽百姓于苦难，而自己却贬谪“极边”。三儿汤开远“以乡科授怀庆推官，未之任即抗疏，论‘朝廷刑罚失实’。严旨诘责，远回奏据事援理，不震不慑。上顾之复抗疏，以身教为先’。得俞旨俾赴任时，流冠蹂中州，命开远以监军剿冠，擢安庐道副使，公可法倚任焉，屡奏捷，廷推河南巡抚，命南下，卒于官”[③]。明万历二十六年（1598），弃官回家的汤显祖，以至真至情的“临川四梦”，从正面与反面，教导人们要“言必忠信”，而彪炳史册。

① 汤显祖：《与男开远》，开远“万历四十三年中举，以父病不赴明年春试”。徐朔方校笺：《汤显祖全集》，北京古籍出版社1999年版，第1539页。

② 《文昌汤氏宗谱·尊宿公传》。

③ 《明史·汤开远传》卷二百五十八，列传第一百四十六，中华书局2000年版，第4463页。

三是以义为上，事之准则。

文昌汤氏以孔孟“义以为质”“义以为上”“一言一行皆当义”为准则，并将“义”拆分为“周恤之义，无害人之心”和“自重之义，无媚世之态”两种类别，称其为“精义”。“义”在文昌汤氏历代先辈中都得到了传扬。一世祖伯清公乐善好施，构文昌阁于桥右，建太平庵于桥左，复建正觉寺于长春坊，置贾田产供佛齐僧，凡过岁歉，即捐赀赈济，波及邑民，有司上闻于朝，履檄征召，固辞不出。[①]二世祖子高公“弘治甲子年，咨爰输粟若干石以赈灾，而获皇帝独诏‘旌立子高公义门’”[②]。四世祖酉塘公“以俭约自持用是，乐善好施，无已每于不给者，辄发粟以济之，而不能偿者亦恕之而弗取。重礼义，虽于人之至微者，而称谓亦不轻斥其名，宁过于礼貌而弗嫌”[③]。五世祖承塘公“捐万石以赈荒歉，出千金以修桥梁，尚义而不计利”[④]。传承到六世祖汤显祖，发展成为了贬谪徐闻典史任上“贵生思想”的阐发，以及在遂昌县令任上的“仁政”，“罢桁杨，减科条，省期会，一意乳哺而卵翼之，用得民和”[⑤]的民本思想。

四是“廉”“耻”分明，愧励激昂。

文昌汤氏《家训》中分别用了两个条目、数个典故，对“廉”与“耻”进行了阐述，认为“廉者有分辨临财”之能。所谓“临财”即唾手可得的名利。有些名利可以拿得，有些则不可以。可得的名利也应当“不害其廉”，不能拿的决不能伸手，“齐王兼金”，真正的君子是不会被人家用金钱所能收买的。

人不可以无耻。知耻之人，就会有羞愧之心，从而知道有所不能为之。

---

① 《文昌汤氏宗谱·亮文公传》。

② 《明故义士汤公子高墓志铭》。

③ 《明故酉塘汤君墓志铭》。

④ 《文昌汤氏宗谱·承塘公传》。

⑤ 邹迪光：《汤显祖传》，见毛效同编：《汤显祖研究资料汇编》，上海古籍出版社 1986 年版，第 82 页。

知耻者则愧励激昂。汤显祖考进士，两次不进权臣张居正家门，因而两次落榜。中进士后，时相意欲邀其入幕，酬以馆选，而汤显祖仍是不应。自请南京博士后，好友劝汤显祖“第一通政府，而吾为之怂恿，则北铨省可望”[①]，亦是不应。尽管汤显祖科举之路与仕途之路走得十分艰难，最后弃官回家，但他“不饮盗泉之水”“不拜金珠之赐”的知耻行为，成就了千古传颂的具有伟大人格的东方戏圣。

五是守之以礼，“独行其道”。

文昌汤氏《家训》十二条，总共不过2200余字，真可谓条条似玉，字字如金，然而却用了五条说“礼”，分别是“五曰礼”，和第九条至第十二条的“冠礼，婚礼，丧礼，祭礼”。其中第五条为总纲：“礼者履也，不可斯须去身者也。”认为：“君臣由是礼，则君明臣良；父子由是礼，则父慈子孝；兄弟由是礼，则兄友弟恭；夫妇由是礼，则相敬如宾；朋友由是礼，则言无不及于义。”在强调“礼”的秩序作用外，还将“得志，与民共由，礼让成俗，礼教成风；不得志，独行其道”写入其中。不能不说这是文昌汤氏《家训》的撰写人对汤显祖等先辈的特别赞许。何为“独行其道”？从第五条整体来看，既包含有“失落之时，则个人言行也要以礼为范”的意思，更多的是词语的本意，即独自去实现自己的主张。如汤显祖在遂昌令上壮志难酬，加上朝廷太监挖掘金矿，

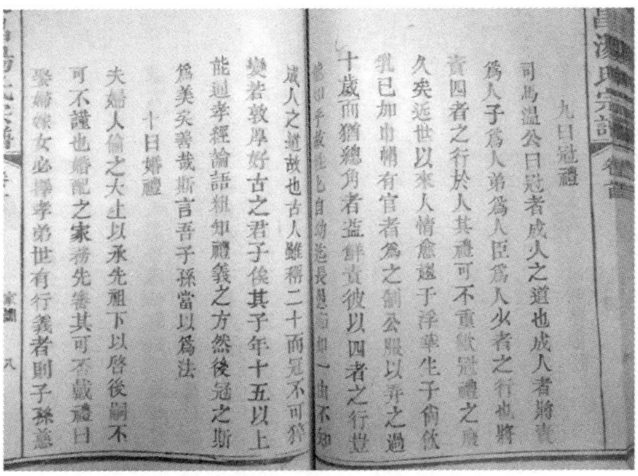
九曰冠禮
司馬溫公曰冠者成人之道也成人者將責
為人子為人弟為人臣為人少者之行也將
責四者之行於人其禮可不重歟冠禮之廢
久矣近世以來人情愈薄于浮華生子猶飲
乳已加巾帽有官者為之制公服以弄之過
十歲而猶總角者蓋鮮責彼以四者之行豈
[illegible]
成人之道故也古人雖稱二十而冠不可猝
變若敦厚好古之君子俟其子年十五以上
能通孝經論語粗知禮義之方然後冠之斯
為美矣善哉斯言吾子孫當以為法
十曰婚禮
夫婦人倫之大上以承先祖下以啓後嗣不
可不謹也婚配之家務先審其可否載禮曰
娶婦嫁女必擇孝弟世有行義者則子孫善

《文昌汤氏宗谱·家训》书影

① 邹迪光：《汤显祖传》，见毛效同编：《汤显祖研究资料汇编》，上海古籍出版社1986年版，第81页。

恐"山崩地裂"，不忍看到百姓遭难，弃官回乡后，将自己的亲身经历付诸"临川四梦"戏剧之中。

而九至十二条的"冠礼，婚礼，丧礼，祭礼"所强调的则是人生不同阶段的礼仪，其"冠礼"与"丧礼"，即便是在现代社会也不乏积极的意义。

冠礼，成人之礼也。古人二十而冠。"成人者将责为人子、为人弟、为人臣、为人少者之行也。将责四者之行于人，其礼可不重欤？"这与现代社会倡导的"十八岁"的成人礼并无二致，其揭示："近世以来，人情愈趋于浮华，生子尚饮乳已加巾帽，有官者为之，制公服以弄之，过十岁而犹总角者益鲜贵，彼以四者之行，岂能知乎？"此理至今仍振耳发聩。

婚礼，在文昌汤氏《家训》中并不是讲婚礼的礼仪，而是说娶妇嫁女必须"门当户对""妇婚不可不择甚矣"。这里说的"门当户对"，是指选择的标准，女家的教养是否"孝悌"。"世有行义者，则子孙慈爱，孝弟不敢淫暴。凤凰生而有仁义之意，虎豹生而有贪戾之心，无养虎豹，将害天下"。而嫁女选择的标准是"必胜吾家"。若条件好于我家，女儿嫁过去后，服侍家人必敬，必戒。若不如我家，则必定会出现舅姑必执妇道。选择的标准并非是慕其富贵，如果发现有"贪财私对者，不许与祭会拜，削谱除名"，处罚不谓不严。

丧礼，"凡子孙当居丧之时，不得饮酒食卤，并不得匿袭成婚，不得暴露不葬，不得变凶为吉，曾赴筵席犯者，以不孝罪之"。在这寥寥数语中，列举了较丰富的临川丧葬的旧俗。如"匿袭成婚"，是指家中老人去世办理丧事（亦称为"白喜事"），同时办理后代的婚事（红喜事），以"变凶为吉"。然而，对于文昌汤氏来说，丧礼写入《家训》，还有破除其旧习的含义。据新出土的早期文昌汤氏先人的《墓志铭》分析，他们曾有"停厝"与"厝浅土"的丧葬习俗。"停厝"即是将装奠好的灵柩停放在小平房屋内，待吉时再入土安葬。这个等待的时间长短不一，短的数月，长则数年。如二世祖"孺人终于正德辛未正月二十三日……越四岁甲戌十月二十有七日，其子莹等谨奉柩葬于先陇之次”[①]；子高公“终于正德乙亥七月初五日……越六岁庚辰冬十二月十有八日……葬于先陇之次……与厥配孺人艾氏同埏”[②]；四世祖西塘公“终于正寝之日乃嘉靖丙寅念三日子时……涓十二月庚寅日巳时而葬之”[③]；汤显祖之大弟“卒万历甲午年八月十二日；孺人……卒万历丙戌年十月廿四日，曩以卜兆未协徙厝浅土，以是岁冬月吉日，祔葬于祖茔之灵芝园”[④]。难怪汤显祖在对自己逝后安排的《诀世语七首》中，其第七首就是《一祈免久露》[⑤]，希望不要停厝。

从以上分析可以看到，《家训》的每一条，都凝聚文昌汤氏数代人积极传承与不断开拓的精神，具有不同于其他家族的特色。

三、汤显祖“修齐治平”诗文辑录

（一）修身

《寄李德儒》：吾辈初入仕路，眼宜大，骨宜劲，心宜平。

《与无去上人》：不乱财，手香；不淫色，体香；不诳讼，口香；不嫉害，心香。常奉四香戒，于民得安乐。

《答牛春宇中丞》：天下忘吾属易，吾属忘天下难也。

《别沈太仆》：虎以噪亏，龙以静全。花以上披，根以下存。名不可以多取，行不可以累危。

《寄李宗诚》：人生精神不欺，为生息之本，功名即真，犹是梦影，况伪

① 《明故汤母孺人艾氏墓志铭》。

② 《明故义士汤公子高墓志铭》。

③ 《明故酉塘汤君墓志铭》。

④ 《明故勅赠文林郎少海汤先生元配潘太孺人合葬墓志铭》。

⑤ 徐朔方校笺：《汤显祖全集》，北京古籍出版社 1999 年版，第 715 页。

者乎?

(二)治学

《智志咏示子》:有志方有智,有智方有志。惰士鲜明体,昏人无出意。兼兹庶其立,缺之安所诣。珍重少年人,努力天下事。

《遂昌县相圃射堂记》:予所以为射,将歌频繁而荐士焉,非射而已也。男子始生,为弓矢以射天地四方。必先有志于其事,勉所以不愧为男子都。噫,岂惟射哉!

《贵生书院说》:子曰:“天地之大德曰生,圣人之大宝曰位。”何以宝此位?有位者能为天地大生广生,故《观卦》有位者“观我生”,则天下之生皆属于我;无位者止于“观其生”,天下之生虽属于人,亦不忘观也。故大人之学起于知生,知生则知自贵,又知天下之生皆当贵重也。

《粒粒歌》:米粒粒,我所入,不爱惜之真可泣。书篇篇,我所笺,不爱惜之真可怜。何足可怜何足泣,窖粟藏书争缓急。清远楼头笑一场,后辈谁开玉茗堂。无人解种丰年玉,不作书囊作饭囊。

(三)治家

《望耆儿二首》:雨过杏花寒食天,秣陵春色也依然。游闲不是儿家业,大好归来学种田。

《癸丑四月十九日分三子口占》:分器不分书,聊以惠群愚。分田不分屋,聊以示同居。

《与男开远》:宝精神则本业固,谨财用而高志全。

(四)治国

《为士大夫喻东粤守令文》:曰:“其身不正,如正人何?”……是故清吏之法亦清,浊吏之法亦浊。清吏之法法身,而浊吏之法法人也。

《次九曰向用五福》:天子立民之极,固以福自劝矣,亦以之而劝其民,即天人之不爽者,以决其趋,而黎民之敏德者,勃如也。其诸王者鼓舞万民之术乎。

《贵生书院说》：《书》曰："无起秽以自臭。"言自己心行本香，为恶则是自臭也。又曰："恐人倚乃身。"言破坏世法之人，能引百姓之身邪倚不正也。凡此皆由不知吾生与天下之生贵，故仁孝之心尽死，虽有其生，正与亡等。况于其位，有何宝乎！

（五）廉政

《与门人时君可》：天下太平，必须不要钱不惜死。生或不愧此文官耶！

《寄张圣如鹾使》：观人者，醉之酒以观其恭，予之财以观其廉。

《与吴本台岳伯》：昔人云，良牧所在民富，去而见思。初谓平平尔。涉令去官，始味其言。惟清惟惠，可以富民；能富其民，乃以见思。

《游黄山白岳不果》：序：吴序怜予乏绝，劝为黄山白岳之游，不果。欲识金银气，多从黄白游。一生痴绝处，无梦到徽州。

四、文昌汤氏《家训》文本

（一）《家训十二条》

一曰孝

孝者百行之原也。圣人训弟子顶头就说，个人则孝，盖以人生皆本于父母十月怀胎，三年乳哺，推干就湿，抚我鞠我，劬劳不可名言，真昊天罔极之恩也。古人有见于此，故冬温而夏清，昏定而晨省，出必告，反必面。父母怒，虽挞之流血不敢疾起，敬起，孝也。其曰：生事之以礼；死葬之以礼，祭之以礼，无非人子自尽所宜然耳。试观慈乌反哺，羊羔跪乳，禽兽且知孝道，况人之灵于万物者乎！凡我子孙以古人为法，不可安于禽兽之不如。

二曰弟

弟者所以事长也。孟子曰："徐行后长者谓之弟。"不观之物乎，彼竹节之生，有上有下；鸿雁之飞，有先有后，确乎其不渝者。凡我子孙，务宜于兄弟之间相好无尤。见尊长坐则抬身，立则拱手，言则从容，行则逊让。彼虽愚庸于我，不可以贤智先之；彼虽贫贱于我，不可以富贵加之。故尧舜大圣，亦不外乎孝弟而已矣。此又后辈之所当知。

三曰忠

忠者，何尽已之心谓也。事君而不尽其心则为奸佞，为谗谄。当时非之，后世讥之。是必思君之爵禄我，匪徒富贵我也，以作忠望于我也。我之事是君，讵可容悦为也？当竭忠报其国也。公而忘私，国而忘家。天下有道，则疏附先后制治于未乱，保邦于未危；天下多故，则灾捍患，为生民保障，为天子于城。此达而在上之忠也。若穷而在下，则言必忠信。为人谋而无不忠，斯州里可行也？蛮貊可行也。吾子孙曷可失其忠心。

四曰信

信者，何循物无违之谓也。孔子曰："人而无信，不知其可。"又曰："自古皆有死，民无信不立。"信之于人大矣。故鸡非凤比不爽晨昏之期，雁乃禽伦克当春秋之候，信也。人备五常，兼万善灵于庶物，脱有不信，将内欺乎？已外欺乎人，亲戚猜之，乡党疑之，其何以行哉？苟能信焉？心膂可寄，服肱可托，奉之为蓍龟，敬之为神明，近者任，远者倚，即微如豚鱼，亦无不感也。吾子孙尚其有信。

五曰礼

礼者，履也，不可斯须去身者也。在天为天，秩在为人。常体之则可希圣，希贤失之则同归于禽兽。诚非玉帛之谓也。是故君臣由是礼，则君明臣良；父子由是礼，则父慈子孝；兄弟由是礼，则兄友弟恭；夫妇由是礼，则相敬如宾；朋友由是礼，则言无不及于义；得志，与民共由，礼让成俗，礼教成风；不得志，独行其道。在已鲜越礼之愆，在人免逾礼之诮。谓其为出入礼门之君子，可也。我子孙当守之以礼。

六曰义

义者，宜也，天地之节，文人事之准则也。孔子曰："君子义以为质。"又曰："君子义以为上。"孟子曰："义，人之正路也。"又曰："大人者，惟义所在。"是知处常处变，一言一行皆当义之。与比故，孔子不以卫卿之得动心，而退必以义；孟子不以万钟之禄动心，而云舍生取义。有周恤之义，无害人之心；有自重之义，无媚世之态。谓其为精义之君子，可也；谓其为守义之君子，可也。吾子孙盍制之以义。

七曰廉

廉者，有分辨临财毋苟得之谓也。故以廉名者，非必巢由务光之辈，而后可尚也。苟道义无愧，则舜承尧禅，禹承舜让，亦不害其廉。以不廉名者，非必盗蹠，齐人之行而后为失也。是以原思有宰粟之辞，而孔子止之。曰："毋受之，无妨于廉也。"齐王有兼金之馈，斯当乎廉也。廉之当办也。如此，我子孙盍以自励。

八曰耻

耻者，有羞愧能有所不为之谓也。孟子曰："人不可以无耻。"又曰："不耻不若人，何若人有？"耻之于人大矣。故孔子不饮盗泉之水，耻其名之不正也；钟离意不拜金珠之赐，耻其来之不洁也；巢栖而莫办，禽之所以无耻也，穴处而苟同兽之，所以无耻也。人苟存得一耻字，则愧励激昂，不惟冈于刑宪，冈惭幽独郎希圣，希圣亦匪难矣。我子孙尚其知耻。

九曰冠礼

司马温公曰："冠者，成人之道也。成人者，将责为人子、为人弟、为人臣、为人少者之行也。将责四者之行于人，其礼可不重欤？冠礼之废久矣。近世以来，人情愈趋于浮华，生子尚饮乳，已加巾帽。有官者为之，制公服以弄之。过十岁，而犹总角者益鲜贵。彼以四者之行，岂能知乎？故往往自幼迄长，愚痴如一，由不知成人之道故也。古人虽称二十而冠，不可猝变。若敦厚好古之君子，俟其子年十五以上，能通《孝经》《论语》，粗知礼义之方，然后冠之，斯为美矣。”善哉，斯言！吾子当以为法。[①]

十曰婚礼

夫妇人伦之大，上以承先祖，下以启后嗣，不可不讳也。婚配之家务，先审其可否。《戴礼》曰：“娶妇嫁女，必择孝弟。世有行义者，则子孙慈爱孝弟，不敢淫暴。凤凰生而有仁义之意，虎豹生而有贪戾之心。无养虎豹，将害天下。”[②]妇婚不可不择，甚矣。胡文定公曰：“嫁女必胜吾家者，胜吾家则女之事人必敬、必戒；取妇必须不若吾家者，不若吾家则妇之事舅姑必执妇道。”[③]不可不知。若我子孙不问名分微贱，苟且逆乱之家，贪财私对者，不许与祭会拜，削谱除名。

十一曰丧礼

丧礼者，人之送终之道，当以哀痛惨怛为本，以衣衾棺椁为急。孟子曰：“惟送死可当大事”，以人子不可使有后日之悔耳。虽曰“丧具称家之有无，贫而厚葬不循礼”也。然“君子不以天下俭其亲”，宁过于厚无过于薄。古者居父母之丧，既殓食粥，齐衰，疏食饮水，不食菜果。既虞卒哭，疏食饮水，不食菜果。期而小祥，食菜果，又期而大祥，食醯酱。中月而禅，饮醴酒。其循循守礼有如是。凡子孙当居丧之时，不得饮酒食卤，并不得匿丧成婚，不得暴露不葬，不得变凶为吉，曾赴筵席犯者，以不孝罪之。

十二曰祭礼

祭者，报本追远之道。是以豺祭兽、獭祭鱼，皆知报本，况于人乎？然非仁孝诚敬不足与此。孔子所以“祭如在祭神如神在”。又曰：“吾不与祭，

① 此段话基本上是引用《小学》一书的第五卷“嘉言”，但该家训引用时字词有出入。

② 此段话基本上是引用《大戴礼记·逸礼》一书，但该家训引用时字词有出入。

③ 此引胡文定之语与原文有字词出入。

如不祭。”凡遇祭礼，必先一日执事者，请宗子及尊长，拣选童年聪俊子弟与，与祭子弟悉整衣冠登堂，习仪毋得临期有失。且祭必贵早，盖东方未明，祖宗神气未散，宴享庶得其所。苟惰慢相仍，迟及日中方集，苟且拜献馂毕而归，殊非家法。我子若孙敢有违时废事，跛倚欠伸，哕唾嗽，一切不恭不敬之毙，皆以失礼责之。

（二）《家训七戒》

一君臣

君为民主，民为王臣。一个有庆，万国咸宁。立朝尽职，在野淑身。妄行犯法，罪不饶人。

二父子

有父乃生，有子乃继。早教义方，卓然立志。创业成家，怡声下气。苟不孝亲，灾害交贲。

三兄弟

维兄及弟，同气连枝。尔毋我诈，我毋尔欺。各敦义让，莫较毫厘。稍生争竞，众口共非。

四夫妇

夫为妻纲，妻为夫助。匹配前缘，各循礼度。克俭克勤，操持门户。倘纵奸谣，丑恶外露。

五朋友

人非朋友，进德无由。损我是远，益我是求。芝兰并契，言行兼修。偶交匪类，即习下流。

六长幼

宗族既繁，尊卑攸异。爱敬合施，坐行以序。卑不可欺，尊不可恃。设有如斯，甚乖族义。

七宾客

宾客往来，谨礼为先。酌家厚薄，备席相延。崇俭犹可，过丰不然。尚好奢侈，后悔绵绵。

《抚郡汤氏廨宇规模记》解读

载于《文昌汤氏宗谱》中的《抚郡汤氏廨宇规模记》[①]，就其文题而言，保留有文昌汤氏早期修谱史上的痕迹。文中记载的文昌汤氏诸多祖业，尤其是其标志性建筑灵芝园、玉茗堂等当时的规制与格局，为研究、保护、开发以及有条件地恢复重建原有建筑，提供了可资参考的依据。其记录的各类建筑上的匾额、门、堂联等，为研究汤显祖成长、思想的形成，以及晚年的生活、交游等，提供了直接的史料依据。本书根据2016年文昌里汤显祖家族墓园新出土的《墓志铭》等文献资料，以期对《抚郡汤氏廨宇规模记》原文中有关史实记载的错误做出订正，并尝试对全文进行首次新的客观的解读。

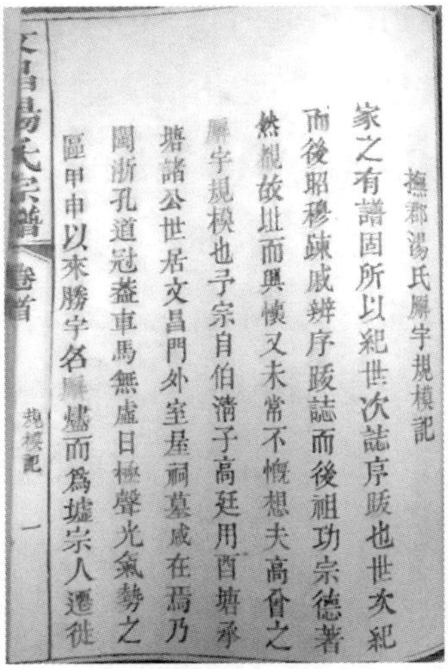
撫郡湯氏廨宇規模記
家之有譜固所以紀世次誌序跋也世次紀
而後昭穆踈戚辨序跋誌而後祖功宗德著
然覩故址而興懷又未常不慨想夫高曾之
廨宇規模也予宗自伯清子高廷用酉塘承
塘諸公世居文昌門外室屋祠墓咸在焉乃
閩浙孔道冠蓋車馬無虛日極聲光氣勢之
區甲申以來勝宇名廨燼而爲墟宗人遷徙

文昌湯氏宗譜 卷首 規模記 一

《文昌汤氏宗谱·抚郡汤氏廨宇规模记》书影

① 原文原件及本书所涉宗谱资料，除特别注明外，均来自清同治七年（1868）六修《文昌汤氏宗谱》。第一作者“子高公八世孙颐，少由氏”系汤寅祖曾孙、汤秀琦之四子。第二作者“子高公九世孙日肃氏”系汤秀琦长子汤震之子。第三作者“子高公九世孙思恭氏”系汤秀琦第三子汤基之子。

一、《抚郡汤氏廨宇规模记》之由来

清康熙五十二年（1713）春节期间，按照习俗，从文昌里迁徙至郡城周边湖田、云山、白水、榆坊、西津、洋洲、璜溪等地的汤氏族人，聚集在灵芝园，共同举行隆重的祭祖仪式。族人分别良久再次见面，老幼都很高兴，但也出现有一些年轻人搞不清辈分而失礼仪的现象。由此议及家谱之事，一致认为，再也不能容许没有家谱的现象存在下去了。于是在族长——寅祖之孙，时年 58 岁的宪万带领下，张罗起了撰修家谱之事。由于此次修谱是与临川云山清溪、李渡材埠、宜黄仙源等地的汤氏族人联合进行的，所以谱名称为《抚临汤氏宗谱》。

意思是抚州、临川区域所有的汤姓都统一在这部谱中了。史上这种联合修谱共进行了三次，时间持续有近百年。然后自清嘉庆十二年（1807）起，文昌汤氏独自修谱，这前三次的联修谱被称为首修谱、二修谱、三修谱。也正是从独自修的四修谱开始，才有了文昌汤氏的名称。前三次的联修谱，文昌汤氏将其称为“原谱”。与首修谱同时产生的《抚郡汤氏廨宇规模记》，也就有了与谱名相符的“抚郡汤氏”的冠名，实际上与抚临其他汤氏家族没有“半毛钱”的关联。那么，修谱之初为什么会想起撰写这篇《抚郡汤氏廨宇规模记》的呢？

其原因一是因为按照宗谱格式的要求，必须要有祖宗家业的内容。二是由于文昌汤氏的祖业早在 1644 年前后明清朝代更迭期间，兵连祸结，宅、舍、祠、屋焚毁已尽，居住在文昌里以及城内玉茗堂的汤氏族人全都迁徙到了城区周边，时已 70 余年了。参与撰谱的文昌汤氏后人，在追溯前人事迹的谱序、跋、志中，知道祖先们功德显著，尤其是每每目睹文昌里与玉茗堂故址而感慨，不禁遥想高祖、曾祖时宅舍之规整壮观。文昌汤氏的先辈伯清公、子高公、廷用公、西塘公、承塘公、若士公，几代都是居住在文昌里，室、屋、祠、墓都在。所以后人在商讨修谱之事时，不禁思念以前的堂屋结构与规制。它们虽说年代久远，大多已不可考，但父老们经常会念叨，故将他们的寥寥数语记录下来，形成了这篇冠名为“抚郡汤氏”的《廨宇规模记》。至于为何将祖业称为原本指的是官舍的“廨宇”，因为二世祖子高公捐谷义举诏立义门外，还赐予了八品官带[①]，而西塘公等先辈也曾经是地方上的乡长、约正等小头目。承塘公更是因汤若士诰授南京太常寺博士，而获诰命相同的封赏。因而后人将他们居住过的旧址称为官舍，也与当时的礼制相合。

二、灵芝园之规模

以逝后安葬而论，伯清公、子高公以下诸祖先，都是安葬在承塘公出资购买的墓园灵芝园内。园内有墓道，墓道在太平庵左，中间隔一高碑，右侧有一排长度约四丈的小平房，向西直出大街。园中的墓道、碑、座、石尚存。墓前有塘，临川语系中的地仙（堪舆家）说这塘的风水是墓穴前的地气聚合之处，因而称为明堂。明堂前面有印山，方而条，就像官府的印章，地仙称为案山。案山东南角有半亩方塘，地仙称为砚池塘。墓园左手的小平房屋后有墙，内屋基及空场俱八股，原乔三公的家业，后孟正公房买三股，少海公房一股，成为墓园的屏蔽。

灵芝园北有经纬楼，凡子孙选拔、提升官职、出科登仕、外地回家、祭拜祖墓而聚在一起，祭毕宴饮就安排在这楼上。楼名就是取文经武纬之义。楼前有一小亭，名为一勺亭，取义于亭边有一小池塘。

① 清同治七年（1868）六修《文昌汤氏宗谱·亲派仕宦》：“峻明，字子高，由博士员敕旌尚义，特赐八品官带。”

据《文昌汤氏宗谱》卷一《山界》记载，灵芝园面积大小是："上截横九丈五尺，中南至北十四丈，中直至塘塝十二丈一尺"，相当于1400平方米。根据《文昌汤氏宗谱》统计，灵芝园安葬着自一世祖汤伯清，至清乾隆四十五年（1780）间第十四世祖汤俊升，约70余位文昌汤氏的先人，其时间跨度近400年。

在本段原文的记载中可以得知，灵芝园有两处"廛屋"，一处是在西头临街方向，一处是在北面即"墓园左手"。"廛屋"就是口语所说的小平房。面积仅1400平方米的墓地就有两列小平房，实为罕见。从文中可以看到，西头的小平房在太平庵右侧，长度约12米；考古现场发现的北边墙基遗迹残长约14米、宽约0.35米，材质是红砂岩。倘若按每间宽约4—5米计算，两处加起来也只有6间房。这就为笔者认定早期的文昌汤氏有"安厝"丧葬习俗，提供了史实的依据。"安厝"即是将装奠好的灵柩停放在小平房屋内，待吉时再入土安葬。这个等待的时间长短不一，短的数月，长则数年，具体停放时间由多方面条件决定。这在新出土的数篇《墓志铭》中均有所载。如二世祖子高公"孺人终于正德辛未正月二十三日……越四岁甲戌十月二十有七日，其子莹等谨奉柩葬于先陇之次"①；子高公本人"终于正德乙亥七月初五日……越六岁庚辰冬十二月十有八日……葬于先陇之次……与厥配孺人艾氏同壙"②；四世祖酉塘公"终于正寝之日乃嘉靖丙寅年三日子时，卜葬于后园……涓十二月庚寅日巳时而葬之"③；四世祖母魏夫人"卒万历己卯七月二十二日亥时"，而安葬则是在15年以后的"甲午冬，克葬于县东十五里外之原"④，1606年再迁到灵芝园。另，从汤显祖在对自己逝后安排的

① 《明故汤母孺人艾氏墓志铭》。

② 《明故义士汤公子高墓志铭》。

③ 《明故酉塘汤君墓志铭》。

④ 《祖母魏夫人迁祔灵芝园墓志铭》。

《诀世语七首》中的第七首《一祈免久露》[①]也可看出，他不希望自己逝后效法“安厝”的习俗。

三、廨宇之规模

以廨宇规模而论，二世祖子高公在城北的良冈有万石粮仓。明弘治十七年（1504）抚州遇大歉[②]，子高公捐谷赈饥。当时的知府吕杰为嘉奖其义，上奏朝廷赐以尚义牌坊。此后文昌汤氏族人科第绵绵，皆来自其善报。四世祖西塘公四十岁放弃郡秀才补贴，不随流俗，隐读于西塘庄书院，题堂联：“金马玉堂，富贵输他千百倍；藤床竹几，清凉让我两三分。”汤显祖的父亲，五世祖承塘公建汤氏宗祠于灵芝园之右，在文昌门之外立有文会书堂，以书会友，堂上题联：“文比韩苏欧柳，行追稷契皋夔。”尚义牌坊侧有报房，房内题联：“贺文人高攀丹桂，庆举子直上青云。”生甫公考中秀才时（1602），刚好碰上文昌桥复修而成，若士公题联曰：“岳立光腾紫气，桥成新筑沙堤。”

诰封太常博士承塘公在汤显祖13岁时，曾请罗明德先生[③]在城内的唐公庙[④]左侧的汤氏家塾，教儿子等六人于经学[⑤]。墙上贴有勉学对联：“光阴贵似金，莫作寻常燕；坐天地平如水，相看咫尺龙门。”家塾侧是若士公的金柅阁，阁题云：“一钩帘幕红尘远，半榻琴书白昼长。”

① 徐朔方笺校：《汤显祖全集》，北京古籍出版社1999年版，第715页。

② 原文为“成化二年，遇郡大歉，公捐谷赈饥”。据新近出土的《明故义士汤公子高墓志铭》实为“弘治甲子年，岁方不登，而民多怨，咨爰输粟若干石，备以赈之。时郡守吕公杰嘉其义，而请与以旌表其门焉。”从改。

③ 罗明德夫子，即罗汝芳（1515—1588），字惟德，号近溪。江西南城泗石溪（今南城天井源乡罗坊村）人，明中后期著名哲学家、教育家、文学家、诗人，泰州学派的代表人物。

④ 唐公庙：现为临川区梵罗山巷北口，抚州市历史建筑“秀挹双峰民居”北墙外。这里往西约百米即是玉茗堂的旧址处。

⑤ 教子六人：承塘公生育有六子，分别是：显祖，儒祖，奉祖，会祖，良祖，寅祖。

四、玉茗堂之规模

玉茗堂在今天的抚州市临川区玉茗堂影剧院所在片区，影院门口的赣东大道东侧人行道上，有一已填埋的水井，即沙井。这是现今能够与享誉世界的玉茗堂挂上钩的唯一历史遗存了。然而由于紧挨赣东大道主干道的人行道上，已遮盖而无法辨认，甚是可惜。清康熙三十二年（1693）抚州府别驾陆辂曾经复建过玉茗祠。当时，若士公诸门生时贤陈大士（陈际泰）先生题联："古今三大业，天地一高人。"吉州状元刘同升则题云："门满三千徒，四海斗山玉茗；家传六七作，万年堂构金汤。"玉茗堂左侧是兰省堂，南州司徒太虚李公亦云："门墙日月高难并，衮钺春秋赞莫能。"右侧是寒光堂，堂上自题云："身心外别无道理，静中最好寻思；天地间都是文章，妙处还须自得。"叔宁公汤开远著有《寒光堂疏草》。玉茗堂后面是清远楼，若士公一号清远道人。前面有芙蓉馆，馆前有石坊，门框上的匾额是"毓霭澄华"。馆东有四梦台，台上题云："千古为忠为孝为廉为节，倘泥真，直等痴人说梦；一时或快或悲或合或离，若认假，犹如哑子观场。"

五、文昌里祖宅之规模

在灵芝园以南约"百步远"[①]的官沟上与椰树下两路交界之处，是文昌汤氏祖宅之处。门联云："北垣回武曲，东井映文昌。"这里的"北垣"指的是当时临川县城北城墙，"武曲"指的北城墙外的关帝庙与演武堂，"东井"指的是文昌桥东头的"桥头井"（现在汤显祖家族墓园遗址内），"文昌"指的是文昌桥。门联的本义是寓意于天地物象，冀望子孙后代成为文经武纬之才。

---

① 《明故义士汤公子高墓志铭》："葬于先陇之次，去家居百步许。"

文昌汤氏祖宅是最常见的一重三进，楼层式宅屋，规模不是很大，但从“室屋之华，甲于他姓，亦必曰汤焉”[①]可以看出，当时的汤氏祖屋，在文昌里一带，是非常夺目的。“北斗桥南金玉台”[②]，汤显祖的诗句尽管是比喻之辞，但也足以说明其气派非凡了。然而明隆庆六年（1572）除夕，邻家着火延至汤氏宅院，火势凶猛，至第二天早上才熄灭。不仅祖屋毁于一旦，四万余卷藏书亦荡然无存，矗立在附近路口的子高义门牌坊也毁于这场火灾。“壬申岁除灾，祖母泣营于毁室，不忍去也。”[③]从此，汤显祖一家“于乡于城三徙”[④]“十载居无常”[⑤]。“十上曾归此读书，病妻羸女正愁予。”[⑥]直到晚年，想到此事，汤显祖仍然是感慨不已。

自甲申鼎革以来，文昌汤氏祖宅之规模尽毁于战祸。后来主管全省教育、科考的学政李公，大概是在清雍正丁未年（1727）将其旧居门额题曰“名家故址”，从此故迹名基都成为了他姓。寅祖之子应台公[⑦]每次看到这些都十分伤心，慨然捐赀取赎河东祖基及玉茗堂基，“欲谋为建祠，以复先生玉茗之旧”[⑧]。其时恰遇抚州府别驾陆辂公与寅祖之孙汤秀琦“订交论文”，相得甚欢，闻若士“先生之遗事，甚悉因询玉茗堂故居安在……驱车吊望，风景依然，不胜零落荒丘之感”[⑨]，张罗复还玉茗故址，倡首六邑捐资构祠立碑，以祀若士公，而以寅祖附列于旁，令汤家“子侄读书其中，勉其永守先业”[⑩]，并题其堂联：“金柅再毓华，望秋水百川，画图不改王摩诘；玉茗留

① 《明故汤母孺人艾氏墓志铭》。

② 徐朔方笺校：《汤显祖全集》，北京古籍出版社1999年版，第138页。

③ 《祖母魏夫人迁祔灵芝园墓志铭》。

④ 《明勅赠吴孺人墓志铭》。

⑤ 徐朔方笺校：《汤显祖全集》，北京古籍出版社1999年版，第166页。

⑥ 同上书，第611页。

⑦ 应台公：汤显祖幼弟寅祖之长子，讳应台，字孟正（1605—1670）。

⑧ 陆辂撰文：《鼎建汤若士先生玉茗堂祠记》，清同治七年（1868）六修《文昌汤氏宗谱》。

⑨ 同上。

⑩ 同上。

临川区温泉铜山一角

清远，听春风一曲，楼头时见韦苏州。”督学王公复加以匾额曰“文章品节”。

至于弓庵公汤秀琦，曾隐居在汝西碧涧书院“以学道著书为业”①，有一书房，门上题联：“碧涧真吾，槃涧铜山。”在象古峄山题的堂匾是“枕流漱石”，堂联是“思陶阮补日，回天学李韩。”秀琦才优学博，动人仰止。其蒙上宪所赐匾额仍然保存着，如藩宪澹明张公有曰“接武”，紫阳督学函斋何公有曰“嗣徽濂洛”。汤秀琦到晚年掌管鄱阳文教，住在集贤书院，亦自题于堂曰：“万舞可在公庭，随宜左右；一官能闲圣道，何论尊卑。”又题于门曰：“雨露长悬，金粟碑深同蠡水；几筵不改，庚桑社高并芝山。”至今，鄱阳人士仍将此地奉为怀念颂扬之所，竟成名胜景点了。

楚人钟仪②尽管被晋国所俘，但以世代为乐官而不忘本，所弹奏的都是南方楚调，不忘其旧，晋国人称他为君子而将其送回楚国。汤氏后人做《抚郡汤氏廨宇规模记》，虽不能阐述清楚祖宗的廨宇规模，却是文昌汤氏族人不背本、不忘旧之意啊！

---

① 陆辂撰文：《鼎建汤若士先生玉茗堂祠记》，清同治七年（1868）六修《文昌汤氏宗谱》。

② 《左传》：钟仪，春秋时楚国人，世代都是宫廷琴师。公元前584年，楚、郑交战的时候，楚军被击败，郧公钟仪等人被郑国俘虏，献给了晋国。两年后的一天，晋侯到军中视察，发现了钟仪。钟仪自称是伶人，晋侯就给他一张琴，命他演奏。钟仪所弹奏的都是南方楚调。晋侯认为钟仪未弃本职，不忘故土，受到了感动，就把他送回了楚国。

附录

《抚郡汤氏廨宇规模记》原文

家之有谱，固所以纪世次、志序跋也。世次纪，而后昭穆竦戚辨；序跋志，而后祖功宗德著然。睹故址而兴怀，又未常不慨想夫高、曾之廨宇规模也。予宗自伯清、子高、廷用、酉塘、承塘诸公，世居文昌门外，室、屋、祠、墓咸在焉。乃闽浙孔道，冠盖车马无虚日，极声光气势之区。甲申以来，胜宇名廨烬而为圩，宗人迁徙播越，已七十馀年矣。今冬，予与伯叔兄弟修集兹谱，共勷厥成。因思前代堂构规模，虽世远年湮，多不可考，亦不无父老所常道，耳闻而目击者，姑略述数语以为之记。云：

以卒葬而论，自伯清公、子高公以下诸祖，悉葬于承塘公捐赀所购之灵芝园。其墓道在太平庵左，隔高碑，右手仅四丈穿廛屋间，向西直出大街。中有墓道，碑、座、石尚存。墓前有塘，形家谓之明堂。更前有印山，方而条，犹官府之方印条印，形家谓之案山。案山东南隅有半亩方塘，形家谓之砚池塘。墓左手廛屋后有墙，内屋基及空场俱八股，原乔三公业后孟正公房买三股，少海公房一股，皆园之屏蔽。

以廨宇规模而论，子高公有万石仓廒于良冈庄。成化二年，遇郡大歉，公捐谷赈饥，昭赐旌表尚义，有牌坊在文昌桥东，厥后科第绵绵，皆食其报也。历酉塘公年四十弃郡庠饩，而高元素之行，隐读于酉塘庄，之书院题其堂曰："金马玉堂，富贵输他千百倍；藤床竹几，清凉让我两三分。"承塘公建祠于灵芝园之右，立文会书堂于文昌门之外，堂上题云："文比韩苏欧柳，行追稷契皋夔。"旌表则有报房，房内题云："贺文人高攀丹桂，庆举子直上青云。"生甫公初捷，适文昌桥成，若士公题之曰："岳立光腾紫气，桥成新筑沙堤。”

灵芝园北有经纬楼，凡子孙擢科登仕，归而拜墓封陇，礼毕饮福②于上，取文经武纬之义也。楼前有一勺亭，取义于亭边一小塘也。

诰封太常博士承塘公初延罗明德夫子，教子六人于城内唐公庙。左有汤氏家塾，扁学有云：“光阴贵似金，莫作寻常燕；坐天地平如水，相看咫尺龙门。”塾侧若士公有金柅阁，阁题云：“一钩簾幕红尘远，半榻琴书白昼长。”

沙井巷后有玉茗堂，即今别驾陆公复构玉茗祠处也。尔时诸门贤陈大士先生则云：“古今三大业，天地一高人。”吉州状元刘公讳同升则云：“门满三千徒，四海斗山玉茗；家传六七作，万年堂构金汤。”左有兰省堂，南州司徒太虚李公亦云：“门墙日月高难并，衮钺春秋赞莫能。”右有寒光堂，堂上自题云：“身心外别无道理，静中最好寻思；天地间都是文章，妙处还须自得。”叔宁公著有《寒光堂疏草》，后有清远楼，若士公一号清远道人，前有芙蓉館，馆前有石坊，额曰：“毓霭澄华。”馆东有四梦台，台上题云：“千古为忠为孝为廉为节，倘泥真，直等痴人说梦；一时或快或悲或合或离，若认假，犹如哑子观场。”

桥东祖居门题云：“北垣回武曲，东井映文昌。”

自甲申以来，所有之规模尽毁。厥后学宪李公犹，于雍正丁未年额其故庐原门曰“名家故址”。由是故迹名基皆为他姓所据，所据予祖父每目击心伤，慨然捐赀取赎，如河东祖基及玉茗堂基。所系尤大者也。时别驾陆公与予父论文赋诗，相得甚欢，因推念祠部公之学，行于复还玉茗故址，倡首六邑捐资构祠立碑，以祀若士公，而以予祖父配享焉。且题其堂曰：“金柅再毓华，望秋水百川，画图不改王摩诘；玉茗留清远，听春风一曲，楼头时见韦苏州。”督学王公复加以匾额曰“文章品节”。

至予父弓庵公著书于汝西之碧涧书院，自题其门曰“碧涧真吾，磐涧铜山”。象古峄山题其堂曰“枕流漱石”“思陶阮补日，回天学李韩”。夫才优学博，动人仰止，其蒙上宪所赐匾额亦咸在是焉。如藩宪澹明张公有曰“接武”，紫阳督学函斋何公有曰“嗣徽濂洛”。逮晚岁，司铎鄱阳衙署，舍于集贤书院，亦自题于堂曰：“万舞可在公庭，随宜左右；一官能闲圣道，何论尊卑。”又题于门曰：“雨露长悬，金粟碑深同蠡水；几筵不改，庚桑社高并芝山。”至今彼都人士犹奉为甘棠之遗，皆名迹也。

钟仪，楚人也，言称先职不背其本，乐操南音，不忘其旧，晋人以君子而归之。颐今与侄日肃同集斯记，虽不能殚述祖宗之廨宇规模，或亦有合族不背本，不忘旧之意乎！

皇清康熙五十二年癸巳岁季冬月　　　　彀旦

文昌里子高公八世孙颐少由氏　九世孙日肃、思恭氏同顿首谨识

墓志考说

MU ZHI KAO SHUO

文昌汤氏二世祖子高公考

“祖德还高琦，孙枝托宝徽。”① 在文昌汤氏家族史上，二世祖子高公在承前启后中发挥过十分重要作用的先贤。2016 年临川文昌里汤显祖家族墓园发掘出土的子高公夫妇《明故汤母孺人艾氏墓志铭》《明故义士汤公子高墓志铭》，为我们研究文昌汤氏，提供了非常多的珍贵信息。

一、《文昌汤氏宗谱》所载传、赞之甄

在《文昌汤氏宗谱》中，二世祖子高公的传、赞达四条之多，是研究子高公本人乃至文昌汤氏家族不可多得的文献资料。

行传

第二世子高公：伯清公长子，邑庠生，讳峻明。富而好德，赈活邑人，子孙世食其报。娶艾氏，公妣生卒未详，合葬灵芝园。子三：廷蔚、廷器、廷用。

① 汤显祖：《侍大父白云桥秋望》，见徐朔方校笺：《汤显祖全集》，北京古籍出版社 1999 年版，第 21 页。

亲派仕宦

峻明，字子高，由博士员敕旌尚义，特赐八品冠带。

子高公传

公讳峻明，字子高，名儒伯清公长子，为邑庠生。当永乐初岁大歉，人苦艰食，储食之家坐视不救者何可胜数。公承祖父之志，奋兴义举，捐所藏以甦民命。有司上闻于朝，敕赐旌表用彰厥德。厥后衣冠蝉联，扬休海内，簪缨雁序，济美河东。迄今人文炳蔚，永绵书香者必与公为首称焉，良非无自也。

赐进士监察御史年家眷晚弟许同书顿首拜撰

子高公赞

学富经史，行无诡随。如我公者，德厚名归。家业隆隆，积而有余。帝际永乐，岁且荐饥。万石不惜，尚义好施。敕赐旌表，为世所稀。身列胶庠，福禄已绥。百世其昌，实赖之基。

年家眷晚弟许同书顿首拜撰

上述传、赞有一个共同叙述点，就是子高公捐谷赈饥而敕旌尚义的史实，其时间是“永乐初岁”。在《文昌汤氏宗谱》的《抚郡汤氏廨宇规模记》中也有此类记载：

以廨宇规模而论，子高公有万石仓廒于良冈庄。成化二年，遇郡大歉，公捐谷赈饥，昭赐旌表尚义，有牌坊在文昌桥东。厥后科第绵绵，皆食其报也……

不难发现,《抚郡汤氏廨宇规模记》关于子高公捐谷赈饥之年号是“成化二年”,这样子高公捐谷赈饥之年号就有了“永乐初岁”与“成化二年”两种,后人采信了“成化二年”的说法。如徐朔方先生在汤显祖《广意赋》的笺注是:“成化二年遇郡大歉,公捐谷赈饥,敕旌‘尚义’,赐八品冠带。”①而《明故义士汤公子高墓志铭》又提供了第三种说法:

> 弘治甲子年,岁方不登,而民多怨,咨爰输粟若干石,备以赈之。时郡守吕公杰嘉其义,而请与以旌表其门焉。

“永乐初岁”“成化二年”“弘治甲子”,三个不同的年号,哪一个是正确的呢?不妨试析一下:

其一,两个假设。先假设是“永乐初岁”。明永乐共22年,即从1403年到1424年。那么将永乐在位年号分为早、中、晚三段,早期应在1403—1410年之间。“初岁”则应是早期之间偏向前段中的某一年。而据《明故义士汤公子高墓志铭》所提供的信息,子高公生于明宣德八年(1433),也就是说,当时子高公尚未出生,哪来的捐谷赈饥呢?显然“永乐初岁”是错误的。又假设是成化二年(1466),有没有可能呢?此年子高公时三十有几,正壮年,当然具备完全的行为能力。但考“成化二年”,临川知县是余姚人华福,而非“时郡守吕公”。据清同治《临川县志·职官志》卷三十三,整个明朝期间,共列曾任临川县知县者36人,仅一人姓吕,列第二十四位:吕鑰,昆明人。又,康熙《云南通志》卷之十七《选举》:乙卯(即弘治八年,1495)科中式五十人:吕鑰,云南府人。故明弘治十七年(1504)年时郡守吕公应是云南人吕鑰,别无二选。且《抚郡汤氏廨宇规模记》作于清康熙五十二年(1713),距子高公去世(1515)近二百年,而墓志作于明正

① 汤显祖:《广意赋》,见徐朔方校笺:《汤显祖全集》,北京古籍出版社1999年版,第21页。

德十五年（1520），距子高公去世仅五年。据此确认子高公捐谷赈饥是明弘治十七年，应该是无疑的。

其二，子高公捐谷赈饥的数量的不同描述。在《子高公赞》中，出现有子高公捐谷赈饥“万石不惜”的数量词表述，而其他的文献则没有。此数量概念对于我们了解早期文昌汤氏的财富状况有较大的意义，所以廓清这个概念很有必要。

那么“万石”粮谷在明弘治年间是个什么样的概念？《中国历代粮食亩产研究》[①]认为明代一石重153.5斤，一斤重594.6克。那么“万石”折算下来，就相当于现在的182万斤。再按照当时的劳动生产率亩产343斤计算[②]（当时临川地区属于一季稻耕作区），相当于5306亩土地一年的产量。倘若按平均每个劳动力耕作20亩计算，需要劳动力265人。这265人都是有家有口的“成丁”，如果将他们集中居住在一起的话，是一个具有相当规模的中型村庄！即使是按照三年累积存储起来的粮谷计算，需良田1780余亩，精壮劳力约90人。据此分析，明弘治十七年子高公捐谷赈饥的数量不可能是“万石”。而且从《明故义士汤公子高墓志铭》所载“咨爰输粟若干石，备以赈之”来看，并没有提及具体数量；特别是从铭文分析，当时的文昌汤氏很有可能不是以农业生产为经营主渠道，而是以经商为主：“事各乡膏腴之产，乃分命诸子以掌之，盖为储蓄之具也。负郭有田百余亩，则躬督僮仆以耕之，盖为祀饷之具也。此所以有耕读之号。”何为“事各乡膏腴之产”？“事”者，经营也；“膏腴”者，特产富庶也。如此用20世纪五六十年代的话说就是工商业加地主。如果此时家有田亩以数千计算，铭中关于土地的描写就不会是“负郭有田百余亩”了。还有一点需要注意的是，子高公夫人艾氏比子高公早逝6年，所以艾氏的墓志铭应当是得到了子高公首肯的。

---

① 吴慧：《中国历代粮食亩产研究》，中国社会科学研究所，百度网。

② 吴慧：《中国历代粮食亩产研究》：“明代亩产2.31石（南方按2.61石计），合今制为343市斤/市亩。这个数字对明代前期来说，也许还可以。”农业出版社，1985年，第173页。

艾氏《铭》与子高公《铭》中捐谷赈饥的数量一样，是“爰输粟若干石”，而不是“万石”。但有一点可以肯定，能够得到朝廷昭奖的，所捐赠的数额绝对不会是小数。具体多少，由于资料的缺乏，已经无法考证了。

其三，子高公捐谷赈饥“万石不惜”的表述来源之推考。

前面已经就子高公捐谷赈饥出现的“帝际永乐”“成化二年”“弘治甲子”，三个不同的年号，进行了甄别。而实际上出现数字讹舛，也与上述年号有着大体相同的关联。

一是许同书的传与赞中的“永乐初岁大歉，人苦艰食，……奋兴义举，捐所藏以甦民命，”“帝际永乐，岁且荐饥，万石不惜”。

二是《抚郡汤氏廨宇规模记》中的“子高公有万石仓廒于良冈庄。成化二年，遇郡大歉，公捐谷赈饥”。

三是《明故义士汤公子高墓志铭》中的明“弘治甲子年，岁方不登，而民多怨，咨爰输粟若干石，备以赈之”。

上述三种不同的表述，倘若按照文献产生的真实年号先后排列，无疑“弘治甲子年”（1504）为第一。由于《墓志铭》署有“正德十五年”(1520)的落款，无须怀疑它的真实性；第二是“帝际永乐”（1403—1424）；第三是“成化二年”（1466）。而出现“成化二年”字样的《抚郡汤氏廨宇规模记》，也署有“皇清康熙五十二年癸巳岁”（1713）落款。可以推定的是，许同书撰写的传与赞的时间应该是在明正德十五年（1520）之后，清康熙五十二年（1713）之前。由此还可推断的是，之所以出现后来两种不同的年号，肯定是《墓志铭》的纸质文献没有保存下来，并且极有可能是毁于明隆庆六年（1572）的除夕。当时邻家着火延至汤氏宅院，火势凶猛，至第二天早上才熄灭。不仅祖屋与“昭赐旌表尚义”牌坊毁于一旦，四万余卷藏书与家族文献也荡然无存。为了弥补文献损失的缺憾，或者说是在为准备修订宗谱的早期阶段，子高公第六代孙，汤显祖的孙子、汤大耆的儿子汤新德，汤开远的儿子汤嘉年，汤维岳的儿子汤孙绪等数代后裔在进行“所历同姓求其谱复葺而新之”[①]的某个时期，而掺入假许同书之名的伪作。由于家谱修订对原有文献通常情况下不随意进行修改，所以在清康熙五十二年撰写《抚郡汤氏廨宇规模记》时，发现子高公捐谷赈饥年号以及捐谷数量的不甚准确，推测是“成化二年”，还给出了“子高公有万石仓廒于良冈庄”的新概念，用藏粮“万石”来化解捐赠“万石不惜”之辞的疑问。实际上，从与子高公《墓志铭》同时发现的由汤显祖亲笔书丹的《明故西塘汤君墓志铭》记：“仓有余粟，建庄于陆都之西塘，……近东邑之延桥岭依祖庄之右，亦建一庄焉”，从此表述来看，子高公时是否有粮庄建于良冈也是值得怀疑的。

其四，子高公传、赞作者考。

子高公传、赞的作者署名都是“许同书”。此是何人？据清同治九年纂修的《临川县志》卷三十六（上）《选举·进士》，许同书系明永乐十六年（1418）李骐榜进士。以此时间推算，倘若许同书18岁中进士，应是生于1400年。而子高公生卒为1433—1515年，其“弘治甲子，岁且荐饥”是在1504年。为子高公撰写传、赞的时间，起码应是赈灾行为之后的事情。那么，许同书就是100多岁了。而在同版《临川县志》的其他记载中，并无许同书百岁之寿的记录。由此看来，谱载的子高公传、赞无疑是后人的伪托之作。

如前所考，《文昌汤氏宗谱》中所载的子高公传、赞等文献，存在伪托现象，但伪托并非一定是虚假，而是借名人之口所进行的一种表达。也就是说，子高公捐谷赈饥的史实是不容怀疑的，也丝毫不影响子高公在文昌汤氏家族发展史上所作出的巨大贡献。

---

① 见《文昌汤氏宗谱》（七修）复制件，十五号。

二、子高公生平主要事迹

汤显祖出生时，高祖子高公已去世35年，关于子高公的意象都是听老人们的叙述而得来的，因此在他的诗文中着墨并不多，但评价却是很高。

> 余先人乃为文德兮，里铺仁而善福。卤厥施于友信兮，迨余饮其百谷。伯清灵而善育兮，子高丰而秀文。百六施其自殚兮，帝走诏为甄门。鸠遗书盖四万卷余兮……①

结合出土的子高公夫妇《明故汤母孺人艾氏墓志铭》《明故义士汤公子高墓志铭》，分述于下：

其一，为临川文昌汤氏的生息繁衍奠定了坚实的物质基础。

前面分析了，弘治甲子年子高公并没有捐谷赈饥“万石不惜”的能力，意思是说此时期文昌汤氏没有那么多的土地，生产不出那么多的粮食，而不是说没有这种财力。否则就不会有子高公夫人艾氏《墓志铭》中所描述的“试观诸野，则阡陌之广，甲于他姓，必曰汤焉；再观诸市，则室屋之华，甲于他姓，亦必曰汤焉；而赀贿牛马之属，又皆视诸上下而独盛焉者也”的景象。当然，如果把文昌汤氏如此浩大的家业，都归功于子高公一人，有抹杀前辈以及同辈兄弟功劳之嫌，但从“充拓开广之赜，自吾子高而盛著焉”来看，家业中的财源，却是以子高公的功劳为最大。这个功劳大到如牛与马的数量，在文昌里一带就属他家最多了。牛是用来耕作农田的，马是用来跑运输的。这些财富均皆来源于“事各乡膏腴之产”，倘若没有开拓之绩，是不可能的。

其二，是临川文昌汤氏家风建设的重要奠基人之一。

① 汤显祖：《广意赋》，见徐朔方笺校：《汤显祖全集》，北京古籍出版社1999年版，第143页。

“子高丰而秀文。”何谓“丰”？“大也”“多也”。《易·丰卦疏》：“丰者，多大之名，盈足之义。财多德大，故谓之丰。”[①]子高公不仅创下了极大的物质财富，而且“敦尚孝友，不事表襮，以敬谨孚。于人而远近咸仰之。休休有容，不言人过失，富甲于乡邑而无骄心，泽及于邻里而无德色，不嗜酒，不偷安，衣取蔽寒，食取充腹，其自奉澹如也。既而延师友课子姓，资讲论为”。子高公见人敬三尺，不张扬，有钱而不显摆，乐善好施而不喜于色，勤俭持家，重视子孙后代教育等理念，为文昌汤氏的繁衍创造了极好的生态条件，打下了有利于长远发展的稳固的道德基础。尤其是四万余卷藏书，更是哺育出了 13 岁“补邑弟子员……已能为古文词；五经而外，读诸史百家汲冢《连山》诸书”[②]，后创作出举世闻名的“临川四梦”的伟大戏剧家汤显祖。

其三，带领文昌汤氏步入了第一个人口繁衍昌盛期。

自古以来，衡量一个家族是否兴旺发达，人口的繁衍状况是一个非常重要的标志。文昌汤氏以第一位安葬在文昌里祖宅“后园”的汤伯清为第一世祖，经过三代的繁衍，至子高公晚年时，已是四代同堂，儿孙绕膝。整个文昌汤氏有第四代男孙 11 人。尤其是子高公房，更是发展到男孙 6 人，女孙 5 人。第五代继承人也已诞生，为文昌汤氏人口的昌盛打下了基础。

三、两方《墓志铭》透露的新信息

子高公夫妇《明故汤母孺人艾氏墓志铭》《明故义士汤公子高墓志铭》的面世，填补上早期文昌汤氏文献的空白，提供了不少珍贵的历史信息。

第一，将文昌汤氏尊崇文德、友信、伯清为祖的时间提前了三百年。

---

① 张玉书等编：《新修康熙字典》，上海书局 1988 年版，第 1835 页。

② 邹迪光：《汤义仍先生传》，见毛效同编：《汤显祖研究资料汇编》，上海古籍出版社 1986 年版，第 80 页。

笔者在拙作《临川两部〈汤氏宗谱〉之观照——兼析汤显祖家族世系之源》以及《〈原谱考〉考论》两篇文章中，详细叙述了《文昌汤氏宗谱》修谱史上所发生过的两件大事：第一、清康熙五十二年（1713），文昌汤氏结束无宗谱时代，但它是与抚临汤氏等一起联修的；第二、清嘉庆十二年（1807），文昌汤氏自立门户，开始了独立修谱。在独立修谱时，对前面三次联修谱进行过“仿孔子再删书”[①]“信者录之，疑者阙焉”[②]的处理。所以，现在我们能看到的《文昌汤氏宗谱》，不管是何时重修的，都是嘉庆十二年独立修谱以后的产物。也正是这次独立，才有了临川文昌汤氏的名称，才有了“文昌始祖伯清公”的正式表述，才有了“玉茗集之予祖文德、友信公父子耳……今以二公冠首，亦曰文昌之祖所自耳”。然而，这次独立修谱，在抚州汤姓氏族中引起了强烈的震动，并延续至今。如2016年正式出版《中华汤姓源流》[③]就说：“自从抚州文昌房出了一位世界名人汤显祖，抚州文昌房就不肯参加抚州汤氏五房联修宗谱活动。清嘉庆十二年抚州文昌房汤氏在六修族谱时开始独立修谱，甚至不肯承认其远祖，并有意将族谱隔断，将明代汤亮文（字伯清，行茂三，郡庠生）定为其家族始祖。这种清高自傲的汤氏子孙，不但破坏了抚州汤氏五房联修宗谱的秩序，并且违背了宗谱为敦睦亲情，联络宗族的法规。”

上述争论的似乎是，文昌汤氏祖文德、友信、祖伯清，是从清嘉庆十二年才开始的。历史的真相是怎样的呢？2016年出土的《明故义士汤公子高墓志铭》，似乎给出了一定程度的回答：“曾祖讳文德，祖讳友信，父讳伯清，俱有隐德。”

这就将文昌汤氏祖文德、祖友信、祖伯清见诸文献表述的时间，从嘉庆十二年独立分修的时间，提前到了“正德十五年”，往前延伸了近三百年。

---

① 见《文昌汤氏宗谱》（七修），《原序》三十八号。

② 见《文昌汤氏宗谱》（七修），《原序》四一号。

③ 汤锦程编著：《中华汤姓源流》，中国文联出版社2006年版，第167页。

第二，为世居临川文昌里提供了实证。

文昌汤氏何时始居于文昌里，尽管至今无法给出于一个准确的答案，但从撰于1520年的子高墓志铭“世居临川文昌堰之左”，与撰于1514年的艾氏墓志铭“盖汤本汝东著姓，世居文昌堰之左”来看，至少在子高公夫妇之前的若干代，就已经居住在文昌里了，否则何来“世居”之说。这也是目前所能看到的关于文昌汤氏居住于临川文昌里的最早文献。根据“去家居百步许”所提供的这一信息，笔者经过实地考证，认为汤显祖在建玉茗堂之前，在文昌里居住的祖宅具体位置是在现官沟上与椰树下两路交会处。从而印证了清康熙二十九年（1690）子高公支下七世裔孙秀小岑[①]在《祖基复还记》所叙述的“余祖世居桥东文昌里其来远矣……不仅在伯清、子高也”叙述的正确，纠正了清康熙五十二年于汉[②]撰写的《文昌汤氏宗谱序》所言“吾鼻祖伯清公以服道耦耕曜目，避举遂家于城东文昌里”的错误说法。如果从一世祖伯清公才居住在文昌里的话，在子高公这一辈是不能说“世居”的。而且，这也否定了《抚郡南汤氏族谱·行传》所载“汝清公，克忠公幼子，改名伯清……公甫议分爨之夕，梦左手书一伯字，解曰左者东也，伯者长也。因易汝为伯，迁居文昌桥头”[③]的记载。对于曾一度作为重要发现的所谓汤显祖出生于抚州广昌县的说法，在此史实面前，就更不值一驳了[④]。

第三，是研究明中叶时期临川富有阶层社会圈的样板。

在子高公夫妇两方墓志铭中，涉及不少本地名望人士，如“撰文”“书丹”“篆额”者都是科举成功的仕途之人，“予与公有贫贱好义，不容辞，遂

---

① 《文昌汤氏宗谱·祖基复还记》。

② 《文昌汤氏宗谱·文昌汤氏宗谱序》。

③ 《抚郡城南汤氏宗谱·汝清公行传》。

④ 姚澄清《关于汤显祖族系源流的新材料》：“依据新发现的清乾隆二十七年、同治十二年、民国十年等三种不同年代的《平西汤氏家乘》所展示的详确世系源流，参考文物普查中发现的汤氏始迁祖墓葬、宗祠遗址及具有明清建筑风格的汤氏庐舍等不可移动的文物，阐明：汤翁远祖唐末梁初来自苏州，开基江西南丰；其一世祖宣慰公于后晋居官临川；十六世祖铁郎公元末明初（永、宣之间）始迁江西广昌县白水寨（今赤水镇）；汤翁生于广昌，明嘉靖四十年避乱流寓临川、终老临川。”《抚州师专学报》2002年第1期。

为铭”。其后代的婚配中，也有不少是官宦之家。研究这错综复杂的人文交往，对分析明中叶临川区域富有阶层的价值追求，乃至社会各阶层的价值观，都是非常有意义的。下面仅以子高公墓志铭所涉部分人物为例，进行稍许考证。

撰文者：赐进士中顺大夫[①]湖广襄阳府知府东乡吴华。

［**考**］嘉靖《东乡县志》第二十二卷《仕进志》：吴华，大坪人弘治十七年（1504）中举，弘治十八年（1505）顾鼎臣榜进士。康熙《江西通志·吴华传》：吴华，字德辉，授崇明知县。“崇明孤悬海中，圩田岁淹没，民苦虚租，华累疏除其额征。入为御史，两疏乞建储，受廷杖，又奏革东乡添设，兵备苏州和贾、临川揽解等弊。巡按浙江，风裁凛然，迁义乌学令，下而富室争应。出知襄阳府，为权贵所中，罢归。宸濠谋逆，招诱东乡降寇，城中惊扰。华入固令志出，与巨室何清、杨文宪、乐九霄诸人画计斩贼首数人，城遂全。华祀乡贤。”

据光绪《襄阳府志》第十九卷《历代职官》记载，吴华任襄阳知府时间为明正德十五年（1520）。与子高公的墓志铭立石“正德十五年，岁次庚辰冬”时间相同，为吴华任襄阳知府时所撰。卷二十一《官绩》还记载：吴华在任襄阳知府期间，“建尊经阁，储书籍，毁淫祠，奖忠节，为前贤立庙，置田令”，很有政绩。

书丹[②]**者**：乡进士奉训大夫[③]山东莱州府胶州知州崇仁吴彻。

［**考**］光绪《抚州府志》第四十三卷《选举·举人》吴彻：“成化十年，甲午（科），吴彻，崇仁衡第五子，顺天榜，胶州知府。”崇仁衡：指吴彻的

---

① 中顺大夫：正四品升授之阶。

② 书丹：碑刻术语。即刻石（又包括碑，摩崖，造像，墓志等类型）必须经过的三道工序撰文，书丹，勒石之一，指用朱砂直接将文字书写在碑石上。

③ 乡进士，举人的别称。奉训大夫，文散官名。明为从五品初授之阶。

父亲吴衡。光绪《抚州府志》卷四十一《选举・荐辟》:“吴衡，明医举[①]。”

道光《重修胶州志》卷七《明职官》知州:“吴御，（弘治）八年任，旧志云:太医院籍。”将吴御的籍贯写为“太医院”，源于其父吴衡为“明医举”。

雍正《增修崇仁县志》卷一《人物表上》:“明，辟举[②]，正统，明医举，吴衡，四十四都人，官至山东参议。又:封赠，成化，叙荫，吴衡，山东参议，晋阶朝请大夫资治少尹，父日升赠如其官，母徐氏赠恭人，妻王氏封恭人。”

篆额者:乡进士文林郎[③]湖广黄州府罗田县知县白城章式。

［**考**］章式:光绪《抚州府志》卷四十三《选举・举人》:“弘治十七年，甲子，章式，府教授。”此处为何将他的籍贯写为“府教授”，无考。

嘉靖《罗田县志》卷三《官师志・本朝知县》:“章式，江西临川人，举人，以事去。”至于因何事以去，无考。

白城:地名，原临川县的一个乡。据1993年版《临川县志・地理志》，1932年以前，白城属长乐乡五十四都。1958年10月，成立人民公社，箭港人民公社由箭港、白城2乡合并成立。1963年4月，箭港人民公社白城大队分划南昌、丰城两县。现在的白城是南昌县黄马乡的一个行政村。在对白城章式的考证过程中，笔者意外地发现，汤显祖的学生、明末临川四大才子之一的章世纯，与章式是本家，至于是何种本家关系，由于《白城章氏宗谱》严重缺损而无法考证，不能不说这是个遗憾。但牵带搞清楚了章世纯的籍贯是白城，而不是人们所认为的箭港。

---

① 医举:医药举人。中国古代科举中何时设立医举，史无明文记载。但从《全唐文》卷三十，开元二十二年三月唐玄宗发布的《考试博学高才道术医药举人诏》（《册府元龟》简称为四科取人诏）中可以看到:“博学、多才、道术、医药举人等，先令所司表荐，兼自闻达，敕限以满，须加考试……”。以后各朝不仅继承了唐代的做法，并且范围更大。据同治《临川县志》卷三十七（二）《选举志・荐辟》记载，整个明朝期间，临川“荐辟”的65人中，分为良官举、人才举、怀才抱德举、贤良方正举、贤人君子举、明经秀才举、通经儒士举、经明行修举、文学才行举、以孝行举、以文学举、通晓天文举、明医举诸多类别。

② 辟举，征召荐举。王安石:《乞制置三司条例》:“所有本司合置官属，许令辟举，及有合行事件，令依条例以闻。”

③ 文林郎，正七品文官授之阶。

姻亲例 1：孙男懋功，聘官畲吴太守哲之孙（女）。

［**考**］吴哲：同治《临川县志》卷三十六（下）《选举·举人》："天顺六年壬午，吴哲，山东中式，成化壬辰进士，保定知府。"

光绪《保定府志》卷四《职官表》："明知府，吴哲，辽东人。"[①]

康熙《嘉定县志》卷十《职官志》："明知县，吴哲，字克明，江西临川县人，壬辰进士，（成化）十年任。召为监察御史。"卷十四《名宦志》有传曰："吴哲诚心质行，爱民如子，尝以六事作箴置之座右。邑中久旱，哲疏祷哀，切甘澍立需濒海之地，忽有小蟹群出啮稼，哲心水族为灾，海神失职为文切责，蟹一夕尽徙去，至诚感神，殆谓是与。"

姻亲例 2：孙女五，……一适金溪徐员太保[②]公琼之子。

［**考**］道光《金溪县志》：徐琼于明景泰元年（1450）庚午科乡试中举；天顺元年（1456）丁丑科黎淳榜进士。《传》曰："徐琼，字时庸，七都耿阳（今合市镇）人。自幼颖敏好学，博通经史。天顺元年会试中式，廷试第二人，授翰林院编修……十一年皇太子出阁，琼加太子太保。因四方灾异，上言数事，孝宗可之。……琼历仕途四十五年，虽无大建明，但有三不近名之美云。"

① 康熙《山东通志》卷二十六《选举志》：附辽东会试中式，成化壬辰科，吴哲，广宁人；光绪《保定府志》卷四职官表：明知府，吴哲，辽东人。上述不同籍贯的记叙，皆因吴哲从小随父戍边辽东广宁所致。

② 太保：亦指太子太保，为辅导太子之官位。

附录：

《明故义士汤公子高墓志铭》

赐进士中顺大夫湖广襄阳府知府东乡吴华撰文

乡进士奉训大夫山东莱州府胶州知州崇仁吴彻书丹

乡进士文林郎湖广黄州府罗田县知县白城章式篆额

公讳子高，字汝升，耕读轩其号也。世居临川文昌堰之左，宣德癸丑岁正月二十六日寔其生辰也。曾祖讳文德，祖讳友信，父讳伯清，俱有隐德。母艾氏。妻艾氏，贤而且寿，先公四年卒。公资禀深厚，夙遵庭训，敦尚孝友，不事表襮，以敬谨乎。于人而远近咸仰之。休休有容，不言人过失，富甲于乡邑而无骄心，泽及于邻里而无德色，不嗜酒，不偷安，衣取蔽寒，食取充腹，其自奉澹如也。既而延师友课子姓，资讲论为，事各乡膏腴之产，乃分命诸子以掌之，盖为储蓄之具也。负郭有田百余亩，则躬督僮仆以耕之，盖为祀饷之具也。此所以有耕读之号云。弘治甲子年，岁方不登，而民多怨，咨爰输粟若干石，备以赈之。时郡守吕公杰嘉其义，而请与以旌表其门焉。

子男三：长曰莹，娶周氏；次曰玉，娶魏氏，继娶汪氏，而俱卒焉；幼曰瑄，娶郑氏，继娶傅氏。子女二：长适北隅饶孟柔，次适郡城潘珊，皆先后公而卒。孙男六：曰懋昭，娶瑶坪李；曰懋敬，娶沙湖郑，继娶罗溪章；曰懋功，聘官畲吴太守哲之孙；曰懋德，聘城北潘，瑄出也；曰懋赏，聘孔庄吴，莹出也；曰懋官，聘城南许挥使誉之孙，玉出也。玉之子父不幸俱卒，而瑄之中子懋敬立祀之，服其丧三年。孙女五：一适瑶坪李灿；一适城南陈廷相；一适玉溪赵嘉仁；一适金溪徐贠太保公琼之子也；一适郡城陈同广，亦卒。曾孙男一：曰长弟，幼未聘；而曾孙女一：曰救英，亦聘城北潘焉。

公终于正德乙亥七月初五日，享年八十有三。呜呼！亦可谓五福兼有者矣。越六岁庚辰冬十二月十有八日，其子莹等谨奉柩，葬于先陇之次，去家居百步许，而与厥配孺人艾氏同壙，首庚趾甲从卜兆也。其孙懋昭，先期捧状来丐予铭，予与公有贫贱好义，不容辞，遂为铭。铭曰：

不爵而荣，不禄而富。寿且令终，食天之祐。郁郁佳城，夫妻同处。庆衍后人，腰金衣紫。

正德十五年，岁次庚辰冬十二月十八日，孤哀子莹、瑄泣血立石

明故义士汤公子高墓志铭

碑石高 106 厘米，宽 61.5 厘米。版心高 63 厘米，宽 56 厘米。竖刻楷书共 26 行，计 705 字。

《明故汤母孺人艾氏墓志铭》

赐进士第中顺大夫广西梧州府知府　同邑李哲撰文

乡进士前南京翰林院孔目乐安邹旸书丹

乡进士承德郎直隶章德府通判郡人陈幽篆额

孺人出临川艾坊。艾氏讳兴珍，仕让君，其父也。宣德癸丑后八月六日，孺人寔生焉。比长选家，得汤君子高。盖汤本汝东著姓，世居文昌堰之左。其讳伯清者子高之父，讳友信者子高之祖，顾发见之祥已非一日，而充拓开广之迹，自吾子高而盛著焉。孺人既归汤，则尽妇道以事舅姑，殚妻道以相夫子，广慈惠以育嗣姓，执俭勤以治生理，而女红妇事咸精其能，则汤氏之门欲不昌大，不可得已。故试观诸野，则阡陌之广，甲于他姓，必曰汤焉；再观诸市，则室屋之华，甲于他姓，亦必曰汤焉；而赀贿牛马之属，又皆视诸上下而独盛焉者也。弘治甲子岁方不登，而民且荐饥，汤君子高爰输粟若干石，备以赈之。时郡守吕公杰嘉其义，盖听其入而请与旌表焉，则汤氏之门第峻崇，姓名昭揭，其于孺人内相之力，亦自有不可掩者矣。

生子男三：长曰莹，娶周氏；次曰玉，娶魏氏，继娶汪氏；又次曰瑄，娶郑氏，继娶傅氏。子女二：长适北隅饶孟柔，次适北隅潘珊，皆先后孺人而卒。孙男六：曰懋昭，娶瑶坪李；曰懋敬，娶沙湖郑；其聘而未娶者懋功，则官畲吴，懋赏则孔庄吴，懋官则城南许，懋德则城北潘，其官畲吴寔保定太守哲之孙，而城南许则赣卫挥使誉之孙也。孙女五：一适瑶坪李灿；一适玉溪赵嘉仁；一适城南陈廷相；其一则适金溪徐贞而太保公琼之子也；一聘郡城陈同广，幼而在室。其曾孙男一：曰延龄，未聘；而曾孙女一：曰救英，则亦聘城北潘焉。孺人终于正德辛未正月二十三日，距生辰享年七十有九，亦可谓引于春秋者矣。越四岁甲戌十月二十有七日，其子莹等谨奉柩葬于先陇之次，去家居才百步尔，盖所以便顾视也。其孙懋昭，先期捧状丐予铭，予弗获辞，遂为之铭。铭曰：

既富且寿，有孙有子。祔葬先陇，是谓受祉。

皇明正德九年岁次甲戌冬十月乙亥二十有七日丙辰　哀子莹玉瑄泣血立石

明故汤母孺人艾氏墓志铭

碑石高 122 厘米，宽 61 厘米，厚 5 厘米。版心高 68 厘米，宽 53 厘米。竖刻楷书共 24 列，计 690 字。

祖父西塘公之辑考

在《明故西塘汤君墓志铭》出土之前，人们认识西塘公（1487—1566）大都是来自于《文昌汤氏宗谱》中所载《西塘公传》，本文也从这篇《传》文开始。

西塘公传

公讳懋昭，字日新，号西塘，敕赐尚义旌表子高公之孙，诰封太常博士承塘公之父。性秉洁清，心存远大，读书过目不忘，作文顷刻立就。髫龄补弟子员，每试辄冠多士，望重儒林，学者推为词坛上将。年至四十，弃廪饩，远棼嚣，隐处于西塘庄，因而为号，并题联以写意，曰："金马玉堂富贵输他千百倍，籐床竹几清凉让我两三分。"由是闭户潜

静谧的西塘庄

修，或赋诗以言志，或弹琴以娱情，嗜欲不乱于中，势利不夺于外；超然旷然，其自命诚高，而其所挟持者，洵非苟焉已也。

撰文者不愧为临川才子、赐进士出身的陈炌[①]，仅用209字，就将西塘公一生中最为光彩的一页——隐居西塘庄——学者的一面浓墨重彩地展现了出来，文简意赅，非一般功力所能为。然而简洁也有不足，往往容易出现丢失现象。对照新发掘出土的墓志铭等文献，可发现，西塘公不仅是一位学识渊博的学者，德高望重的善人，还是一位精于算计、聚财有方的成功人士。研究西塘公的这些经历，对研究汤显祖思想的形成，有一定的借鉴意义。

一、聚财有方——“西塘”字号考

“西塘”字号从何而来？按照传的说法，是西塘公四十岁时“隐处于西塘庄，因而为号”。对于为什么隐处于西塘庄，并无交代。以至于先前的传记文学大都认为汤懋昭“是郁郁不得志而归。四十余岁，他到离家15里外的西塘庄去隐居了几年。有一副对联，足以表示他的志趣：金马玉堂，富贵输他千百倍；藤床竹几，清凉让我两三分”[②]。给人一种超凡脱俗，与世隔离的形象。史实是西塘公不仅谨守祖业有成，而且在拓展祖业方面也是硕果累累。“虽承积累之余而足以侈，其服食且身不衣罗绮，口不嗜肥甘，一以俭约自持用是，利源日裕，而仓有余粟，建庄于陆都之西塘，而公之取号以之。……近东邑之延桥岭依祖庄之右，亦建一庄焉。”[③]在已有祖庄的基础上，

① 陈炌（生卒不详），明江西临川云山人，字文晦。明嘉靖二十年辛丑科（1541）进士，授行人，累迁吏部侍郎。明万历五年（1577）进左都御史。明万历十一年（1583）罢官归。

② 徐朔方：《汤显祖评传》，南京大学出版社1993年版，第5页。

③ 见本文附录《明故西塘汤君墓志铭》。

再建两个新粮庄，不是财富充足，何能有此作为！可见，西塘公决非“不食人间烟火”的一介书生，而是耕读俱佳，精于算计，聚财有方的成功人士。

2014 年，笔者应龚重谟老师之约，为他的《汤显祖大传》拍摄插图，数次在西塘村走访调查，做了一些了解：西塘村因村西南角有一酒瓶形状的池塘，风水称之是聚宝盆而得名，现为临川区七里岗乡万新行政村中的一个自然村。据村民汤友谊（时年 63 岁）介绍，现在的西塘村，居住着汤、江两姓族人，其中汤姓四十户，江姓六十余户。珍藏在重庆市图书馆，修于清光绪二年（1876）的临川《六都西塘汤氏家谱·西塘汤氏重修族谱序》云：“汤氏居西塘，自为一族，已数百年。虽与临川玉茗诸汤氏同为唐宣慰大夫万四公所自出，而始祖则断自银一公，而毫不攀援附和者。”[①]20 世纪二三十年代，号称重庆“汤半城”，被誉为“近代中国金融家、近代重庆工商巨子、近代西南首富”的汤子敬，就是这支汤氏族人的后裔。重庆的《西塘汤氏家谱》，就是他带过去的。现在西塘的汤姓自称是文昌宗派，他们与原西塘汤氏有无关联，笔者没有考究。

现在的西塘村中，文物史迹无一完好。时年 88 岁高龄的村民江善基老人告诉笔者，原来坐落在村口的嵌有“玉茗流芳”石匾的房屋，是他目睹建成的，实际建设年代为 20 世纪 40 年代末期，屋主为名叫汤栋廷的富裕户，在中华人民共和国成立初期，农村土地改革，这栋房屋全都分给了贫苦户居住，汤栋廷本人未曾在屋内居住过。2016 年时，笔者看到这栋房屋已经完全倾圮，成了一片废墟，但从残存的建筑形制来看，亦无明清建筑的特征。大门上方“玉茗流芳”的石匾，已不知去向。玉茗花虽说久而有之，但“玉茗”二字成为汤显祖的专用符号，却是其晚年之后的事情。至于有作者据此撰文，说文昌汤氏家族是从这西塘村发支，且汤显祖在此创作出《牡丹亭》，就不是学术上的探讨，而是“戏说”了。

① 转引自徐朔方：《汤显祖年谱》，上海古籍出版社 1980 年版，第 5 页。

从《文昌汤氏宗谱》和这次新近出土的《明故西塘汤君墓志铭》两份史料对比分析，可以断定的是，西塘公之所以在此隐居，根本原因在于“建庄于陆都之西塘”，而不是因为这里居住有本族人。由于此庄是西塘公自己建造的，空闲季节来这里住上一段时间度假，督促两个儿子读书，是完全可能的。否则何有《墓志铭》中所言：“子高公属望之志，乃于子质暨贤，每读书至夜，分与厥室魏偕坐而伴之，未尝厌弛，逮昧爽又督劝以就学。”

二、饱学之士——“四为宾于上府”考

> 余祖实名懋昭兮，四为宾于上府。状侻育其安共兮，虽负丐其焉侮？①

汤显祖在明万历五年（1577）进京春试，因不接受当朝首辅张居正的延请而落榜。心情愤懑的他，回到家后，为舒展情怀而作《广意赋》。这段话是他对祖父汤懋昭的评价，用现在的话说，意思是：“祖父大名懋昭，四次受聘为官署幕僚。说明受过良好教育之人必受人恭敬，即便受施于人又岂会轻慢？”《广意赋》文字艰涩，隐晦难懂，徐渭的评价是：“调逼骚，然却似象胥，不汉语而数夷语。是好高之心胜也。亦岂堆垛剪插者之所能望其门屏者哉！”②尽管徐渭的评价是贬多于褒，但对汤显祖的本意“好高之心胜”的点题却是正确的。这里作此介绍，不是对《广意赋》进行评议，而是提出问题，为什么十年前（明嘉靖丙寅年，1566）祖父去世时，本应是对逝者一生最为辉煌的事迹浓墨重彩地书写，并由汤显祖书丹（实际上也是半个执笔者）的《明故西塘汤君墓志铭》，却无半字谈及“四为宾于上府”

① 汤显祖：《广意赋》，见徐朔方笺校：《汤显祖全集》，北京古籍出版社 1999 年版，第 143 页。

② 徐渭：《问棘邮草诸作评语》，见毛效同编：《汤显祖研究资料汇编》，上海古籍出版社 1986 年版，第 333 页。

的业绩，而在惜墨如金的《广意赋》中，却独用此例呢？它对汤显祖的一生有哪些影响呢？笔者认为有必要借此考证。

其一，“四为宾于上府”是哪位高人的“上府”？对此，当代学者汤锦程先生曾做过探讨：汤懋昭“明嘉靖年其以书经考取贡生，江西按察副使许逵爱其才学，礼聘其为幕戎。汤懋昭从许逵游历豫章、濠州，经许逵举荐出任安徽清远县丞。安徽濠人发动叛乱[①]，许逵被害，明军平定叛乱，汤懋昭寻到许逵之尸，护柩归葬其固始县老家，亲作墓志铭并序……汤懋昭四次为幕宾，晚年隐居于临川城郊酉塘村设帐讲学，桃李四方”[②]。循着汤先生的思路，笔者查看了《明史・许逵传》[③]：许逵，字汝登，固始县人。正德三年（1508）进士。初授乐陵知县，迁山东都指挥佥事，由于政绩卓著，正德十二年（1517）升为江西按察副使，当时宁王朱宸濠一党专横暴戾，许逵用法令狠狠地制裁他们。正德十四年（1519）宁王朱宸濠在南昌发动叛乱，将许逵杀害，时年三十六岁。从以上可以得知，汤懋昭与许逵的交集，想必就是在这正德十二年到十四年间。由于资料有限，笔者没有查到汤懋昭有关“四为幕宾”的更多信息，但应为史实。

其二，祖父汤懋昭“四为幕宾”对汤显祖的影响。

《广意赋》无论是序言还是文章的开始，展示的都是远祖的正宗与高贵，而在描述自身家族时，则强调家族儒学的传统：

> 余先人乃为文德兮，里铺仁而善福。卤厥施于友信兮，迨余饮其百谷。伯清灵而善育兮，子高丰而秀文。百六施其自殚兮，

---

① “安徽濠人发动叛乱”，错。实为宸濠之乱，又称宁王之乱、宁王叛乱，指明武宗正德十四年宁王朱宸濠在南昌发动叛乱，波及江西北部及南直隶西南一带（今江西省北部及安徽省南部），仅过四十三天，最后由赣南巡抚王守仁（王阳明）平定。

② 汤锦程编著：《中华汤姓源流》，中国文联出版社2006年版，第217页。

③ 《许逵传》，《明史》（忠义一）卷二百八十九，列传第一百七十七，中华书局2000年版，第4966页。

帝走诏为甄门。鸠遗书盖四万卷余兮，招余曾与余祖。余祖实名懋昭兮，四为宾于上府。状侻育其安共兮，虽负丐其焉侮？尊承厚以敏执兮，缦黄贞而莫贯。

在这段赋句中，汤显祖逐一将文昌汤氏前两世（文德、友信）到父亲汤承塘，前后共七代祖辈的功绩以最简洁的文字进行了概括。然而在对西塘公功绩的描述中，虽说褒扬祖父是“四为宾于上府”的饱学之士，但其“虽负丐其焉侮”的“侮”字用词，却很值得玩味。《辞海》中“侮”条是这样表述的：“①欺负；侮弄。《诗·豳风·鸱鸮》：‘或敢侮予。’《左传·昭公元年》：‘不侮鳏寡。’②古时奴婢的贱称。《方言》第三：‘秦晋之间，骂奴婢曰侮。’”[①] 从《辞海》所表述来看，“侮”的词性毫无疑问是贬义的。同样毫无疑问的是，对汉文字烂熟于胸的汤显祖，在褒扬祖父为“饱学之士”的同时，也透露出了对“幕宾”是“替人作嫁衣”的轻视。这不是笔者无端的想象，而是汤显祖以他一生的行为做出了注解。如前所述，明万历五年，汤显祖进京春试，因没有应邀登首辅张居正之门而名落孙山。而同窗沈懋学如期赴约则中状元。这里的登首辅之门，就等于拜在了首相张居正的“门下”。尽管“门人”与“幕宾”不是等量的关系，但其“仰人鼻息”是相同的。试想，如果汤显祖不是对祖父“四为宾于上府”持不完全认同的看法，想必是不会如此“不识时务”的。三年后，汤显祖再次拒绝张居正的延揽又落榜，又三年考中进士后，不为申时行以“馆选”所动，自请南京太常博士位，甘居闲职。在南京时，有人启发他“去打通关节”谋取职位，他慨然拒绝。若干年后尽管“蹭蹬穷老，（李）三才督漕淮上，遣书迎上，谢不往”[②]。汤显祖这种不愿“俯仰由人”的人生态度，解释了在事关祖父一生

① 《辞海》缩印本，上海辞书出版社1980年版，第247页。

② 《汤显祖传》，《明史》卷二百三十，列传第一百十八，中华书局2000年版，第4015页。

业绩的《明故西塘汤君墓志铭》中，他为何不提及“四为宾于上府”的原因。同时也印证了这样一种可能，在汤显祖的思想与性格形成过程中，祖父的影响远远大于要求严厉的父亲。尤其是祖父在“四为幕宾”之后，时年不到四十岁，便在西塘村隐居，这种“出世”思想的来源，不能不说与其“幕宾”的经历有关，更对汤显祖的人生产生了深远的影响。

三、德高望重——乡饮宾考

关于西塘公的为人处世，在《明故西塘汤君墓志铭》中占据了很大的比重：

> 若其事父母以孝，友兄弟以礼，慈诸侄若已出，姻友之敬久而不衰，横逆之来，一忍以胜之。虽于人之至微者，而称谓亦不轻斥其名，宁过于礼貌而弗嫌。至于仆婢、庄人之类，莫不感慕。凡此皆公以质朴之性，而见诸人伦日用，以尽己之分者也。是以宗族乡党率皆称善，而声誉闻于上。有今入名宦祠曰：徐寒泉公者选约正，以表正乡闾，稽诸舆论必得公而始慰其心；继而林九霖公举为善人，而升名于臬司，移檄锡之礼仪，以旌异主府治。若黄欧山公视篆，若何理轩公皆以学校公举，而请与乡饮，公恬淡自如，退避不就。

此段铭文是说，若论西塘公侍侯父母之孝，待朋友如兄弟，慈爱侄辈如同自已生育，招待亲戚不分过往疏密，久而不衰。碰到争执之事，不管横逆，一以忍让之。对于人微言轻者，不轻易直呼其名，宁过于礼貌而不嫌烦。即使是仆婢、庄人，对他没有一个不心存感念仰慕。所有这些都是西塘公天然本性，见诸人伦日用，以尽自己之本分而已。所以，宗族乡亲都称西塘公为善人。声誉传到上司处，有今入名宦祠说：徐寒泉公要选地方基层组织的头目（约正）[①]，以在乡里树立标杆，经考查，诸舆论都说必须是汤懋昭者才符合心愿；继而林九霖公将西塘公推举为善人，上报给按察司，待发布文告公示，赐之礼仪，嘉奖府衙。掌印视事的黄欧山公，何理轩公，都以学校公开推选，请西塘公为乡饮宾。这是当时一种庆祝丰收、尊老敬老的宴乐活动。活动中要选德高望重长者数人为乡饮宾，与当地官吏一起主持活动。这是官方的一种至高荣誉，而西塘公却是恬淡自如，退避不就。

以上所述辑自于不同的文献，相互补充，勾勒出了一个有血有肉、活生生的西塘公形象。难怪汤显祖在《侍大父白云桥秋望》一诗中由衷地写道："岁光苦难阅，鸣溜启荆扉。……祖德还高绮，孙枝托宝徽。"[②]

四、《明故西塘汤君墓志铭》诸杂考

（一）西塘公长孙考

在此《明故西塘汤君墓志铭》未出土之前，学界一致认为汤显祖是西塘公的长孙。如徐朔方先生在他的《汤显祖评传》中是这样描述的：祖父汤懋昭"在六十三岁时看到长孙显祖出世，这是祖母魏夫人的最大安慰。她的慈祥的抚爱在长孙的心里永远保留着甜蜜的回忆。"[③] 龚重谟先生的叙述是：父亲汤尚贤"生头男长子被看作是有福气的人家。年过古稀的汤懋昭对家中添了这么个好长孙，直是笑在眉头喜在心"[④]。而出土的《明故西塘汤君

① 约正：旧时地方基层组织头目。

② 徐朔方校笺：《汤显祖全集》，北京古籍出版社 1999 年版，第 21 页。

③ 徐朔方：《汤显祖评传》，上海古籍出版社 1980 年版，第 5 页。

④ 龚重谟：《汤显祖大传》，北京燕山出版社 2014 年版，第 13 页。

墓志铭》推翻了这种认识。铭云："公昔虑长嗣质精神不足，乃命综家，然恒歉其学业未就，而于长孙显宗亦朝夕伴读，虽暮龄之时，弗少疲倦，而显宗亦积学，有待今幼嗣贤之子显祖。"

铭中明白无误地注明长孙名显宗，显宗是伯父尚质的儿子，是祖父懋昭的长孙；显祖只是父亲汤尚贤的长子，是祖父懋昭的次孙。并且从铭中可以看出，祖父开始是大力培养显宗的，与之"朝夕伴读，虽暮龄之时，弗少疲倦"，由于显宗不是读书的料，所以才将注意力转移到显祖身上。

显宗是一个新出现的文昌汤氏人名。据《文昌汤氏宗谱》载，汤显祖的伯父尚质"娶何氏，子三，隆祖、居易、云陵"。此与《明故西塘汤君墓志铭》载"尚质字诚夫，娶瑶湖杨氏，继娶永丰仓前黄氏，今娶沙巷杨氏，而显宗乃生于瑶湖杨氏者也"相比，并无"三子"之说。谱记：隆祖生子一，名有珧；居易、云陵均无有后代。而据此后的《祖母魏夫人迁祔灵芝园墓志铭》载："显宗之子国璋、国瑞、国珍先室何氏出；国珙继室蔡氏出；国珂妾蔡氏出。"加起来共生子五个。由此看来，应是谱记有误。

（二）撰文者黄极考

《明故西塘汤君墓志铭》明确标明撰文者是：临川县庠廪膳弟子员黄极。其"县庠廪膳弟子员"指的是撰文者的身份："庠"指的是学校，顾名思义"县庠"指的县一级的学校；"廪膳"指的是由公家发给在学生员的膳食津贴的"公费生"。"弟子员"是明、清时对县学生员的称谓，俗称秀才。

黄极：据光绪《抚州府志》卷四十五《选举・五贡[①]》载："临川县儒学：黄极，选贡。"与其他注明有后来入仕者相比，黄极就此无考。这说明此人在科举场上没有博得功名。

① 五贡：明、清科举制度中对五类贡生的总称。包括：恩贡、拔贡、副贡、岁贡和优贡。这五类都是正途出身资格。另有捐纳取得的贡生，称为例贡。

（三）地名考

陆都：铭文中记："仓有余粟，建庄于陆都之西塘。"古时临川的六都，大部分为现临川区七里岗乡所辖。光绪《抚州府志》卷二《地理志·疆域》介绍："临川城内分四隅，共啚二十三，城外分五厢共啚二十三（里谓之啚，啚即鄙字也），厢以外为乡，乡分都，都分啚，共计：为乡十有三；为都七十有一；为啚四百四十有六，合之隅、厢为四百九十有二。""长宁乡为都者四，……六都为里者八，其市曰流坊墟；其溪曰戴湖又名带湖；其坊曰进士坊、科第坊、光启坊、会魁坊。"

南门外窑上李家：铭文中记："公先娶南门外窑上李氏，先公而没，继娶在城福民街魏氏。"南门外窑上李家，现为临川区文昌街道办事处瑶坪小区居委会瑶下李家小组（瑶坪四组）。在20世纪50年代之前，这里是主城区的边缘，区域内曾有几座砖瓦窑，所以地名称为"窑上"，李家亦称"窑上李家"。而现在的"瑶下李家"的"瑶"字，因此地沿抚河上溯约五公里为古时的瑶湖，加之"瑶""窑"同音，后易名为"瑶下李家"。

福民街：据1993年版《临川县志·地理志》之《县治变迁》："清代顺治年间，东有三街（木横井街、新街、福民街），十巷（沙井、大臣、塔背、具庆、砻子、南阳、乳泉、老龙王、水流、五家巷）……"现在这三街十巷只保留有具庆巷和五家巷两条巷名。具庆巷在若士路往十字街方向，即市实验小学门前的巷子；五家巷则是大公路与羊城路南端交会处，有一条往南方向走势，穿过若士路通往市保育院的较长小街，就是现在的五家巷。据此推理，福民街的原址应当是现在赣东大道（北段），或者大公路、若士路中的某一路段。

延桥岭：铭文中记："近东邑之延桥岭依祖庄之右，亦建一庄焉。"现为距市区往东方向约15公里的临川区太阳乡延桥村。有水才需要有桥。据嘉靖《东乡县志》："延桥水发源于金溪，历艾居港齐冈渡、下车港，至延寿桥，下流为新陂赤岸，下至金鸡城前与临汝水合。”至于延桥的来源，又云：“延寿桥俗名延桥，宋景定郡人饶氏造，久废，民最病涉。正德甲戌，锡山方公学新之。”

这一带属于赣东平原的边缘地区，稍许有些丘陵。临川方言体系中，山岗即为山岭。据高结庐，是平原地区古而有之的传统。现在延桥的五个自然村，也都建在高岗上。村中耄耋老人说，现村小学所在的这一片，就是史上所称的延桥岭。

瑶湖：铭文中记：“尚质字诚夫，娶瑶湖杨氏，继娶永丰仓前黄氏，今娶沙巷杨氏。”道光《临川县志》卷五《山川志》云：“汝水……发源于广昌伏村木林岭……受南丰之水……合新城（今黎川）水……受金溪水……梦港水自西南来注之……近城，西崖多阻石，麓水停潴如湖，曰瑶湖。稍北有决口，水北趋孔家渡。明嘉靖间，千金堤成，水复故道。”据此推理，瑶湖应泛指现拟砚台上溯至东临大桥一带。明弘治年间，这里还设有一渡口，曰瑶湖渡。千金堤成后，改设千金陂渡。至今河东岸仍有一村称瑶湖村，但尚质所娶“瑶湖杨氏”，是否是这个村的女子，无考，因为瑶湖村附近还有以杨姓族人为主的上杨与下杨两个村子。

永丰仓前：地名。永丰现为临川区罗湖镇下辖的村民委员会。仓前应为永丰村委会中的一个自然村落。

沙巷：地名。现为临川区湖南乡沙巷村，因村前大塘内沙子多，得名沙塘，后易名为沙巷。

附录：

《明故酉塘汤君墓志铭》

临川县庠廪膳弟子员黄极顿首拜撰

眷制孙临川县庠弟子员显祖泣血书

余素沃于公之教爱，而公之制行知，且悉今有此愿为之志而且铭。汤为吾邑望姓，世居文昌桥之东，而公犹颖出者。公讳懋昭，字日新，号酉塘，为大父子高公之长孙。自幼性好质朴，凡言动务求得子高公之欢心，而独见钟爱焉。盖豫知公性质不渝，而终能振其所创之业也。比长，习举子业，补入郡庠。因弗利乃顺其冲淡之性，而适情花草，以养晦焉。虽承积累之余而足以侈，其服食且身不衣罗绮，口不嗜肥甘，一以俭约自持用是，利源日裕，而仓有余粟，建庄于陆都之酉塘，而公之取号以之。凡文士骚人皆遗诗文以赠。近东邑之延桥嶺依祖庄之右，亦建一庄焉。不惟能恢复子高公诸孙既失之业，而犹克拓之。无已每于不给者，辄发粟以济之，而不能偿者亦恕之而弗取。若子高公自幼而豫知之者，不于斯而符耶。然犹愧已未遂乎学业，而未尽继乎。子高公属望之志，乃于子质暨贤，每读书至夜，分与厥室魏偕坐而伴之，未尝厌弛，逮昧爽又督劝以就学，而以光昭子高公为念。若其事父母以孝，友兄弟以礼，慈诸侄若已出，姻友之敬久而不衰，横逆之来，一忍以胜之。虽于人之至微者，而称谓亦不轻斥其名，宁过于礼貌而弗嫌。至于仆婢庄人之类，莫不感慕。凡此皆公以质朴之性，而见诸人伦日用，以尽己之分者也。是以宗族乡党率皆称善，而声誉闻于上。有今入名宦祠曰：徐寒泉公者选约正，以表正乡闾，稽诸舆论必得公而始慰其心；继而林九霖公举为善人，而升名于臬司，移檄锡之礼仪，以旌异主府

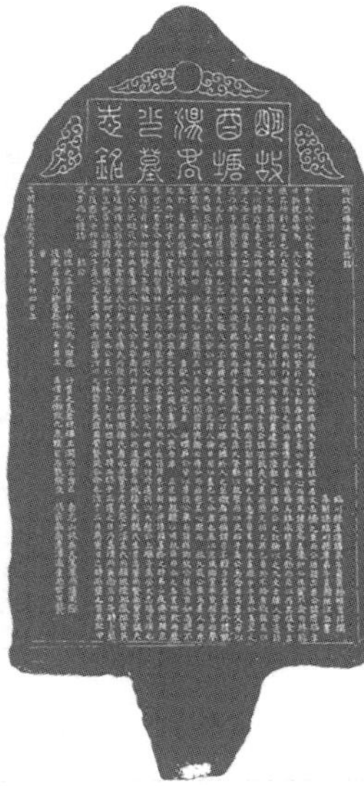

明西塘汤君墓志铭

碑石高 109 厘米，宽 51 厘米，版心高 66.5 厘米，宽 48 厘米。

治。若黄欧山公视篆，若何理轩公皆以学校公举，而请与乡饮，公恬淡自如，退避不就。而两所请书皆以实行褒嘉，久可垂芳于家乘也。兹岁孟穐，公寿跻八衮，吾庠三宗师亲顾，以颂祝兹，非公之名实所至，而历有可纪者虖。公昔虑长嗣质精神不足，乃命综家，然恒歉其学业未就，而于长孙显宗亦朝夕伴读，虽暮龄之时，弗少疲倦，而显宗亦积学，有待今幼嗣贤之子显祖，以垂髫之年，而同父于邑庠，皆公所曲成，而行将远，到以大慰。公上继子高公之志，端可竢也。此公之纯嘏大福聚于身，而庆泽流后者矣。

公先娶南门外窑上李氏，先公而没，继娶在城福民街魏氏，生男尚质、尚贤。尚质字诚夫，娶瑶湖杨氏，继娶永丰仓前黄氏，今娶沙巷杨氏，而显宗乃生于瑶湖杨氏者也；尚贤字彦夫，娶广溪吴氏，而显祖、儒祖、凤祖皆其所生也。若曾孙国镇，乃显宗娶邻何氏而生也。公生于丁未年七月初四日午时，而终于正寝之日乃嘉靖丙寅念三日子时，卜葬于后园，依于伯清公、子高公之墓案塘墩，而襟带汝川之胜概者矣，兹固质、贤从公命也。涓十二月庚寅日已时而葬之，首庚趾甲从吉兆也。谨志。 铭曰：

德性之温，若丽日和风，而人乐挹。行实之美，若珠辉玉润，而古与匹。易志山林，为天笃厚，而福罔极。

后胤昌隆，乃余庆发祥，而卓有立。生顺不惭，致九泉瞑目，而孰能及。镌兹幽扃，遗泽远垂，而世可袭。

旹

大明嘉靖岁次丙寅季冬初四日立

《祖母魏夫人迁袝灵芝园墓志铭》述略

《祖母魏夫人迁袝灵芝园墓志铭》（以下简称《魏铭》）是目前发现的唯一一方即由汤显祖撰文，又是其本人书丹的“双绝”墓志铭，具有极高的文物价值。铭文中所记述的许多细节，是分析当时墓葬制度、社会文化，以及研究汤显祖生平活动的重要资料。

一、文学价值

自古以来，读者在读汤显祖诗文赋中，遇到的最大困难就是用典很多。比汤显祖年长 29 岁的大文学家徐渭，在评价汤显祖的诗集《问棘邮草》时说道：“其用典故多不知，却自觉其奇。古妙而又浑融。又音调畅足。”[①] 这是广义的评价。而在具体评论《广意赋》时，徐渭则是贬多褒少：“调逼骚，然却似象胥，不汉语而数夷语。是好高之心胜也。亦岂堆垛剪插者之所能望其门屏者哉！”[②] 此话的意思是：《广意赋》的基调与《离骚》极其相似，然而却似乎要翻译，采用了较多的蛮夷（即临川方言）语言。是展现好高之心绪也。可以说此文是喜爱言语堆砌裁剪者的祖师爷了。由此可见，汤显祖诗文

① 徐渭：《问棘邮草总评》，见毛效同编：《汤显祖研究资料汇编》，上海古籍出版社 1986 年版，第 333 页。

② 同上书，第 333 页。

赋难读是一个不争的事实。然而也有特例，如2016年12月抚州文昌里出土的《魏铭》，就以平实、亲和的风格，为汤显祖的著作增添了新的文风范例。

《魏铭》[①] 共1600余字，在汤显祖的各类文体的著作中，都属于长文了。然而读来却不显冗长。整篇铭文没有丝毫悼念逝者的悲伤，而是颂扬逝者的朗朗上口的美文。

“我祖母魏，郡城福民街魏公鹗女，而我祖西塘公懋昭君配也。”开宗明义，寥寥数语，就将祖母介绍得清清楚楚。接下来同样是寥寥数语，将西塘公谨善慎行、尊贤拊众的品格描绘了出来。“公以诸生为祖子高公爱孙，一意孝谨为善。诸异母弟有不若者，常流泪自责。遇乞人于途，必拱而过之。喜诗书，尊贤拊众，醇如也。”一个“醇”字将祖父西塘公真忱待人的品格，描绘得生动活泼。

“祖母继李孺人为室，振以端严。逮事廷用公瑄，以孝助公，以仁而宜家，以敬下至产畜园池之入，必以躬亲……”如果说上述描写用的是概括性的虚写，那么在描绘自己与祖母的祖孙情时，则是写实：“诸孙中最爱显祖，能读书，十四岁为诸生，尚为护视卧起。弱而冠中庚午乡举。壬申岁除灾，祖母泣营于毁室，不忍去也。岁丁丑，泫然而悲曰：‘室可更为之。独诏所旌立子高公义门，非郡县力不可复。’显祖请诸校，校以上郡太守古公，行复之。则喜动颜色曰：‘孙必以进士大吾门矣。’……庚辰会试，江行，显祖夜出旨蓄饮，同年士钟某，视覆纸皆祖母标识，因咽泣不自胜，而钟某亦幼失母，感动流涕咽塞。罢就寝，朔风甚，舟儿乃醉。往五拍拖鼓发舟，有北船雄疾以来，横当之，舟碎。一舟人卧熟不知也。赖吾与钟以悲伤故，不能寐，闻水声，起促火走别艇以免。一舟人惊谢曰：‘老夫人之灵以济也。’”其细节描述生动，感情充溢，确实是难得的散文佳作。

① 《祖母魏夫人迁祔灵芝园墓志铭》，见本文附录。

二、文献价值

《魏铭》的发现填补了汤学研究哪些空白？不仅汤学研究界所关注，也为读者所关心。笔者梳爬后认为，《魏铭》至少提供了以下几点新的研究资料或者研究方向。

（1）从“我祖母魏，郡城福民街魏公鹗女，而我祖西塘公懋昭君配也”句，可以获知魏夫人家庭的稍许基本情况。而在此之前，除了在汤显祖的《龄春赋》等诗文中知晓“余太母为魏夫人”以外，其余都是空白。

（2）从“祖母继李孺人为室”，又从《明故西塘汤君墓志铭》：“公先娶南门外窑上李氏，先公而没，继娶在城福民街魏氏，生男尚质、尚贤。”可纠正《宗谱》记载的错误，廓清文昌汤氏人口。如《文昌汤氏宗谱》载：第四世，乔一公：“郡庠生，讳懋昭，字日新，号西塘，娶李氏，子一：铭三（尚质）。继娶魏氏，子二：铭四（尚贤）、铭六（尚礼，出继乔二公为嗣）。公妣合葬灵芝园，复娶李氏，葬黄牛冈”。西塘公共娶了三房夫人，生了三个儿子。而《魏铭》显示，西塘公共娶了二房夫人，生了二个儿子。并且二个儿子（尚质、尚贤）都是魏氏所生育的。那么哪一个的记载准确呢？从笔者所作《临川两部〈汤氏宗谱〉之观照——兼析汤显祖家族世系之源》一文可以得知，文昌汤氏是在清康熙癸巳年才结束无宗谱时代的，谱中所载《乔一公行传》也应该是在那个时期追记的；而《魏铭》写于明万历丙午年，两者相差百余年，显然《魏铭》的记载应该是准确的。

（3）从“吾伯父得为乡长者”可知，伯父尚质曾担任过乡长之职；而《明故西塘汤君墓志铭》公“……选约正……”，其“乡长”“约正”都是古代基层组织的名称，即文昌汤氏在汤显祖的祖父辈时，虽说不是达官显贵，但也是最基层行政组织的小头目。

（4）从“壬申岁除灾，祖母泣营于毁室，不忍去也。岁丁丑，泫然而悲曰：'室可更为之，独诏所旌立子高公义门，非郡县力不可复。'显祖请诸校，校以上郡太守古公[①]，行复之。"可知，明隆庆壬申火灾中，诏旌子高公义门也一并焚毁。由此可推断，子高公义门为木制牌坊而非石雕牌坊，否则就不会有"不可复"。这是其一。其二是从这段铭文的下一句"显祖请诸校，校以上郡太守古公，行复之"推测，子高公义门在此之后，极有可能进行过修复。数十年后明末清初改朝换代，兵戈扰攘，子高公义门再次毁于战火。

（5）从"己卯秋，病不起，太守以下皆临，异数也。文士帅机为之诔"[②]，可知文昌汤氏的社交与人缘状况非常好，这也与前面铭文中所载"佳客文士至，则脱簪珥，市厨具，必脓以精"相对应了。

文士帅机（1537—1595），字惟审，号谦斋，现临川区唱凯镇鹅龙村人。帅机比汤显祖大 13 岁，但两人关系非常好，来往诗文也较多。帅机为汤显祖写过《汤义玉茗堂集序》[③]，汤显祖为帅机编过《阳秋馆集》，称其为："颜谢之间，柴桑之后，一人而已。"[④]笔者曾到临川区唱凯镇鹅龙村进行过田野考察，在《抚临帅氏宗谱》中发现，帅机在抚州城内曾建有庭院，阳秋馆就是庭院建筑之一。据谱中的《抚城架院基图记》载："羊城三元楼东，明中宪大夫惟审公宦后家焉，当日堂、第、楼、台计十三座，左有阳秋旧馆，右有微尘书斋，外有双桂别墅。"而这一建筑群在古今地方志中均已失载。

（6）从"庚辰会试，江行"可知，这是汤显祖第四次参加会试。这次

---

① 郡太守古公：清光绪《抚州府志》之《职官·名宦》载："古之贤，字士希，梁山人。万历五年以户部郎知抚州。即募工筑千金堤，动费有节，逾年堤成，民便利之。年虽少尤精吏职，卧阁而理。上计时治行冠江右。"

② 诔：lěi，叙述死者生前事迹，表示哀悼，亦即为谥法所本，即今之致悼词。

③ 帅机：《汤义玉茗堂集序》，见毛效同编：《汤显祖研究资料汇编》，上海古籍出版社 1986 年版，第 341 页。

④ 汤显祖：《阳秋馆诗赋选序》，见徐朔方笺校：《汤显祖全集》，北京古籍出版社 1999 年版，第 1142 页。

会试，因他再次拒绝当朝首辅张居正的延请而落第。“江行”遇险，绘声绘色的描述，填补了以往的研究资料中，未有汤显祖参加会试情形的空白。

（7）从“己卯秋，病不起。……甲午冬，克葬于县东十五里外之原。时显祖在浙归”句，可知汤显祖祖母去世15年后才安葬在市郊。其安葬时，汤显祖从遂昌县令位上回了一次家乡。这也为勘析《望乡哭弟儒祖》诗提供了直接的文献依据。诗曰：“肠断双亲两鬓花，春归何忍带乌纱。孤飞一岁乔林晓，提着噍哓怕近家。”徐朔方先生笺：“据《文昌汤氏宗谱》，八月十二日，同母弟儒祖卒”而推断此诗“作于万历二十二年甲午秋”①。由于此诗对儒祖去世时间的断定，而涉及其次子维岳由显祖抚育的年龄计算问题，所以它的勘析显得重要了起来。广州海洋大学的刘世杰教授认为徐先生的推断缺乏直接的依据而认为此诗作于“万历二十二年春天”，他推断儒祖的去世时间是“万历二十一年八月十二日”②，此年维岳4岁。《魏铭》的“时显祖在浙归”，直接敲定了《望乡哭弟儒祖》作于万历二十二年秋，从而证明儒祖的去世时间确实是万历二十二八月十二日。维岳时年14岁，无疑。

（8）在《文昌汤氏宗谱》中，记载了灵芝园400余年来共安葬的70余位先人，但具体分布并不清楚。从《魏铭》云：“吾祖文德公、友信公之藏远矣，以次祖妣皆合于近园，惟西塘公之茔也独。其上三四尺则伯清公与妣艾也，子高公与妣亦艾也，而廷用公与妣郑，则前左而丈余皆祔。”这段话为文昌汤氏家族墓园早期代表人物的墓葬分布情况，提供了准确的信息，对保护墓园提供了依据。

（9）从“且吾祖茔产芝，而吾成进士则其吉也”句可知，灵芝园的名称来自于祖父坟茔确实生长过真实的灵芝，其时间在汤显祖中进士之前。而

① 徐朔方笺校：《汤显祖全集》，北京古籍出版社1999年版，第485页。

② 刘世杰：《汤显祖从子维岳考》，见抚州汤显祖国际研究中心编：《2019汤显祖国际学术论坛论文集》，第273页。

且从《魏铭》中的“吾祖文德公、友信公之藏远矣，以次祖妣皆合于近园”，《明故西塘汤君墓志铭》“卜葬于后园”，再到《祖母魏夫人迁祔灵芝园墓志铭》，其“近园”“后园”“灵芝园”，很好地解释了文昌汤氏宗族墓园名称的变化过程。

（10）“丙午长至，祖母复见梦，曰：‘余冻甚。’内人傅亟为反榻以坐，更衣絮，卧之床。”这段话不仅描绘了对祖母的思念，而且在对傅氏夫人听说梦境之后的一系列动作的描写，从而将傅氏笃信佛教的虔诚形态生动地刻画了出来。并可与后来王思任的长诗“绣佛非为佞”[①]之诗句形成互证。

三、提供了文昌汤氏西塘支人口繁衍的静态实况

《魏铭》的文献价值还体现在它提供了文昌汤氏西塘支1606年时的繁衍状况，是研究汤显祖家族人口状况难得的史料。此文字表述非常清晰，无需解释，故以图表方式展示于下后（见本文附录一）。

四、姻亲考析

在《魏铭》中可以得知，汤显祖的儿女，包括由二夫人赵氏抚育，“教养婚娶无异己出”的从子维岳，均与临川的地方名流联姻，这决不是巧合，而在一定程度上反映了临川晚明社会士大夫阶层的一种社会风俗，对研究汤显祖晚年的社会交往，以及居家生活都具有重要的意义。

① 王思任：《寿汤母傅太夫人六十二十二韻》，见毛效同编：《汤显祖研究资料汇编》，上海古籍出版社1986年版，第129页。

（1）二儿太耆娶举人钱孔中女。

太耆，亦称大耆，显祖之次子，母吴氏，宗谱中的《若士公行传》又称“士耆”。生于明万历八年（1580）二月初十日子时，卒于清康熙四年（1665）二月十五日丑时。履试京闱不第，谒选得徐州同知，抚恤周至，处事明断，士民德之。职满寻请归养，杜迹不交。

太耆谒选得徐州同知考：清同治《徐州府志》卷六《职官表》，整个明代期间，同知中无一汤姓；而在州判栏中则有：汤大耆，临川人（亦无任职年号标注）。疑谱记有误。太耆应是曾任徐州州判[①]一职。

举人钱孔中（生卒不详）：清光绪《抚州府志》卷四十三《选举·举人》：万历四年（1576），钱孔中。

（2）三儿开远娶提学副使东乡王志女。

开远，字叔宁，号谷灵。显祖三子，母傅氏。生于明万历十五年（1587），卒于明崇祯十三年（1640）。登明万历四十三年（1615）科乡进士，历官安庐道监军有功，朝议将用为河南巡抚时卒，赠太仆少卿。《明史》有传。

开远岳父王志，字心盘，东乡县黎墟人，明万历十四年（1586）进士，初授工部主事，榷浙税额供外，毫无染己。擢兴泉佥事，值倭警，至区画战守机宜，倭不敢犯。郡势家诬讼人，开府欲戍之。志曰：“枉矣。”开府曰：“戍一人，何遂为枉。”志曰：“枉一人不足惜，奈毁法何意得释？”晋备兵松潘卫，饬居民毋，开衅而绳，诸番以法有卫卒，献金为寿。志曰：是赏我也，却不受。卫人举酒相贺。督学四川，寻调广东，清军驿传道，官终云南参政。卒祀乡贤。

（3）四儿开先聘刑部主事周献臣女。

开先，字季云，号潭庵，若士公第六子，生卒无考。据笔者推算，开

---

① 州判，官名，“知州”之佐官。全称“州通判”。清代州判分掌粮运及农田水利之事务。见赵德义、汪兴明主编：《中国历代官称辞典》，团结出版社1999年版，第495、388页。

先出生不会早于1597年春出生的第五子吕儿，去世应在1625年接待过父亲汤显祖的好友王思任之后，生年约30岁。无后嗣。

《文昌汤氏宗谱》中载有汤显祖学生、明末“临川四大才子”之一的罗万藻撰写的《潭庵公传》:“天启辛酉贡子南宫，同时肄业太学者，无不推服，揭君竹万，以可大用。荐于朝，未行而殁。著有《潭庵诗赋》二卷，行世郡邑。”

开先岳父周献臣：清同治《临川县志》有传：“周献臣，字窾六，万历丙戌进士。为诸生时，尝著《辨奸论》，辞理精赡黏之，学宫士争传写，浃月乃罢。仕为太康县知县，省刑简讼，差粮督令，里户自收，自解监司交焉。入京以书，馈不通御史，驳核调简，献臣自具疏改教许州，道出太康，民不远百里遮道恸哭，至数千人。寻擢为国子监博士……出为推官历部郎，免归，年未四十也。……家置大瓮数百，钞撰群籍，网罗古今异言奇事，成书名曰《鸿乙通》，亦称《瓮书》。……卒年八十八，祀乡贤祠。”

（4）维岳娶举人易应昌妹。

从子维岳：显祖大弟儒祖次子，号山公。儒祖去世后，由显祖第二夫人赵氏抚养。生于明万历九年（1581），卒于清顺治十二年（1655）。登崇祯庚午（1630）科乡进士，任象山、南靖县邑令，癸未升广西南宁府司马，贰不赴。

1926年《象山县志》卷二十一《名宦传》：汤维岳，字生甫，临川举人，旌知县。廉明恺悌，尝修学宫，筑南堤桥；有白莲教煽动乡愚，捕其主者毙，枚下事遂息。善政，得民心，立像祀之。

维岳妻兄易应昌：字瑞芝，号白楼。由于《魏铭》作于明万历三十四年（1606），这年秋试易应昌中举，故称“举人易应昌”。明年即万历三十五年（1607），易应昌联捷进士。谒选瓯宁。据清同治《临川县志》卷三十九《人物·名臣·易应昌》:“岁大水漂没田庐，应昌拯其沦，胥力不少，懈怠使者，按部偶以他事相拂，既持冠去。使者廉其治，状为八闽最……崇祯二年，起左佥都御史进左副都御史……福王时召复故官，迁工部右侍郎。年七十卒。

易应昌妹：《文昌汤氏宗谱》载："左都御史应昌公之妹生于明万历壬午年八月十二日子时，卒于清顺治甲午年十一月十八日丑时。子三孙将、孙绪、孙谋；女三……"

（5）女淑英，字参议徐仲佳次子呈虁。

女淑英：从《魏铭》"曾孙男一十八人、女一人……女淑英，京师傅氏出"得知，此时，祖母魏只有曾孙女一人，而此曾孙女即是汤显祖的第三夫人傅氏所生。嫁与徐仲佳之子呈虁。

参议徐仲佳：清同治《临川县志》："徐仲佳，字仲谦，父道明，嘉靖乙卯乡举，任新化松滋令，皆有廉声。仲佳万历壬辰进士，初主比部，事恤■江北，矜全二百四十余人备兵东川，杜马千乘，废立之争，平杨应龙叛逆之氛，监纪大兵飞挽不匮，大中丞李化龙疏列其功，特晋参议。"

徐仲佳次子呈虁。经查临川区罗针城前《金城徐氏宗谱》，此呈虁实名呈辉，生卒未详。从其《行传》"娶进士汤显祖先生之女，葬城壕山。继娶燕坊周氏，生子一，原寿；生女一，适田西曾"可以得知，淑英未有后嗣。

附录一

文昌汤懋昭后代繁衍图示

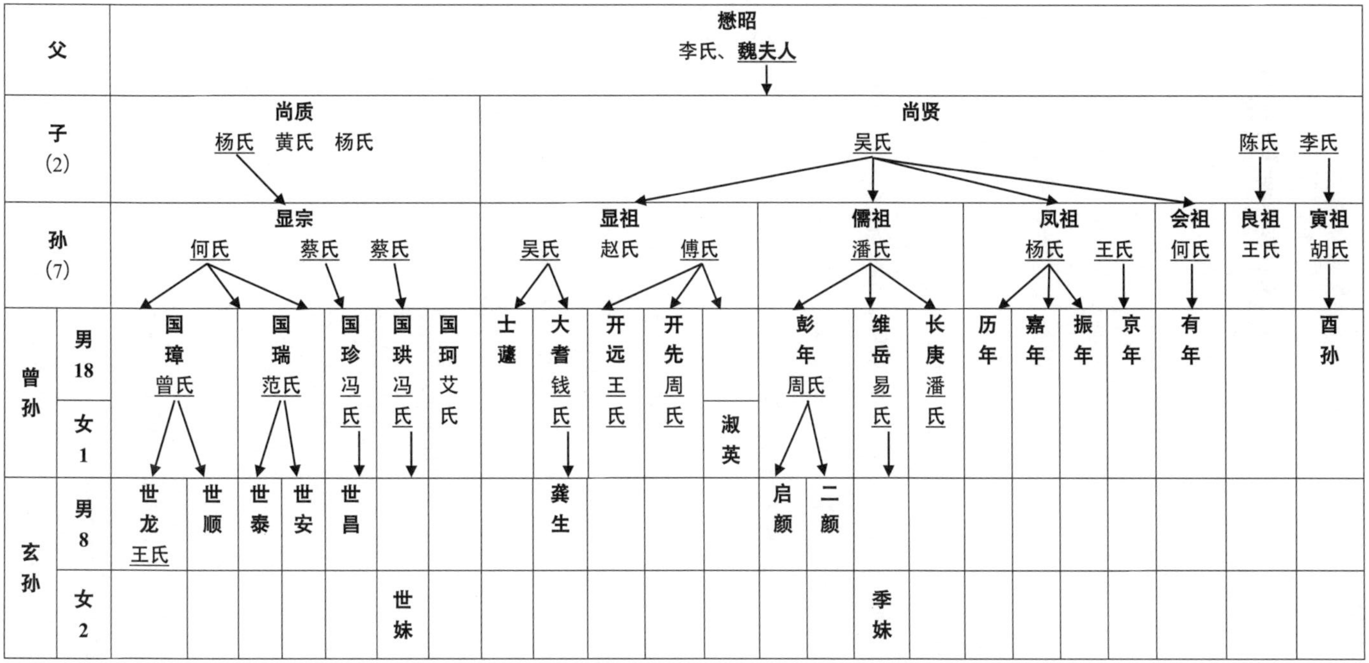

注：根据《祖母魏夫人迁祔灵芝园墓志铭》绘制。

附录二：

祖母魏夫人迁祔灵芝园墓志铭

我祖母魏，郡城福民街魏公鹗女，而我祖酉塘公懋昭君配也。公以诸生为祖子高公爱孙，一意孝谨为善。诸异母弟有不若者，常流泪自责。遇乞人于途，必拱而过之。喜诗书，尊贤拊众，醇如也。祖母继李孺人为室，振以端严。逮事廷用公瑄，以孝助公，以仁而宜家，以敬下至产畜园池之入，必以躬亲。诸娣姒常以节岁宴玩，祖母谨祀先，如礼讫，闭户坐，凝如也。佳客文士至，则脱簪珥，市厨具，必腆以精。抚子妇诸孙，慈而有礼，视明而听察，色毅而言庄。每自操刀匕，群婢子不敢前也。坐于堂，诸保媪不敢近也。至于今，遂以严净为家法。吾祖、吾父得以诸生，强立于有司乡士大夫之间，吾伯父得为乡长者，而各以长寿宜子孙，皆祖母劳思之力焉。

诸孙中最爱显祖，能读书，十四岁为诸生，尚为护视卧起。弱而冠，中庚午乡举。壬申岁除灾，祖母泣营于毁室，不忍去也。岁丁丑，泫然而悲曰："室可更为之。独诏所旌立子高公义门，非郡县力不可复。"显祖请诸校，校以上郡太守古公，行复之。则喜动颜色曰："孙必以进士大吾门矣。"己卯秋，病不起。太守以下皆临，异数也。文士帅机为之诔。

庚辰会试，江行，显祖夜出旨蓄饮，同年士钟某，视覆纸皆祖母标识，因咽泣不自胜，而钟某亦幼失母，感动流涕咽塞。罢就寝，朔风甚，舟儿乃醉。往五拍拖鼓发舟，有北船雄疾以来，横当之，舟碎。一舟人卧熟不知也。赖吾与钟以悲伤故，不能寐，闻水声，起促火走别艇以免。一舟人惊谢曰："老夫人之灵以济也。"

癸未，予成进士。甲午冬，克葬于县东十五里外之原。时显祖在浙归，而形家言，水法非吉，急无可迁者。显祖为卜祔得坎之行有尚，而请于父、伯父曰："吾祖文德公、友信公之藏远矣，以次祖妣皆合于近园，惟酉塘公之茔也独。其上三四尺则伯清公与妣艾也，子高公与妣亦艾也，而廷用公与妣郑，则前左而丈余皆祔。且吾祖茔产芝，而吾成进士则其吉也。祔之宜吉，且无至远，吾祖母于外而诸孙得毕上冢便。"父谂于伯父，以为然。丙午长至，祖母复见梦，曰："余冻甚。"内人傅亟为反榻以坐，更衣絮，卧之床。遂决迁。以十二月二十乙日之卯吉，奉以归祔公茔之左尺余。礼也。

祖母生弘治戊申闰正月初十日戌时，卒万历己卯七月二十二日亥时，享年九十有二。子二，长尚质；次敕封南京太常寺博士尚贤。尚质娶杨氏，继黄氏、杨氏；尚贤娶广溪吴公频女。男孙七：显宗为尚质先室杨氏出；而尚贤子显祖、儒祖、凤祖、会祖，俱敕封吴孺人出；庶子良祖，陈氏出；寅祖，李氏出。曾孙男一十八人、女一人。显宗之子国璋、国瑞、国珍，先室何氏出；国珙，继室蔡氏出；国珂，妾蔡氏出；显祖之子士蘧、太耆，先室东乡吴州守公槐之孙女吴孺人出也；庶子开远、开先，女淑英，京师傅氏出；儒祖出为再从父尚贵，后娶潘氏，生彭年、维岳、长庚；凤祖娶杨氏，生历年、嘉年、振年，妾南都王氏，生京年；会祖娶何氏，生有年；良祖娶王氏，寅祖娶胡氏，生酉孙。玄孙男八、女二：而国璋娶曾氏，生世龙、世顺；国瑞娶范氏，生世泰、世安；国珍娶冯氏，生世昌；国珙娶冯氏，生女世妹；国珂聘艾氏；而彭年娶周氏，生启颜、二颜；太耆娶举人钱孔中女，生龚生；维岳娶举人易应昌妹，生女季妹；长庚娶潘氏，殇。中惟显祖以进士授南太常博士，主礼部祠祭司事，疏论时政，谪尉徐闻，移令平昌。凤祖、士蘧、太耆南太学生，士蘧高才而殇，无后；寅祖、彭年、维岳、开远皆诸生。开远娶提学副使、东乡王志女；开先聘刑部主事周献臣女；女淑英，字参议徐仲佳次子呈夔；而世龙亦已聘王氏。曾、玄无不秉礼受书，世其大矣。显祖谨铭，铭曰：

著代由兴，魏为大名。曰魏夫人，来降其灵。匪富而家，严君是承。生长教训，必躬必诚。绸纬布经，丝车夜鸣。度几裁牲，鸾刀中声。庭奥修窈，园池肃清。尝蒸孔夙，承筐是竞。不怒而威，必戒而成。贞良顺比，邪妮隐屏。维家之则，逾耋而明。载其矜庄，以被云仍。徽毗艾郑，乃远其茔。我时勤思，告祔叶贞。习坎已信，用往而宁。有园葱菁，华芝载荣。祖遇其妣，永保后生。

大明万历岁在丙午嘉平吉旦

孝孙显祖泣血立石

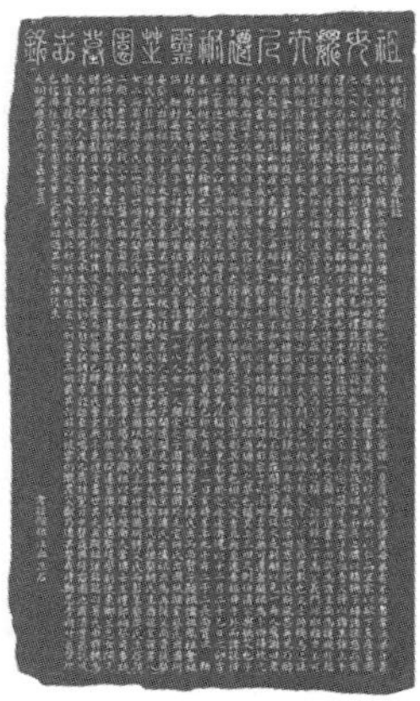

祖母魏夫人迁祔灵芝园墓志铭

碑石高 78 厘米，宽 45 厘米。版心高 70 厘米，宽 44 厘米。

汤显祖婚育考

历史人物婚育状况的文献，不仅是研究该人生平经历的重要内容，也是研究该人思想的重要来源。然而至今为此，对汤显祖婚育情况的文献资料进行专门、系统的研究还未曾有过，因而存在不少的悬疑。本文试图以临川文昌里汤显祖家族墓园发掘出土的六方《墓志铭》等文献为依据，对汤显祖的婚育状况做一探讨。下面先从《文昌汤氏宗谱》中《若士公行传》的相关记载分析入手：

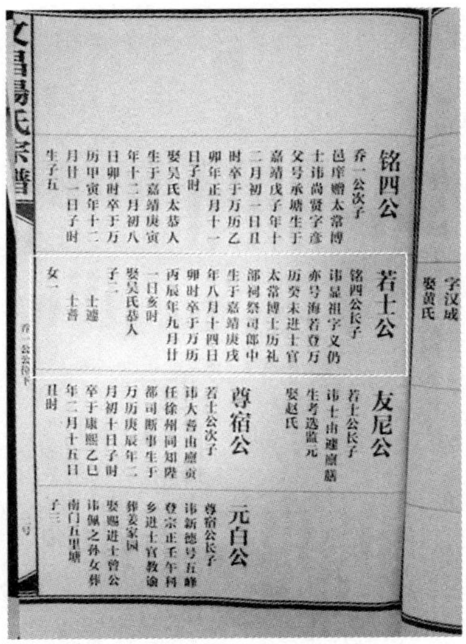

《文昌汤氏宗谱》内页《若士公行传》

娶吴氏恭人，子二：士蘧、士耆；女一：配吉水状元刘同升。继娶赵氏，抚侄维岳。又继娶傅氏，子二：开远、开先。公妣俱葬灵芝园。《玉茗集》悼儿诗尚有：西儿七岁，殇；吕儿二岁，殀；女詹秀，殀。

此段关于汤显祖婚育情况的介绍，言简意赅，很好地展现了汤显祖的婚育情况，尤其是“继娶赵氏”四字，成为了汤显祖第二夫人姓氏的唯一证据。[①] 但此行传也存有错误之处，如将赵氏夫人生育、配吉水刘同升的女儿詹秀，误以为吴夫人生育。若与新出土的墓志铭提供的信息对比，更是存在着一定的讹舛。

一、吴氏夫人

首先，族谱中将汤显祖的原配夫人称作“恭人”，这应是后人枉改。按照明朝礼制规定，只有四品官员之妻才能封为恭人。而汤显祖获封时是七品的太常寺博士，所以其夫人只能获“孺人”的封号。由于朝廷颁发汤显祖家人封号时吴氏已经去世，在其封号之前还加了一个“赠”字，以示生者与逝者的区别，所以吴氏夫人的墓志铭为《明敕赠吴孺人墓志铭》。

由汤显祖亲撰的《明敕赠吴孺人墓志铭》得知：吴孺人名玉瑛（1554—1585），东乡区塔桥人。“童子春年戏，孙公漱石情。”[②] 汤显祖 13 岁拜徐良傅为师学习古文时，当时玉瑛的父亲长城君在徐先生那里看到了小显祖，很是欣赏，指定要将女儿许配给他。明隆庆三年（1569），20 岁的汤显祖将玉瑛迎娶进门，玉瑛虚龄不过 16 岁。进门后的第三年除夕，遇到火灾，从此处境十分艰难。“壬申除夕火，从余母、吴孺人，于乡于城三徙。初举女元英、元祥，殇。举男子士蘧、大耆，年已三十矣”[③]，可以看出，壬申火灾后，汤显祖一家居无定所，非常艰难。同时也明白无误地交代吴氏夫人是先生两女，后举两男。有诗为证：

---

① 徐朔方：《汤显祖年谱》：万历五年（1577），“再娶赵夫人。夫人姓氏据《宗谱》”，上海古籍出版社 1980 年版，第 37 页。

② 汤显祖：《游碧涧同外父》，见徐朔方校笺：《汤显祖全集》，北京古籍出版社 1999 年版，第 28 页。

③ 汤显祖：《明勅赠吴孺人墓志铭》，见本文附录。

哭女元祥元英①

徒言父母至恩亲，叹我曾无儿女仁。隔院啼声挥即住，连廊戏逐避还嗔。

周星并是从人乳，四岁何曾傍我身。不道竟成无限恨，金环再觅在谁人？

然而徐朔方先生则从这首诗中读出，吴氏在“举男子士蘧、大耆”②之前，“已连举三女”。徐先生说：

万历五年丁丑（1577）二十八岁。再娶赵夫人，夫人姓氏据《家谱》。卷十一《问棘邮草》卷上《以诗代书奉寄举主张龙峯令弟封都水》：“山妻唯女息，买妾望男祥。”同书卷下《哭女儿元祥元英》：“周星并是从人乳，四岁何曾傍我身。”《问棘邮草》大抵按作品的先后排列，此诗可能作于本年。果尔，则是元祥四岁，元英二岁，先后早殇。按，隆庆六年，显祖已有一女，至此吴氏夫人已连举三女矣。③

临川区华溪良岚村

---

① 徐朔方校笺：《汤显祖全集》，北京古籍出版社1999年版，第123页。

② 汤显祖：子汤大耆，亦称太耆，《文昌汤氏宗谱·若士公行传》又称士耆。

③ 徐朔方：《汤显祖年谱》，上海古籍出版社1980年版，第37页。

徐先生说的“隆庆六年，显祖已有一女”，其依据是汤显祖晚年的一首诗作：

辛丑社日至良岗，忆壬申数年事，泫然口号[①]

十上曾归此读书，病妻羸女正愁予。重来眷属俱黄土，夜雨灯花洒泪初。

这是一首即景诗。“辛丑”即明万历二十九年（1601）社日这一天，作者来到良岗，想起隆庆六年（1572）壬申大火以后，十年无定所，自己就是在这里读书，博取进士功名的。那时妻子生病，女儿身体羸弱，愁得要死。如今真想重新来一回，可是她们都已成了一杯黄土。想起当初的情形，心里就像雨夜油灯里的灯花，跳动不停。沈际飞评论此诗是“读者潸然”，很是贴切。诗中告诉了这样一条信息，壬申大火之后，吴夫人身体不好，还要哺育羸弱的女儿。那么能否就此认定，在“隆庆六年”汤显祖就“已有一女”呢？显然是非常牵强的。

因为从诗题看，“忆壬申数年事”，是指“壬申”以后数年的事情，而不仅仅是壬申这一年。如此，以诗作《哭女儿元祥元英》的写作时间为明万历五年（1577）推算，诗句“周星并是从人乳，四岁何曾傍我身”，交代了二女儿刚满周岁，大女儿四岁，往前推四年则为 1573 年，即是壬申火灾后的第一年，汤显祖的大女儿出生。所以诗句中的“病妻羸女”应当是指初生女儿元祥，而非另有其人。特别是该诗作五年后的 1606 年 12 月，汤显祖将祖母魏夫人与妻子吴孺人的坟墓迁葬到家族墓地灵芝园，亲笔撰写魏夫人以及吴孺人的墓志铭，亦无已举“三女”之说。如果在元祥之前还有一女的话，想必墓志铭是不会仅写“初举女元英、元祥，殇。”也就是说，

① 徐朔方校笺：《汤显祖全集》，北京古籍出版社 1999 年版，第 611 页。

汤大耆、汤开远后裔居住地：现临川区云山镇高桥圳上汤家村

徐先生认为的“连举三女”的推测，现在看来难以成立。

继元祥、元英两女早殇之后的明万历六年（1578）冬，汤显祖长子士蘧出生，又三年，二儿士耆（大耆）出生，吴夫人时年27岁，按照临川习俗，虚龄已近30矣。长子士蘧“才名动世，竟以性气不伦，殇于南雍”[①]，年仅23岁；二儿士耆（大耆）“履试京闱不第，谒选得徐州同知[②]，抚恤周至，处事明断，士民德之。职满寻请归养，杜迹不交”[③]。据《文昌汤氏宗谱》载：大耆生于明万历庚辰（1580），卒于清康熙乙巳（1665），享年86岁。

二、傅氏夫人

傅氏是汤显祖中进士之后，在北京观政期间娶的第三位夫人，“父傅淳，盛德士也。母萧，京师人”[④]。在这里需要甄别的是，很多的作品都认为其时吴氏夫人已经去世，所以娶傅氏。如徐朔方先生的《汤显祖年谱》认为：明

① 汤显祖：《明勅赠吴孺人墓志铭》，见本书附录。

② 查《徐州府志》卷六《职官表》，整个明代期间，同知中无一汤姓；而在州判栏中有：汤大耆，临川人（亦无任职年号标注）。疑汤氏宗谱记载有误。

③ 《文昌汤氏宗谱·尊宿公传》。

④ 徐朔方校笺：《汤显祖全集》，北京古籍出版社1999年版，第953页。

万历十一年（1583），“吴氏夫人卒于临川……续娶傅氏夫人或是年事”[①]。新出土的《明敕赠吴孺人墓志铭》清楚地记载了，吴氏“殁乙酉年十二月初十日巳”。吴氏在去世前还到过南京：“癸未春，而余第。遣迎，则孺人且重伤。甲申冬十二月，强起至南太常官舍，益嗽瘠蕴热不自禁。”一年后吴氏在临川去世。因此，是傅氏陪伴汤显祖经历了最为辉煌的宦游时期，也陪伴着汤显祖走过了最为落魄的晚年，直到生命的终点。然而傅氏嫁与汤显祖时芳龄几何？却没有记载。于是近些年来便有了龚重谟先生在《汤显祖大传》中所称的“14 岁”之说[②]，也有刘世杰教授的傅氏夫人“生于嘉靖四十三年七月十六日，阳历是1564 年 8 月 22 日”，出嫁时“19 周岁”[③]。两位学者的说、论是否正确呢？笔者重新进行了一番考证如下。

（一）王思任《寿汤母傅太夫人六十，二十二韵，海若先生维配》[④]诗作时间考

王思任的这首诗作，是推考傅氏夫人嫁与汤显祖时芳龄的唯一依据，为此，有必要对王思任为何会作此诗先做一考究。

王思任（1575—1646），字季重，号遂东，晚年号谑庵，浙江山阴（今绍兴）人，明代文学家。王思任 8 岁时，父亲“选得益府（抚州建昌藩王益王府）良医。舟行……”从北京来到了建昌府（今抚州市南城县）。9 岁“从临川师吴闻所，得其讲喻，是年行文能全体”。11 岁“公携往见罗近溪（罗汝芳）……近溪奖曰：何来一圣童”。13 岁“公率先生（注：公指王思任父亲，先生指王思任）遍游二姑、石门、蛟水之胜，归即觅棹仍返京”[⑤]。王任

---

① 徐朔方：《汤显祖年谱》，上海古籍出版社 1980 年版，第 55 页。

② 龚重谟：《汤显祖大传》修订版，上海人民出版社 2015 年版，第 86 页。

③ 刘世杰：《汤显祖第三夫人傅氏考》，《汤显祖莎士比亚文化的传承与影响论文集》，中国遂昌，2018 年 9 月 27 日，第 62 页。

④ 王思任：《寿汤母傅太夫人六十二十二韻》，见毛效同编：《汤显祖研究资料汇编》，上海古籍出版社 1986 年版，第 129 页。

⑤ 清初刻本《王季重先生自叙年谱》。

重从 8 岁至 13 岁，在抚州建昌、临川度过了六年美好的童年时光。不知是否与这段抚州生活的经历有关，比汤显祖小 25 岁的王思任与汤显祖结下了忘年交。

他们的交往始于汤显祖在遂昌任县令期间。这在王思任应汤显祖之子汤开远之请所作《题汤若士小像》后注有载：“匡庐万八千丈，玉茗六十七年，豫章之贵抉破洪蒙矣。叔宁至越，以先生小像索题人琴忽涕，恍是遂昌仙令晤玄都观也。”① 明万历二十五年（1597）王思任母丧。他去信请求汤显祖为先母撰写墓志铭。汤显祖在万历二十七年（1599）的《答山阴王遂东》云：“重以太夫人徽音之示，佳状琳琅披文相质，易以应命，附名碑阴不朽，良幸。”② 由此可知，汤显祖如约撰写了墓志铭。明万历三十八年到三十九年间（1610—1611），王思任又请汤显祖为自己的文字作序，汤显祖仍欣然应允，撰写了《王季重先生小题文字序》一文，对王思任赞赏有加：“若季重者，五岁遍受五经，十岁恣为文章，二十成进士，盖代之才也。而天亦若有以异之。”③

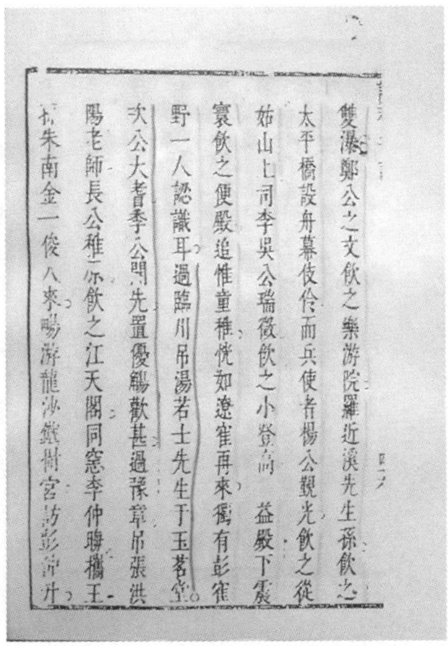
雙瀑鄭公之文飲之樂游院羅近溪先生孫飲之
太平橋設舟幕伎伶而兵使者楊公覲光飲之從
姑山臣司李吳公瑞徵飲之小登高　益殿下震
寰飲之便殿追惟童稚恍如遼隺再來獨有彭隺
野一人認識耳過臨川吊湯若士先生于玉茗堂
次公大耆李公明先置優觴歡甚過豫章吊張洪
陽老師長公稚[illegible]飲之江天閣同窓李仲聊攜王
[illegible]朱南金一傻八來觴游龍沙鐵柱宮訪彭[illegible]升

清初刻本《王季重先生自叙年谱》内页

汤显祖去世后，王思任与汤显祖的关系并没有断。明天启三年（1623），王思任撰写《批点玉茗堂牡丹亭词叙》，序中称：“《邯郸》，仙也；《南柯》，佛也；《紫钗》，侠也；《牡丹亭》，情也。若士以为情不可以论理，死不足以尽情，百千情事，一死而止，则情莫有深于阿

① 《王季重集》，浙江古籍出版社 2012 年版，第 253 页。

② 徐朔方校笺：《汤显祖全集》，北京古籍出版社 1999 年版，第 1394 页。

③ 同上书，第 1134 页。

丽者矣。”[①] 对汤显祖的“临川四梦”给予极高的评价。明天启五年（1625），王思任为还母亲心愿，来到抚州南城“看麻姑双瀑”。“罗近溪先生孙饮之太平桥，设舟幕伎伶；而兵使者杨公觐光饮之从姑山；上司李吴瑞征饮之小登高益（王）殿；下震寰饮之便殿，追惟童趣，恍如辽雀再来，独有彭雀野一人认识耳。过临川吊汤若士先生于玉茗堂，次公大耆、季公开先，置优觞欢甚。”[②]

（二）傅氏嫁与汤显祖时芳龄考

也就是这次抚州临川之行，王思任应邀作下了《寿汤母傅太夫人六十，二十二韵，海若先生维配》，为后人研究傅氏留下了宝贵的文献资料。[③]

> 方幅宁常配？文章若士姝。家宜作砺相，世本执金吾。锦字无情惋，贫装止俭粗。帚箕愁结驷，餐壁解窥狐。夺烛焚阴牍，漂舟念恸途。锾明裸下玉，戏损口中珠。厌胜当熊急，规祥货衍图。团栾迁俗例，英育起新模。匹嫡开三凤，专哺翊二雏。伯宗终不达，孙贯是遗孤。截发留贤客，帷纱对讲徒。纪纲恒刈莠，劳瘠欲甘荼。绣佛非为佞，函人若集枯。德滋槐久茂，馥郁桂先敷。章薮卿材并，烟楼国栋俱。称雄调甚有，最小识之无。燕喜歌谖背，龙光兆翟褕。瓜同秋月大，酒介蠡湖输。庚乙初周甲，颐观是乐需。起居诸子座，挥斥侍儿扶。司户三封郡，摩耶千寿都。王平仍外拟，端往叩麻姑。

作为祝寿诗，多是奉承话，但也透露出不少鲜为人知的信息。诗句中的“匹嫡开三凤”之“匹嫡”喻指庶子地位与嫡子相同，“凤”喻指男儿，“三凤”指汤若士有嫡子大耆，庶子开远、开先三个儿子。说的是他们与傅氏相

① 《王季重集》，浙江古籍出版社 2012 年版，第 33 页。

② 清初刻本《王季重先生自叙年谱》。

③ 《王季重集》，浙江古籍出版社 2012 年版，第 244 页。

处都是亲密无间。“绣佛非为佞”，则将傅氏一心向佛的人生信条描绘了出来。“庚乙初周甲”，“庚”指的是年岁，“乙”指的是干支纪年，“甲”指的是花甲之龄，即60岁。“初周甲”来自于临川民间恭维老人长寿的祝词“120岁”，即两个花甲之龄的第一个花甲。由此换算，明天启五年（1625）是干支乙丑年，往前推算60年，傅氏出生于1565年。汤显祖中进士是明万历十一年（1583），即傅氏嫁与汤显祖时，芳龄当为18岁。

前面提到过，广东海洋大学刘世杰教授在《汤显祖第三夫人傅氏考》一文中推断傅氏夫人“生于嘉靖四十三年七月十六日，阳历是1564年8月22日”，嫁与汤显祖时“19周岁”。这与笔者的结论相差整整一岁，错在哪里呢？刘教授在文章中是这样分析的：“‘庚乙初周甲’，这句诗是说，傅氏已经是一甲子之年岁了……诗中‘庚乙’，就是指‘岁逢乙年’恰好六十岁”[①]。应该说，这个时候，刘教授推论还是正确的，然而，接下来就出现了偏差：“假设‘逢乙’之年，是周岁1岁，那么傅氏必定生于‘逢乙’之岁的前一年，也就是‘逢甲’之年是傅氏的生年。”如此由“逢乙”变成了“逢甲”，而在《六十干支序列表》中，所有天干“乙”当头的干支之前的排序，都是“甲”当头的干支。如“乙丑”之前是“甲子”，“已亥”之前是“甲戌”等。由此看来，刘教授错误的原因，在于将原本喻指六十年一甲子的“周甲”，理解为天干之年的“甲”，因而将生年往前推了一年，使“庚乙初周甲”变成了“庚甲初周甲”了。

（三）傅氏生育考

《祖母魏夫人迁祔灵芝园墓志铭》载：“庶子开远、开先，女淑英，京师傅氏出。”说得明白无误，一清二楚。以下分别考之。

（1）开远生于何年？《文昌汤氏宗谱》载：“叔宁公，若士公三子。讳

① 《汤显祖莎士比亚文化的传承与影响论文集》，中国遂昌，2018年9月27日，第61页。

开远，号谷灵，登万历乙卯科乡进士。士历官安庐道[①]监军有功，朝议将用为河南巡抚，卒。赠太仆少卿。生于万历癸未年正月十二日子时。”

对开远生年较早提出疑义的是前辈徐朔方先生，他认为：开远应生于明万历十六年（1588）。“《宗谱》所载开远生年较此早五年，不可信。其故有三。第一，诗卷《过太常博士宅》：‘儿子此生成’，设如《宗谱》所载，开远生于万历癸未十一年（1583）正月十二日子时，时显祖未仕，则太常博士任无有生育事，与诗不合（幼子开先生卒无考，但必须在吕儿之后，见本谱万历二十四年）。第二，开远与詹秀俱此年生（不同母），故诗卷一（九）《送徐民部北奏归觐诗》云：‘娟娟我两雏。’第三，诗卷十五《少妇叹》云：‘长安少女嫁南郎’，此即开远母傅氏。娶傅氏在三月举进士后，育儿于此前，于情理不合。”[②]应当说，徐先生的推论严密有序，非常正确，无须累考。

由上可知，开远应生于“娟娟我两雏”的诗作之年，即明万历十六年（1588），卒于明崇祯十三年（1640），享年 53 岁，《明史》有传。

（2）开先，谱名季云公，号潭庵，明天启元年（1621）选贡，《文昌汤氏宗谱》谓岁进士，肄业于太学。开先的生卒年无考。从汤显祖《戏答无怀周翁宗镐十首》诗“蚌老秋深欲吐珠，多男多事费踌躕。不须窦氏平攀桂，五柳分教守一株。（自注）：时蘧、耆、远、西，吕方在娠也。”[③]又据《第五子生》，吕儿生于明万历二十五年（1597）春。[④]也就是说，开先应当生于吕儿之后，是第六子。又王思任《自叙年谱》载，1625 年“过临川，吊汤若士先生于玉茗堂，次公大耆、季公开先，置优觞欢甚”。此时开先尚有活动。据此推算，开先出生不会早于 1597 年春，去世应在 1625 年与王思任“置优觞欢”之后，生年约 30 岁。娶赵氏，无后嗣。

---

① 《文昌汤氏宗谱》：“……历官安虚道监军有功”，“虚”错，应为“庐”，据《明史》改。

② 徐朔方：《汤显祖年谱》，上海古籍出版社 1980 年版，第 78 页。

③ 徐朔方校笺：《汤显祖全集》，北京古籍出版社 1999 年版，第 502 页。

④ 同上书，第 503 页。

（3）女淑英，这是在以往的汤显祖诗文中未曾有过的女儿的名字。从《祖母魏夫人迁祔灵芝园墓志铭》所载后代繁衍中可知，此时的淑英是汤显祖唯一出嫁的女儿。至于开先与淑英谁大谁小，无考。淑英许配临川徐仲佳次子呈蘷。经查临川区罗针城前《金城徐氏宗谱》，此呈蘷实名呈辉，生卒未详。其行传记“娶进士汤显祖先生之女，葬城壕山。继娶燕坊周氏，生子一，原寿；生女一，适田西曾”可以得知，淑英未有后嗣。

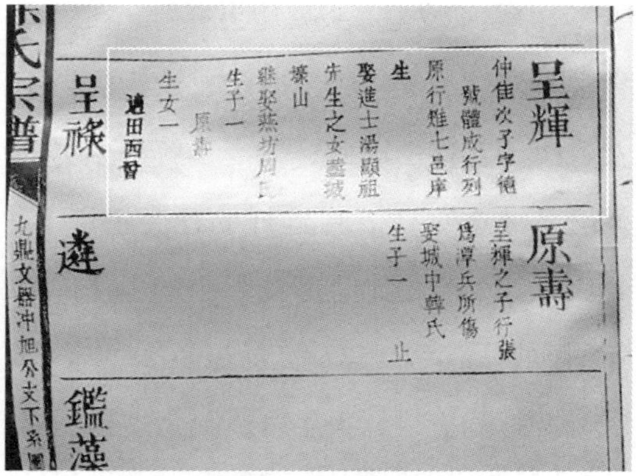
呈輝
仲佳次子字德
原行雉七邑庠
生
娶進士湯顯祖
先生之女葬城
壕山
繼娶燕坊周氏
生子一
原壽
生女一
適田西曾
原壽
呈輝之子行張
爲淳兵所傷
娶城中薛氏
生子一
止
呈祿

临川罗针城前《金城徐氏宗谱》

（4）“二女”。从汤显祖尺牍《复胡瑞芝司空为二女纳采作》可以得知，汤显祖还有一女名“二女”。据笔者考证，此女当是傅氏所生。具体见本文第四部分《“二女”考》。

三、赵氏夫人

赵氏是汤显祖的第二位夫人。由于关于赵氏的文献资料除了《文昌汤氏宗谱》中“继娶赵氏，抚侄维岳”外，别无其他记载，所以将其置于傅氏夫人之后讨论。

由于资料严重缺乏，赵氏夫人的生卒无考。但从汤显祖亲撰的《明敕赠吴孺人墓志铭》“孺人逝，而余惟傅居家”中可以推测，在1606年汤显祖撰写《明敕赠吴孺人墓志铭》之前，赵氏夫人已经去世了。这里需要提示的是，不能将“孺人逝”理解为万历十三年（1585）年吴儒人去世之时，而是之后的某一年，否则就无法解释汤显祖此后的生育情况了。

“山妻唯女息，买妾望男祥”[①]。在生育科学不发达的农耕经济时代，认为生男生女取决于女性。因此，纳妾是解决生男孩问题的主要办法。在这样的社会氛围下，赵氏以妾的身份走进了汤显祖的生活，时年明万历五年（1577），汤显祖28岁。从现有文献分析，赵氏生育情况是这样的：

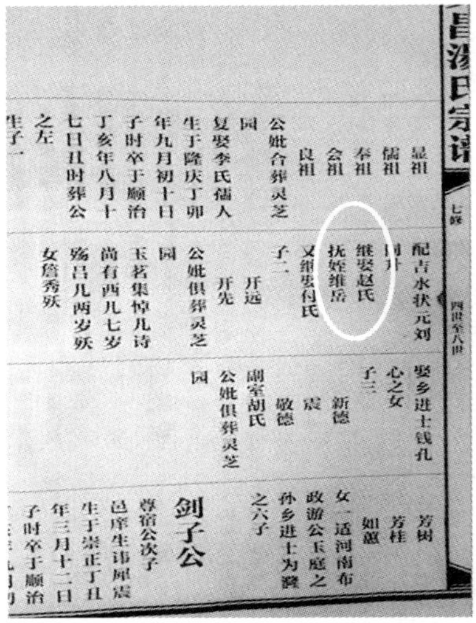

《文昌汤氏宗谱·若士公行传》

平昌哭殇女詹秀、七女二绝[②]

（序）詹秀产于詹事府，能读书。许字吉水刘祭酒应秋儿。瘟殇前一日，着红衣，正立，拜起别先祠。七女娠，梦双星掠喙而流，产以七夕，半期而殇。

死到明姑也不辞，要留人世作相思。伤心七岁斑斓女，解着襀红别祖祠。

古梦吞星即有灵，今当织女是何星。心知不合飞流云，泪洒苍茫河汉青。

据徐朔方先生考证，此诗作于明万历二十二年（1594）。詹秀生于明万历十六年（1588），生母是赵氏。与傅氏夫人生育的开远同年，与好友刘应秋的儿子刘同升(1587—1646）结下了娃娃亲。刘同升是明崇祯十年（1637）丁丑科状元。倘若詹秀不是7岁早殇，后来定是状元夫人的。七女产于七夕，所以称七女。“半期而殇”，指的是未满周岁而殇，七女的生母又是谁?

---

① 徐朔方校笺：《汤显祖全集》，北京古籍出版社1999年版，第46页。

② 同上书，第484页。

由于吴氏已于万历十三年十二月初十日去世，此时陪伴在汤显祖身边只有赵氏与傅氏两位夫人。而傅氏未曾有过生育七女的记载，故赵氏生育的可能性更大些。倘若如此，赵氏生育了两个女儿。

在汤显祖的诗文中，可知汤显祖还生育有西儿与吕儿两个男孩。

平昌哭两岁儿吕二绝，有序[①]

（序）吕儿秀慧甚。痘殇前，呼爹与茶点，云已是客。亡去，母为剪发留记。久之，苏，云：“阿姐，何得剪儿发？”恚起仆席，云当去某所，为子不佳。又云：“不舍阿爹处。”因起索抱，弄小香鼎而瞑。

殇儿慧绝转为人，去住无佳不奈尘。缕发误随肠断尽，得因金剪寄余嗔。

吕儿能说去来因，茶点香沾小幻身。毕竟灯残难丰久，风前回照白头亲。

七月念日移宅沙井，八月十九日殇我西儿，惨然成韵[②]

乍有杨云宅，童乌得几时。未知歌处所，先已哭于斯。兰玉阶何异，熊罴梦亦疑。绕枝无泪尽，不见旧巢儿。

上诗西儿 8 岁殇，吕儿 2 岁殇。两儿的母亲是傅氏还是赵氏？从诗面上很难分辨，史上也无人考证。笔者认为，西儿与吕儿的生母是赵氏的可能性较大。理由如下：

其一，从前面徐朔方先生所考，《送徐民部北奏归觐诗》“娟娟我两雏”，

① 徐朔方校笺：《汤显祖全集》，北京古籍出版社 1999 年版，第 521 页。

② 同上书，第 556 页。

指的是开远与詹秀同年出生。即开远为傅氏所生，詹秀为赵氏所生，无疑。同理，赵氏也就存在生育西儿与吕儿的可能。

其二，从吴氏所生育的两个男儿名士蘧、大耆（《文昌汤氏宗谱·若士公行传》称士耆），傅氏所生育两男儿名开远、开先，可以看到，都分别有一字相同。这决非是无意之举。这种分示是否意味着西儿与吕儿亦同为一母所生呢？可以肯定，他们不是吴氏所生。然若是傅氏所生，想必定会以"开"字当头。由此笔者认为，西儿与吕儿的生母应是赵氏，别无他选。

综上分析，赵氏与吴氏、傅氏一样，是一位生育过两儿两女的伟大的母亲。只是天妒英才，早早夺去了他们幼小的生命。在"母凭子贵"的中古时期，身份低下的赵氏，自然也就销声匿迹了。

四、"二女"考

通过前面的考证可知，至1606年汤显祖撰写《祖母魏夫人迁祔灵芝园墓志铭》时，他的三位夫人共生育了十一胎，其中男儿六人，女儿五人。男儿存活了大耆、开远、开先三人。然开先早亡，没有留下子嗣。大耆、开远的后裔们，现居住在临川区云山镇高桥圳上汤家村；女儿生育了五人，其中四人早殇，长大成人的只有淑英一人，嫁与临川罗针徐仲佳之子。然而，在《汤显祖全集》中，还有一名叫"二女"之女。有作者撰文说，20世纪70年代末发现的清康熙三十三年（1694）《汤显祖全集》家传残版的捐赀者阮氏兄弟，就是这"二女"的外孙。[①] 为此，有必要详考之。

（一）"二女"婚配考

"二女"出现在汤显祖写给金溪人胡桂芳的一封尺牍中：

---

① 万安飞：《义结亲家》，见刘国芳主编《永远的汤显祖》，百花洲文艺出版社2018年版，第29页。

复胡瑞芝司空为二女纳采作[①]

门下气含天粹，才应王明。起丹笔以筹七兵，枢垣望久；坐紫薇而阶一品，井络功高。畴若予工，营洛借贰都之重；选于众举，稽皋将九德之谐。信在国则公辅惟公，即承家亦相门有相。弟俯惟暗劣，仰忆光仪。舟楫同游，国士委金兰之契；庭阶异彩，都人谈玉树之奇。谅非偶而其地既同，故匪媒而自天作合。屈体势六卿之重，许姻盟二姓之欢。百里于飞，甫占凤锵而远耀；九霄而上，即看鹏翼以高翔。即松萝业已成言。欣承兑吉；在槐棘犹云备礼，弥觉谦尊。宁须后命为荣，已拜先施之辱。

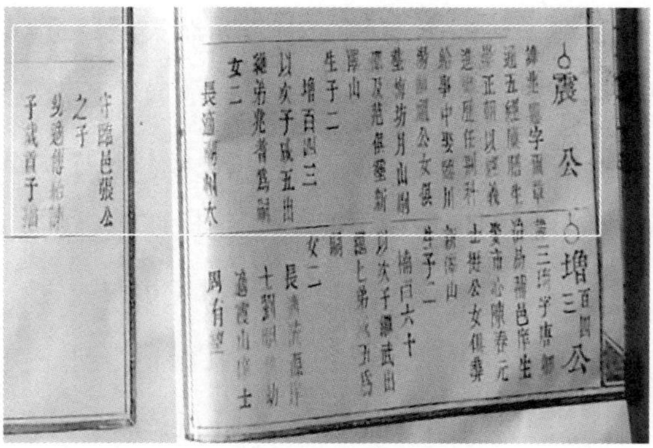

《胡氏宗谱》胡兆宪行传

古语道：婚姻大事是“父母之命，媒妁之言”。“纳采”就是“媒妁之言”，是汉民族婚俗中的一个特有的环节，即男方看中了女方后，必须托“媒婆”代表男方家庭前往女方家中提亲。若女方同意，则可继续进入“订婚”“结婚”等环节了。这封信函是时任朝廷工部右侍郎金溪胡桂芳（1553—1633），为儿子相媳，托媒婆上门提亲后，汤显祖以父亲的身份同意这门亲事而作出的回复。沈际飞评“畴若予工”六句云“古藻”。这说明信函的真实性是无须置疑的。据查，金溪县合市镇游垫村的《胡氏宗谱》载，胡桂芳共有六个儿子，分别是：兆武、兆安、兆康、海外（早卒）、兆宪、兆耆。汤显祖

① 徐朔方：《汤显祖全集》，北京古籍出版社 1999 年版，第 1511 页。

的“二女”嫁的是五儿兆宪：

> 震公，讳兆宪，字尔章，通五经，廪膳生，崇祯朝以经义进御，历任刑科给事中。娶临川汤显祖公女，俱葬梅坊月山。副邵及范，俱葬新泽山。生子二：增百四三，以次子咸五出继弟兆耆为嗣。女二：长适潮洲太守临邑张公之子，幼适傅给谏子、岁贡子播。

据载，兆宪还有副室夫人邵氏与范氏。共生有二子与二女，其长女嫁给曾任潮州太守、临川人张公；幼女许配给了傅给谏的儿子，岁贡生子播。

然而，这样一个活生生的“二女”，在汤显祖1606年所作《祖母魏夫人迁祔灵芝园墓志铭》中，竟然失载，此事大矣！那么，会不会是像汤显祖抚育大弟儒祖之子维岳一样“教养婚娶无异已出”的兄弟之女儿呢？翻遍宗谱以及其他文献，亦无此类记载。那么这就只有一种可能了，此“二女”是汤显祖在撰写祖母墓志铭之后所生，所以在《魏铭》上没有名字。因为此年汤显祖不到60岁，夫人傅氏更只是四十出头，生育应该没有问题。笔者的推测也可从汤显祖的信函题上得到证实。在《复胡瑞芝司空为二女纳采作》中“司空”之名称来分析，“司空”在明朝时期是工部尚书的别称，而胡桂芳任工部侍郎是在万历四十年（1612），所以，汤胡两家“纳采”应是在1612年以后之事。由于赵氏夫人已离世，“二女”的生母是傅氏无疑。如此算来，纳采时，“二女”最多只有六七岁，订的是娃娃亲。如同赵氏夫人生的女儿詹秀与吉安刘同升订下的亲事一样（此亲事由于因詹秀7岁时殇而夭折，但刘同升仍以子婿相称）。至于正式成亲则是以后的事情了。此时父亲汤显祖已经去世，只能是母亲傅氏一手操办了。

（二）汤显祖重外孙阮岘、阮嵩考

此问题的出现，缘于1979年抚州地区文化局干部龚重谟在汤显祖幼弟汤寅祖后裔居住村——抚北镇榆坊村，寻得32块《玉茗堂全集》木刻雕版而引发。消息传到上海复旦大学教授赵景深那里，赵老很快就在《文学遗产》1980年第3期发了一则消息《新发现的汤显祖家传全集残版》。赵先生说："经考证，这些残版是康熙三十三年汤显祖后代汤秀琦这一支翻刻的。"[①] 这一简短的消息在学术界尤其是汤学研究界引起了极大的关注。徐朔方先生在进行了深入研究后认为："汤显祖逝世后五年，友人韩敬编印了《汤显祖全集》""清康熙三十三年（1694）汤显祖外孙辈阮岘、阮嵩兄弟'取韩太史（敬）所次先生集，编摩考订，捐赀重梓'"[②]。徐先生认定捐赀重梓者是"汤显祖外孙辈阮岘、阮嵩兄弟"，依据有三：一是清康熙本卷首，陈石麟所作的《玉茗堂全集序》中有三处提到"阮子"："乃余戚阮子凌云正岳，欲倡明古学""今阮子能表章是集，非但有功于先生已也""有阮子其人，寿二编于枣梨，则先生之全见焉"[③]。二是同书中的汤显祖侄孙汤秀琦序："阮氏兄弟与先玉茗属外王父"[④]。三是同书还有阮岘、阮嵩兄弟序："先生乃岘兄弟外王父行也……重外孙阮岘、嵩同顿首谨识。"[⑤] 外王父者，曾外公也，那么，这称汤显祖为曾外公的阮氏兄弟，是汤显祖哪个女儿的外孙呢？

从前面已得知，汤显祖"大女"淑英许配给了临川徐仲佳次子呈夔，并没有留下后代。而"二女"嫁给金溪胡桂芳第五子胡兆宪，从其行传中得知，

① 转引自龚重谟：《汤显祖家传全集残版发现与寻找经过》，见《汤显祖第研究与辑佚》，海南出版社2009年版，第176页。

② 徐朔方：《关于汤氏藏〈玉茗堂集〉板片》，《论汤显祖及其他》，上海古籍出版社1983年版，第70页。

③ 陈石麟：《玉茗堂全集序》，见毛效同编：《汤显祖研究资料汇编》，上海古籍出版社1986年版，第495页。

④ 汤秀琦：《玉茗堂全集序》，见毛效同编：《汤显祖研究资料汇编》，上海古籍出版社1986年版，第496页。

⑤ 阮岘、阮嵩：《玉茗堂全集序》，见毛效同编：《汤显祖研究资料汇编》，上海古籍出版社1986年版，第500页。

胡兆宪育有两个女儿，假如这两个女儿都是汤显祖的“二女”所生，她们的婚配情况是：“长适潮州太守临邑张公之子，幼适傅给谏子、岁贡子播。”即长女嫁给了张姓，幼女许配给了傅姓，并无阮姓人家。由此看来，阮氏兄弟并非“二女”之外孙。那么这阮氏兄弟到底是何方神圣？笔者猜想无非存在这么几种可能。

一是“托名”。在临川亲戚之间的称谓中，凡是同辈之人，不论是否直系亲属，均可持一样的称呼。如汤显祖的重外孙称汤显祖为曾外公，其亲家的重外孙亦可称汤显祖为曾外公。循着这一习俗，笔者对汤显祖两个女儿的夫家兄弟女儿出嫁情况进行了逐一查对：淑英夫家兄弟四人，长兄呈祥“生女一，适进士官任吏科给事朱钦相之次子”，次子呈夔的女儿“适田西曾”，大弟呈禄没有女儿，幼弟奎祥“生女一，适东乡高坪乐”。“二女”夫家兄弟六人，其中长兄与四兄早卒，没有留下后代，二兄兆安“生女一，适蔡相国文格公次子”，三兄兆康没有女儿，弟兆耆“适六都全坊全郡守庭训之孙”，均没有发现与阮姓人家联姻的现象。唯有可疑的是胡桂芳自身有一女儿“适北市黄春元之子”。按照临川习俗，胡桂芳女儿的下一代亦可称汤显祖为外公，是否是胡桂芳女儿的女儿嫁与的是阮姓人家，无考。同时，笔者还试图对汤显祖本家兄弟女儿出嫁情况进行查考，发现整个文昌汤氏在汤显祖这一辈，其兄弟辈共有成年女儿四人：其中寅祖一女，寿祖一女，律祖二女，这四位女儿的再生育情况均无法寻找而无果。至于是否还有其他的“托名”现象，更是无法考证了。

二是既然汤显祖能在 1606 年（时年 57 岁）之后生下“二女”，难保也会接连生下“三女”“四女”。这也不是不可能的事情。也就是说，阮氏兄弟有可能是“三女”“四女”的外孙。

当然，上述种种猜想，在没有史料支撑的情况下，都只是无稽之谈。而真相只有待于新的发现，或者永远是个谜。但不管怎么说，把阮氏两兄弟硬扯到“二女”身上，就有点是不着边际了。

综上所述，汤显祖生育状况简略列表设于下：

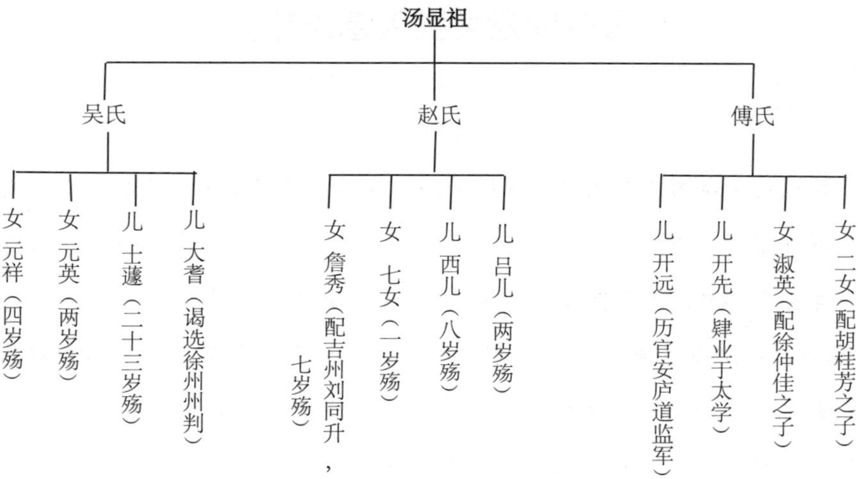

附录：

《明勅赠吴孺人墓志铭》

吴孺人小字玉瑛，东乡县塔桥吴知州槐第三男隐君长城女也。孺人生永州，别驾署中，慧而知书，为祖母饶、母张所贵爱。余癸亥岁，从游吏科给事徐公良傅之门，而长城君在焉。奇余，属以女。是岁，余以童子为诸生，颇有贵豪家强而婿余者，余不可。余且冠，亲迎，家大人为择宾，以周君孔教加冠焉，而以饶君崙宾，余以迎。后皆前后为同年官，至御史若中丞。初皆瘽然诸生也。过我，孺人常为具馆崙兄，而余或新中衣履袜以出，孺人必笑曰："当以敝衣决履见还。"余未解其语。比晓，而崙兄起常先，则有余之衣履行缠在焉。待余起，取崙兄敝衣履着之，殊适也，入而孺人始觉以笑。或以手钏一二具佐我，置书箧中。浃日，而崙兄剪费尽。孺人亦复大笑："饶君必贵，幸无他也。"终以好施，为媪孺所窘困。

庚午余举于乡。壬申除夕火，从余母、吴孺人，于乡于城三徙。初举女元英、元祥，殇。举男子士蘧、大耆，年已三十矣。孺人故秀惠，后乃苦幽忧之，疾时咳唾自伤。壬午冬计，偕送余于塔水。晨起，为我洗足，而别泪簌簌下。余笑曰："安之，兹不一第，且为五岳之游。"孺人与母吴益掩泣送之户。癸未春，而余第。遣迎，则孺人且重伤。甲申冬十二月，强起至南太常官舍，益嗽瘠蕴热不自禁。思归，就其王母弟饶君之药，而不可为矣。

生甲寅年十二月初二日戌，殁乙酉年十二月初十日巳，年三十有二。归时，余送之清河，而诀曰："妾其已矣！一生开怀而喜者四五度耳。一于归已而举两男子，报君之两捷音，余皆妾之，恨年也。"挥余无近病人，掩袂而别。以大耆从六龄耳，犹跪而授诗；大儿士蘧八九岁，能日诵万言，六经诸赋诵史传，大略已上口，而孺人不喜。余颇为讶，孺人曰：“他日当知之。”嗟夫！后孺人十余年，而士蘧才名动世，竟以性气不伦，殇于南雍，则孺人之智也。蘧无后，独大耆为南国子生，年二十七，才举一子龚生。耆妇，钱孝廉孔中女也。余故穷，幸而薄仕，不能偕孺人以乐，病不能视其药，殁不能含蕞逅园。二十二年，而仅克祔于祖姑魏夫人之，迁日以葬，余其非夫也欤。孺人逝，而余惟傅居家，生男开远、开先。儿兄弟睦如，孺人其知之耶？哽咽而为铭。铭曰：

妇幽而忧，为祖姑怜。祖姑来迁，礼其祔之。宦学以游，同室旷如。圹没无余，同穴未期。死生一情，伤此良人。东顾汝室，西望汝子。庶其依之，或泣或歌。千秋以尝，幼子童孙。

大明万历岁次丙午十二月二十一日巳

赐进士出身南京礼部祠祭司主事汤显祖雪涕立石

孝男大耆泣血百拜谨书

《明敕赠吴孺人墓志铭》

碑石高 95 厘米，宽 63 厘米。版心高 78 厘米，宽 55 厘米。

阴刻楷书共 24 行，计 829 字。

汤维岳诞年考

2019年10月，在抚州汤显祖国际学术论坛上，广东海洋大学文学与新闻传播学院的刘世杰教授提交的论文是《汤显祖从子维岳考》。[①] 汤维岳是汤显祖同母大弟汤儒祖的第二个儿子。由于汤儒祖去世时年仅36岁，其次子维岳时年尚幼，显祖把维岳接到身边，由二夫人赵氏抚育[②]，“教养婚娶无异己出”[③]。后来维岳中举并出仕，先后任象山、南靖县令，政绩显著，提任南宁郡丞，没有赴任。汤维岳是侄辈亲属中与汤显祖接触最为亲密者之一，由此对他进行专题研究，本无可非议。然而，由于笔者在此之前也曾对汤维岳的诞年作过小考，但没有形成文字。所以对刘教授的文章特别仔细地研读一番后，发现刘先生在文中所得出的汤维岳生年有误，故作此文以商榷之。由于本书与2016年12月临川文昌里出土的《明故敕赠文林郎少海汤先生元配潘太孺人合葬墓志铭》密切相关，故将此墓志铭附录于后。

刘先生的文章较长，近7000字，对汤维岳生于何时、何时中举、中举后的出仕履历，以及汤显祖对维岳的影响等方面进行了考证。其中，他从毛效同《汤显祖研究资料汇编》收录的《少海公传》[④]（汤儒祖，号少海）“无何天短以数，不克竟其用。若士先生抚其四岁之子维岳”，徐朔方《汤显祖

---

① 刘世杰：《汤显祖从子维岳考》，抚州汤显祖国际研究中心编：《2019汤显祖国际学术论坛论文汇编》，第273—280页。

② 清同治戊辰岁（1868）六修《文昌汤氏宗谱·若士公行传》：“继娶赵氏，抚侄维岳。”

③ 毛效同：《汤显祖研究资料汇编》之《少海公传》，上海古籍出版社1986年版，第126页。

④ 同上。

年谱》[①]中，将其时汤维岳年龄由“四”岁订正为“十四”岁。两个不同的文献中出现两个不同的年岁，刘先生经过考证后认为徐先生的订正是错误的，汤儒祖去世时，汤维岳应是“四岁”，“也就是说，汤维岳生于万历十八年”[②]。

笔者认为，刘先生的结论是错误的。试析于下文。

刘先生文中的考证推导过程繁杂，所以在此不做评析，而仅以文中所引用的，并作为最后结论的主要论据中的有关内容，进行必要的补充分析。文中的下划线为笔者所添加。

钱捷，生甫公实录

公讳维岳，字生甫，号山公。<u>父儒祖</u>，号少海，有奇才，少补廪员，即若士先生同母仲弟，并称二龙；万历壬午拟元未第，<u>早卒</u>。<u>公甫四岁</u>，若士先生怙之，教养婚配与诸子无异。七岁能文，古劲高雅，迥不犹人，先生甚珍奇之。<u>公初入泮时，适修文昌桥告成</u>，先生特赠联以期勉曰：“岳立光腾紫气，桥成新筑沙堤。”后先生将终，复矢口成联以瞩望曰：“显乔岳于中天，立之斯立；挹清澜于少海，纯乎其纯。”<u>崇祯庚午</u>春王正月，有文鹿入庭阶之祥，公命蓄于家。<u>是岁果由廪饩与陈子际泰同领乡荐，盖十试棘闱矣</u>。

初令象山，劝学进士，慈惠爱民，邑人颂之，以为召伯再见。立像庙祀，春秋荐馨。为人廉介寡合，忤大吏，解组去，曰：“遂昌在望，吾不忍负吾父也。”已，再补南靖令。时寇逼于城，公寝处雉堞间，未尝解带，士民因得恃以为固。崇祀名宦。癸未升广西南宁府司马，不赴。清操峻节，无愧家门。享年七十有余。著有《文鹿堂集》，散佚，未获付梓。……

① 徐朔方：《汤显祖年谱》，上海古籍出版社1958年版，第118页。

② 刘世杰：《汤显祖从子维岳考》，见《2019汤显祖国际学术论坛论文汇编》，第277页。

这篇文章被毛效同收录在《汤显祖研究资料汇编》[①]中，同样来自于《文昌汤氏宗谱》[②]的《生甫公实录》。从这篇实录中，刘世杰提取出了6条信息作为自己的论据。分别是："第一，介绍了维岳的字号……第二，……其父儒祖'早卒'，维岳'甫四岁'，而不是某些人说的，其父儒祖去世时，维岳'十四岁'。第三，简要记载了汤维岳的中举、履历和性格……第四，后来汤维岳补为南靖令……第五，'享年七十有余'……第六，有《文鹿堂集》……"[③]应该说，刘世杰提取的这6个要点是非常准确的，但遗憾的是没有进行拓展深挖，而是采信了原文中维岳"甫四岁"的错误说法。为此，笔者另行考证如下：

其一，"父儒祖……早卒"，究竟是何年卒去？

据2016年12月在汤显祖家族墓园出土的《明故敕赠文林郎少海汤先生元配潘太孺人合葬墓志铭》载：儒祖"公生嘉靖已未年二月初六日，卒万历甲午年八月十二日"；其夫人"生嘉靖戊午年十一月十五日，卒万历丙戌年十月廿四日"，"曩以卜兆未协徙厝浅土，以是岁冬月吉日，祔葬于祖茔之灵芝园"。此墓志铭是"顺治七年（1650年庚寅）仲冬吉旦孝男维岳立石"，是第一手的文献资料，其可靠性无可置疑。即儒祖生于1559年，逝于1594年，享年36岁；潘孺人生于1558年，逝于1586年，享年29岁，比儒祖早去世9年。从铭文"公既绝意荣进，寂处一山中，室无姬姜门鲜，好事一觞一咏，聊以自适其性，庶几陶元亮之风焉"可以得知，潘孺人去世后，儒祖没有续娶。

在此需要累述的是，此墓志铭早已收录在《文昌汤氏宗谱》中，但毛效同的《汤显祖研究资料汇编》不知何故没有收录。在出土的墓志铭碑石后，

① 毛效同：《汤显祖研究资料汇编·生甫公实录》，上海古籍出版社1986年版，第142页。

② 清同治戊辰岁（1868）六修《文昌汤氏宗谱·生甫公实录》。

③ 刘世杰：《汤显祖丛子维岳考》，见《2019汤显祖国际学术论坛论文汇编》，第278—279页。

笔者将其与宗谱中的墓志铭文进行过对比，发现尽管有十余字之差，但毫不影响原文意思的解读。

推论：如果按儒祖去世时的1594年计算，维岳4岁，维岳诞年则是在1590年，而此时母亲潘孺人早已在五年前的1586年去世了，岂不怪哉！即使是按照刘先生的结论，汤儒祖是“卒于万历二十一年八月十二日，即公元1593年9月6日”[①]，维岳4岁，维岳出生也应是在1589年，其母亲潘孺人也已去世4年了。那么，维岳在其父亲儒祖去世时，年龄应在10岁以上。

此外，在维岳率子孙共20人立石的墓志铭中，也有伯父显祖抚育维岳句：“仲曰维岳，少警敏，若士公心异之，携就学官舍。”并无年岁之说。由此笔者推测，其不同传文中出现的“四岁”字样，或许是家谱制作之初，木刻雕版师傅漏刻了“十”字，而产生的错误，以致于以讹传讹。

导致刘世杰判断错误的原因，还在于对汤显祖《望乡哭儒祖》诗时间的认定：“肠断双亲两鬓花，春归何忍带乌纱。孤飞一岁乔林晓，提着嗺哓怕近家。”他认为诗中的“春归”是说明诗作于“万历二十二年春天”[②]，而不是徐朔方先生笺的“万历二十二年（1594）甲午秋”[③]。现在看来，在汤显祖亲撰的《祖母魏夫人迁祔灵芝园墓志铭》“癸未，予成进士。甲午冬，克葬于县东十五里外之原。时显祖在浙归”这一关键性的勘析证据面前，儒祖逝于“万历甲午年八月十二日”已经没有争论的必要了。

其二，维岳“入泮”又是何年?

公初入泮时，适修文昌桥告成。“入泮”指的是古时学校新生入学时进行的仪式。维岳入泮时，恰逢文昌桥“告成”。从汤显祖《临川县孙驿丞去思碑》[④]云：“……水趋文昌桥以北，徙驿桥东。岁甲午八月之二日桥坏，岁

① 刘世杰：《汤显祖从子维岳考》，《2019汤显祖国际学术论坛论文汇编》，第275页。

② 同上书，第274页。

③ 徐朔方校笺：《汤显祖全集》，北京古籍出版社1999年版，第485页。

④ 徐朔方校笺：《汤显祖全集》，北京古籍出版社1999年版，第1212页。

流杀人以百十数……壬寅之腊，迎春于此桥。欢呼者万计。”此“壬寅之腊”文昌桥成，是明万历三十年（1602）腊月，即第一次文昌桥成。然而“成且三年矣，而焚以烬……春夏间水暴下，桥败”[①]。徐朔方先生笺：“据《抚州府志·津梁》，是年，知府苏宇庶修文昌桥成。”此“是年”是明万历三十六年，即1608年。这是第二次“文昌桥成”。那么，维岳入泮时的“文昌桥成”是哪一次呢？

为此，必须先行求解出下面的问题。

其三，“崇祯庚午……是岁果由廪饩与陈子际泰同领乡荐，盖十试棘闱矣”。明时乡试每三年举行一次，“十试棘闱”就是30年，而“崇祯庚午”是1630年，即汤维岳与陈际泰中举之年。

推论：汤维岳“十试棘闱”至“崇祯庚午”才中举，那么维岳“入泮”应在约30年前。以此推理，如果维岳“入泮”是在1608年第二次文昌桥成，那么至“乡荐”之年的1630年，期间只有22年，就不是“十试棘闱”了，但恰与第一次文昌桥成的1602年比较接近。因为它与临川地区计算年龄搭头搭尾、两头都算而称以虚年的习俗基本一致了。这也与刘世杰考证的“万历三十一年癸卯，1603年，抚州7人中举，汤维岳……第一次乡试落榜”[②]相吻合。汤维岳1602年入泮，1603年就参加了乡试。不过此年汤维岳是23岁，而不是刘世杰所表述的“汤维岳14岁，第一次乡试落榜”。

综上所推，汤儒祖1594年去世时，汤维岳时年虚龄14岁应该是正确的。《文昌汤氏宗谱》上记载：生甫公“生于明万历辛己年正月二十二日卯时”，即明万历九年（1581），其兄“述卿公，讳彭年，邑庠生，生于明万历戊寅年十一月十八日”，即明万历六年（1578），这就相对应了。1603年，23岁的汤维岳第一次参加乡试，未承想这一考就是10次，如同漫漫长夜。伯父

---

① 徐朔方校笺：《汤显祖全集·苏公眉源新成文昌桥碑》，北京古籍出版社1999年版，第1191页。

② 刘世杰：《汤显祖从子维岳考》，《2019汤显祖国际学术论坛论文汇编》，第279页。

汤显祖在他“入泮”之时，题联“岳立光腾紫气，桥成新筑沙堤”，寄予厚望。1616年，汤显祖在去世之前，为鼓励维岳在科举考试中不弃不馁，又将对联修改为：“显乔岳于中天，立之斯立；挹清澜于少海，纯乎其纯。”越15年终成正果，维岳时年已49岁，虚龄欲称50岁了。而与其“同领乡荐”的陈际泰时年更是64岁，明崇祯七年，68岁的陈际泰中进士。①

至此，笔者认为还有必要对刘世杰为什么会怀疑徐朔方将宗谱等文献中的“若士先生抚其四岁之子维岳”“公甫四岁，若士先生怙之”订正为“十四岁”的原因，作一探究。徐朔方在《汤显祖年谱》② 中的原文是：

> 万历二十二年甲午（1594）四十五岁。
>
> 八月十二日，同母弟儒祖（1559）卒。《文昌汤氏宗谱》。
>
> 时儒祖第二子维岳十四岁。《县志》卷四十一《汤维岳传》：“维岳四岁孤，显祖怙之，与诸子无异。”《宗谱》《生甫公实录》同。“四”当作“十四”。

在惜字如金的年谱中，徐朔方对为何将“四”订正为“十四”没有进行任何说明。按理，像这种对史实的订正，是必须采信确凿的文献材料，进行充分的解析和论证，否则就难以服人。不管何种原因，毕竟《县志》中的《汤维岳传》与《文昌汤氏宗谱》中的《少海公传》《生甫公实录》说的都是“四岁”。而刘世杰在文献资料严重缺乏的情况下，没有对引为关键证据的《生甫公实录》进行拓展考证，而武断地采信了原文中的错误说法，与正确的结论失之交臂，则实为惋惜。

① 张廷玉撰：《明史》卷二八八，中华书局2000年版，第4949页。

② 徐朔方：《汤显祖年谱》，上海古籍出版社1958年版，第118页。

附录：

《明故敕赠文林郎少海汤先生元配潘太孺人合葬墓志铭》

赐进士出身中宪大夫浙江提刑按察司副使 年家眷弟邹士楷顿首 撰文

赐进士出身文林郎 特简河南道监察御史 年家眷弟李如春顿首 书丹

赐进士出身中宪大夫广西提刑按察司副使 年家眷弟聂文麟顿首 篆额

少海汤公，讳儒祖，字醇甫。世居文昌里，其远代谱序毁于火，莫可详。自友信公以耆德著里中，数传为伯清公、子高公。子高公富而好行其德，值岁歉出粟赈活万余人，当事者闻于朝，为建坊旌其闾。嗣是廷用公、酉塘公益厚其脉，以经术贻教，诞生承塘公，而世滋大矣。承塘公苦志绩学，饬躬绳，后为诸生。甫十年蚤以子贵，与厥配吴太夫人，享年俱九十有龄。诸子若孙及曾孙之以科名显者指不胜屈，而两尊人身亲觏之。举丈夫子六，长显祖为若士先生，次即少海公也。公生而岐嶷，貌白皙美须眉，丰肌伟干，望之如玉山。读书十行俱下，总角补博士弟子员，有俊誉。元配潘，邑著姓也。嫔于公，咿吾声与杼轴声达于丙夜，公益自奋，于文辞下笔千言立就，其冲襟雅度，人日依其宇，罕能名其际，识者谓风云在履舄间。时伯兄以癸未捷南宫，文章节义，炳烺一代。诸季群从咸飚发颖竖，公与伯氏尤以二龙称焉。壬午秋闱，主者读公七义，击节称奇，拟冠本房，竟以末场违式见摈。迨乙酉再蹶，公自是摧撞折牙而求息机矣。孺人少有至性，蚤失怙，哀毁如成人。其事父栢堂公也。孝养备至，能使父忘其老，诸弟时相龃龉，乃更敬惮，娣相辑睦，迨为妇，静婉淑嫕，搡作勤勚，比于诸娣，其奉尊嫜也。移其所孝于父者，其与诸姆婶相善也，如其所调剂诸弟者，以是独当太夫人意。抚诸雏或携或乳，顾复良苦，亦冀豫章，生七年干霄蔽日，可拭俟也。享年仅二十有九。公既绝意荣进，寂处一山中，室无姬姜门鲜，好事一觞一咏，聊以自适其性，庶几陶元亮之风焉。然亦以曲蘖少节，因之遘疾，而公又逝矣。悲夫！生子三：伯曰彭年，邑庠生，笃行君子也，娶周氏；仲曰维岳，少警敏，若士公心异之，携就学官舍，性孤介时，复伉爽自喜，为诸生，每试必冠军，岁庚午举于乡，初令象山，再令南靖，所至清惠宜民，无不畏垒之者，寻擢粤西南宁郡丞，其于秩满加赠之典，尚未涯也，娶易氏；季曰维岱，蚤卒。孙九人：启颜、谨颜、瞻颜、朝颜俱邑庠，彭出：孙将、孙谋俱郡庠，孙绪登已卯贤书；孙达、孙祺就家塾能读祖父书，岳出。女孙五：一适宪副周公训之孙，一适司理曾公美之子，彭出；一适左副都御史易公应昌之子，一适荐元周君光亨之子，一适郡丞伍公兆元之子，岳出。曾孙十六人，虽羽翮未成，而已有凌霄之气。公与孺人可含笑地下矣。若乃以视承塘公吴太夫人寿期颐而膺百禄，复奚如？衹令后贵者忾然于手泽口泽之存，岂不甚哉！

公生嘉靖已未年二月初六日，卒万历甲午年八月十二日；孺人生嘉靖戊午年十一月十五日，卒万历丙戌年十月廿四日。曩以卜兆未协徙厝浅土，以是岁冬月吉日，祔葬于祖茔之灵芝园。维岳兄，字生甫，素与予以文行相砥砺最友善，属以铭。铭曰：

谓天为可必乎，何以盛德必绵而从于筭？谓天不可必乎，何以奕世载光而食其偿？噫嘻！

今兹之子若孙，犹在显晦之间。而公与媪之短龄，仍在可解不可解之际。此生甫兄不能已于终天之恨，而吾更欲问彼苍以后来之契。聊以是为新阡之志。

大清顺治七年仲冬吉旦

孝男维岳，孝孙男孙将、孙绪、朝颜、孙谋、孙达、孙祺；

曾孙培、墱、墀、人英、兆奎、兆壁、人隆、人藻、埏、兆辉、人芳、人杰、兆联等仝立石

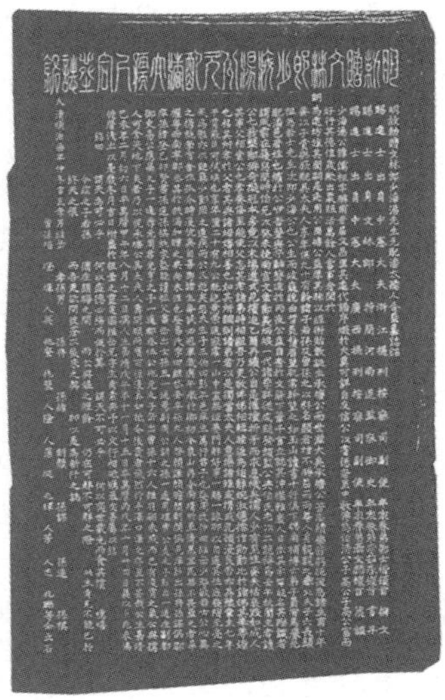

《明故敕赠文林郎少海汤先生元配潘太孺人合葬墓志铭》

碑石高 77.5 厘米，宽 47.7 厘米，厚 2 厘米。版心高 63 厘米，宽 39 厘米。阴刻楷书共 28 行，计 1173 字。

拾遗补阙

SHI YI BU QUE

万历二十年的汤显祖

明万历二十年（1592）春，汤显祖是否从贬谪地徐闻，回到家乡临川？这是学界长期纠葛不清的一个话题。

众所周知，明万历十九年（1591）五月，汤显祖因《论辅臣科臣疏》而贬谪广东徐闻典史（添注），然而汤显祖在徐闻停留了多长时间？由于缺乏有力的证据，长期以来，答案莫衷一是。如已故浙江大学徐朔方先生在其《汤显祖评传》中说："汤显祖在徐闻停留半年。"①并以汤显祖诗作《新归偶兴》："越江初服映春丝，深院炉香隐几时。雨气夜薰青菌出，烟波晴浣白鸥知。逍遥正自投穷发，混沌何须与画眉。最好东陂事田作，农歌幽谷远相宜。"②为据，说汤显祖"在次年二三月间返回临川"③。也就是说，徐先生认为，明万历二十年（1592）初，汤显祖从徐闻回到了临川，直至翌年春赴浙江遂昌令。而已故的中国艺术研究院戏曲史家黄芝冈先生在他的《汤显祖编年评传》中则认为："万历二十一年（1593），癸巳，四十四岁。本年春，汤回临川。"④并同样以汤显祖诗作《新归偶兴》为据。也就是说，黄先生认为，明万历二十年，汤显祖整年都在徐闻。两位大师各吹各号，此后

① 徐朔方：《汤显祖评传》，南京大学出版社 1993 年版，第 79 页。

② 徐朔方校笺：《汤显祖全集》，北京古籍出版社 1999 年版，第 471 页。

③ 徐朔方：《汤显祖评传》，南京大学出版社 1993 年版，第 79 页。

④ 黄芝冈：《汤显祖编年评传》，中国戏剧出版社 1992 年版，第 185 页。

亦无深入探讨。

近几年来，随着汤学研究的勃兴，汤显祖在徐闻停留的时间引起了学界的极大关注。以 2016 年 6 月 22 日在徐闻召开的“岭南行与临川梦——汤显祖学术广东高端论坛”为例，在会议收集的 31 篇论文中，近十篇涉及汤显祖在徐闻的时间问题。既有三四个月之说，也有一年零两个月之说，更有两年又十个月之说。[①] 另外还有广东海洋大学文学博士王小岩认为汤显祖“他在徐闻的时间不过一个多月”[②]。

笔者认为，产生上述分歧的原因，皆在于各学者都是通过对汤显祖本人的诗文推测所造成的，而仅凭“以诗（文）解诗（文）”或“寻章摘句”套用典故的方式，往往会出现因不同的解读而得出不同的结论。以汤显祖《寄傅太常》[③] 的解读为例：

> 委清署而游瘴海，秋去春归，有似旧巢之燕；六月一息，无异垂天之云也……

徐朔方先生从“秋去春归”“六月一息”“垂天之云”的推导中，得出了汤显祖“在徐闻停留半年”的结论。而广东海洋大学的刘世杰教授，则以王力先生在《古代汉语》中对“去以六月息者也”的注解“鹏用六个月的时间离开北海飞，到达南海才休息”为据，认为：“汤显祖这里的‘六月一息’，就是‘大风一阵’，根本不是六个月，而是比喻自己像乘着阳气盛的六月（夏历四月）大风，贬谪到南海的徐闻去的，不能因此坐实汤显祖在徐闻‘六个月’。”[④]。

① 《岭南行与临川梦——汤显祖学术广东高端论坛》，花城出版社 2016 年版，第 256 页、第 375 页、第 307 页、第 239 页等。

② 王小岩：《汤显祖贬谪徐闻与诗文戏曲创作》，中华俚僚文化旅游网，2014 年 5 月 15 日。

③ 徐朔方校笺：《汤显祖全集》，北京古籍出版社 1999 年版，第 1329 页。

④ 刘世杰：《汤显祖被贬徐闻典史时间考略》，《中国社会科学报》2014 年 11 月 6 日。

基上所因，笔者认为，要坐实汤显祖明万历二十年是在徐闻，还是在临川？除了要看他本人的诗文之外，还必须要有同时代的直接文献作证，才能形成完整的证据链。笔者在研读《四库禁毁书丛刊补编》所收《刘大司成文集》中的尺牍《与汤若士》（共十七通）[①]后，发现其中第四通足可证明，明万历二十年春，汤显祖不仅从徐闻回到了临川，随后又从临川返回徐闻，直到深秋时节，才真正离开徐闻回到临川，并从临川赴浙江遂昌令。

一、汤显祖受贬前后的时政变局

为清楚地说明万历二十年汤显祖在哪里的问题，首先有必要对当时的时政变局作一概述。

（一）汤显祖受贬经过

明万历十九年五月，汤显祖因《论辅臣科臣疏》而贬谪广东徐闻典史（添注），其过程在《明神宗实录》中有着较为详细的记载。现分别辑录之：

万历十九年四月，丙申朔。（庚申二十五日），南京刑（礼）部主事汤显祖，因星变陈言，劾辅臣申时行欺蔽，吏科给事中杨文举经理荒政，受贿多赃，礼科给事中胡汝宁一蛤蟆给事，皆辅臣党护。诏切责之。[②]

万历十九年五月，乙丑朔。丁卯（初三日）（皇帝）谕，内阁：朕因玄象示异，奸恶不轨，故特谕内外臣工恪恭乃职，省已秉公

① 《四库禁毁书丛刊补编》（共90册）第73册《刘大司成文集》之《尺牍〈与汤若士〉》北京出版社2005年版，第249—258页。毛效同编：《汤显祖研究资料汇编》，上海古籍出版社1988年版，第199—212页，亦载有刘应秋《与汤若士》（共十七通）。

② 《明神宗实录》卷二三五，《明实录》，黄彰健校勘，中华书局2016年版，第4370页。

用弭天变，以图治。

今各不任所责，归咎元辅。前万国钦捏诬诋辱，朕念系言官，已薄罚了。汤显祖以南部为散局，不遂已志，故假借国事攻击元辅，本当重究，姑从轻处了。卿等可说与元辅不必以浮言介意，卿等俱安心供职，还著鸿胪寺传示元辅即出办事，勿负朕意。①

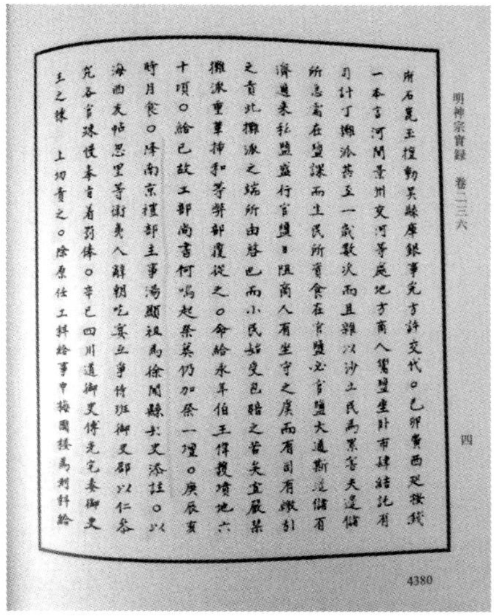
明神宗實錄　卷二三六

府石冕王捏勳吳縣庫銀事完方許交代○乙卯貴西起撥我
一本言河間景州交河等處地方商人鬻鹽坐肆市肆結託有
司計丁攤派甚至一歲數次而且雜以沙土民為累苦夫邊儲
所急需在鹽課而土民所資食在官鹽必官鹽大通斯邊儲有
濟邇來私鹽盛行官鹽日阻商人有坐守之虞而有司有徵引
之責此撫按之端所由啟也而小民始受包賠之苦矣宜嚴禁
撫按重罪神和等併部覆從之○命給永年伯王偉擴墳地六
十頃○給已故工部尚書何鳴起祭葬仍加祭一壇○庚辰夜
時月食○降南京禮部主事湯顯祖為徐聞縣典史添註○以
海西夷帖思里等衛夷人辭朝乞宴並爭待班御史郜以仁參
究各官誅僨本官着罰俸○辛巳四川道御史傅光宅奏御史
王之棟　上切責之○除原任工科給事中梅國樓為刑科給

四

4380

《明神宗实录》书影

万历十九年五月，乙丑朔。庚午（初六日），大学士许国请发六科公本，为吏、礼二科都给事中杨文举、胡汝宁被南京主事汤显祖讦奏，乞并批发②，以安诸臣之心。③

万历十九年五月，乙丑朔。（癸酉初九日），吏科杨文举，礼科胡汝宁各辨南京主事汤显祖疏，乞归，不允。④

万历十九年五月，乙丑朔。（庚辰十六日），降南京礼部主事汤显祖为徐闻县典史（添注）。⑤

从以上五则按时间顺序排列的《明神宗实录》可以看到，在对汤显祖的处理问题上，神宗的态度开始并不明朗，甚至正中下怀。毕竟汤显祖的《论辅臣科臣疏》事实确凿，虽然对皇帝的指责词语尖锐，但其本意也是为

① 《明神宗实录》卷二三六，《明实录》，黄彰健校勘，中华书局 2016 年版，第 4373 页。
② 批发，公开发布批示。
③ 《明神宗实录》卷二三六，《明实录》，黄彰健校勘，中华书局 2016 年版，第 4375 页。
④ 同上书，第 4377 页。
⑤ 同上书，第 4380 页。

了维护皇权，所以才有四月庚申（二十五日）的第一次诏令“切责”，即严词斥责。五月丁卯（初三日），谕旨内阁：前面万国钦“已薄罚了”，汤显祖也就（姑且）从轻处理罢了。但首辅申时行，科臣杨文举、胡汝宁仍然步步紧逼，以怠工、乞归等形式向神宗施压，迫于这种情形，五月庚辰（十六日）下旨将汤显祖降为徐闻县典史（添注）。由此也才有了当时邸报中的《谪南京礼部主事汤显祖极边杂职》的综合性报道[①]，成为全国皆知的新闻。

（二）汤显祖受贬前后的时政变局

纵观明代万历朝，百诟之中也曾有一闪而过的一丝“光亮”。那就是汤显祖在《论辅臣科臣疏》斥为“刚而有欲”的张居正死后，神宗为亲掌大权，摆脱“阿斗”皇帝的阴影，在两年的时间里，分别追夺张居正之谥，尽削其官秩，抄其家，榜示天下其罪，其长子礼部主事张敬修“寻自缢死”，其弟都指挥张居易，子张编修、嗣修，“俱发戍烟瘴地”[②]。此番之后，权力高度集中于神宗，“上则禀皇上之独断，下则副外廷之公论”[③]，内阁权力大为降低。“公论”之下，使得六部尚书不再对首辅俯首帖耳。尤其是吏部，先后出现过几任较为正直的尚书。如：明万历十八年（1590），吏部尚书宋纁，“绝请寄，奖廉抑贪，罪黜吏百余人，于执政一无所关白”[④]。明万历十九年（1591）三月，继任者陆光祖“故事，冢宰（即吏部尚书）与阁臣遇，不避道，后率引避”[⑤]。明万历二十年三月，光祖致仕，接任者孙鑨“守益坚”，尽管面对“阴戒驺人异道行，至鑨益径直”[⑥]。正是由于朝廷中多多少少还有一些

①《谪南京礼部主事汤显祖极边杂职》，《万历邸钞》万历十九年辛卯卷，江苏广陵古籍刻印社，1991年版，第551—552页。

② 张廷玉等撰：《张居正传》《明史》卷二一三，列传第一一〇，中华书局2000年版，第3766—3767页。

③ 《明神宗实录》卷二一九，黄彰健校勘，中华书局2016年版，第4100页。

④ 张廷玉等撰：《宋纁传》《明史》卷二二四，列传第一一二，中华书局2016年版，第3829页。

⑤ 同上书，第3931页。

⑥ 同上书，第3931页。

能够主持"公道"、较为正直的官员存在，所以在汤显祖因上疏而遭贬谪之际，还有人斗胆为其荐举：

万历十九年五月，乙丑朔，（辛卯二十七日），户科给事中王遵训言：贤才世道所关，……有暗然自修如唐伯元、李开藻、汤显祖诸臣，而未见破调获用。[①]

也有继汤显祖之后，继续揭露首辅申时行罪行者：

（万历十九年七月）丁亥（二十三日），……司业刘应秋、御史章守诚、主事蔡时鼎，开列时行罪状，乃留中，不下。[②]

上述事态表明，汤显祖的疏举，绝非孤立，而是得到了朝廷中正直官员的支持与赞许。史实是，汤显祖四月在《论辅臣科臣疏》中所揭露的科臣杨文举，被迫在同年六月"癸卯（初十日），吏科给事中杨文举因人言，告病请乞回籍。许之"[③]。被汤显祖疏中所谴的辅臣王锡爵，也托母亲生病，稍后获假三个月[④]，离开了朝廷。正因为如此，才有了刘应秋写于明万历十九年七月的第一通信函，中叙：

徐闻在广为善地，此出陆太宰之意。作令者瑞郡人，聂惕吾谓有书先与言之。吾丈行，或暂不携家，看彼中景何如，若不欲

① 《明神宗实录》卷二三六，黄彰健校勘《明实录》，中华书局2016年版，第4385页。
② 《明神宗实录》卷二三八，黄彰健校勘《明实录》，中华书局2016年版，第4419页。
③ 《明神宗实录》卷二三七，黄彰健校勘《明实录》，中华书局2016年版，第4392页。
④ 同上书，第4396页。

求差假归，……凭限尚宽，九月后起身未迟。

此话的意思是：徐闻在广东是比较好的地方。所以吏部尚书陆光祖把你安排到那里。并且县令是瑞郡（现江西宜丰县）人，已有人写信打好招呼了，九月份出发即可。但对汤显祖而言，受贬之后最大的变局，恐怕还是这年九月首辅申时行与大学士许国相继去职后，赵志皋、张位即将出任首辅与副首辅之事。尤其是张位的出任，更是给汤显祖的前程带来莫大的希冀。

张位（1538—1605），字明成，号洪阳，江西新建人。明隆庆二年（1568）进士，改庶吉士，授翰林院编修，预修《世宗实录》。张位贯通经史，工诗善文，初官翰林，声望甚重。同时，又果干自用，正道直行。明万历五年（1577）因触忤首相张居正，由翰林院侍讲抑授南京国子监司业。而这一年春，汤显祖第三次进京应试，因拒绝张居正的拉拢而落第，再次到南京国子监游学，拜张位为师。先生与弟子同遭权贵排斥，心境相通，自然相互引为知己。尤其是张位，在抑授南京国子监司业后的京察中，再贬为徐州同知。尽管两人受贬大不相同，但其感受无二。所以，万历十九年九月，刘应秋得知首辅申时行与大学士许国先后离去[①]，并命大学士张位"入阁办事"的消息后，立即函告汤显祖："两相并去，朝家景象一新……张公再兴，当复还旧观。张公清正有识，不知何以副天下之望。……抵徐闻后便可图归。主铨者欲伸公论于丈，待缴凭尔。"[②]然而时政的发展并没有像刘应秋想象的那样乐观。明万历十九年九月二十一日，"辅臣王锡爵假限已满，差官敦趣奉母驰驿来京"[③]。由此也就有了第三通信函中的"太仓（王锡爵）甚不喜兄，不知何为"之忧虑。

① 《明神宗实录》卷二四〇，黄彰健校勘，中华书局2016年版，第4463、4462页。

② 刘应秋：《尺牍〈与汤若士〉》第3通，见《四库禁毁书丛刊补编》，北京出版社2005年版，第251页。

③ 《明神宗实录》卷二四〇，黄彰健校勘，中华书局2016年版，第4471—4472页。

二、春回临川考

《刘大司成文集》是汤显祖亲自选编，并为之作序的，其可靠性无须置疑。文集收录有《与汤若士》尺牍十七通，文字长的达1100多字，短的则只有44字，其内容以“见后火，勿轻泄！”[①]“密之！密之！”[②]显示出两人非同一般的深厚友情。其中，前五通为汤显祖受贬之后到赴遂昌令之间所作。尤其是第四通[③]，更是保留着汤显祖明万历二十年春离开徐闻回到临川的直接可靠的史料依据。对研究明万历二十年汤显祖的行迹、勘析其作品，有着重要的价值。为避断章取义之嫌，本书以北京出版社《四库禁毁书丛刊补编》第73册收录的《刘大司成文集》明万历刻本为底本，将相关尺牍重新校核并进行分段，相关重点加以下划线标识。

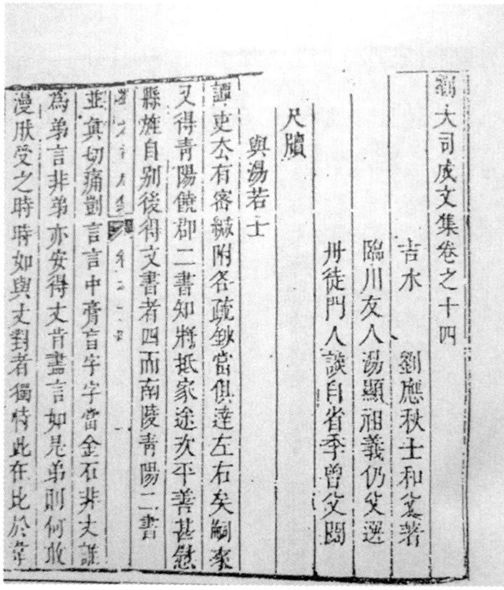

劉大司成文集卷之十四

吉水　劉應秋士和父著

臨川友人湯顯祖義仍父選

丹徒門人談自省季曾父閲

尺牘

與湯若士

讀史恣有寄緘附各疏敘當俱達左右矣嗣來又得青陽饒郡二書知將抵家途次平善甚慰縣旌自別後得文書者四而南陵青陽二書並與切痛劉言言中膏肓字字當金石非丈誰爲弟言非弟亦安得丈肯盡言如是弟則何敢漫然受之時時如與丈對者獨恃此在比於穿

《刘大司成文集》书影

今岁凡五得仁丈书，其二自徐闻所寄；其三则抵家后也。吴

① 刘应秋：《尺牍〈与汤若士〉》第7通，见《四库禁毁书丛刊补编》，北京出版社2005年版，第254页。

② 刘应秋：《尺牍〈与汤若士〉》第10通，见《四库禁毁书丛刊补编》，北京出版社2005年版，第256页。

③ 刘应秋：《尺牍〈与汤若士〉》第4通，见《四库禁毁书丛刊补编》，北京出版社2005年版，第251—252页。

曙谷过白门[①]，备悉两尊人健安，及居起闲适状，甚慰所思。曙谷，笃实人，于道为近。弟为约邓定老、南皋大[②]小集城外净空，一饷而别，惜未能久处，稍廓其识也。

读文《贵生》《复明》二说，近况已蒸蒸大道矣。平生伎俩薄而不居。

象山先生诗有云："《易》简工夫终久大，支离事业竟浮沉。欲知自下升高处，真伪先须辨只今。"弟近寄友人书中语，亦谬有之，曰：虬尘坏人，意见病道，一毫不真，到底无成。吾丈已萧萧远在风尘之外，崎岖迫阨中，从锻炼得觉悟，从觉悟得操修，便当有真正路头，不至以意气承当，以见解作家珍也。弟自弱冠即从父师闻学，悠悠廿载，未有归宿，大都皆缘意气见解所误。近一二年来才得入路，总有持循，本来性宗不作疑障，累日积月渐能凑泊，直是兢兢业业，一息不容间歇，一毫不可渗漏，无二再心，那得有闲言时候。向来病气痛，气习自宜默默转换，结成胎胚。此二路，弟盖见之而未逮也。定翁凝静冲夷，养邃而识透，朝夕观摩，受益弘深；盖得之精神十得之言句者十三也。此生有幸，于道缘最不薄，良朋良师夹持成立，造物可谓有意，敢不自爱！

宁夏兵变，中州效尤，法纪积弛，酿祸不测。自山阴公以忠愤激谏，一发不投，遂致决裂。两月以来，大臣束手，言官结舌，外未宁而内有深忧，天下事未知所底。旦夜思之，可深痛哭流涕乎！

① 吴道南（1547—1620），号曙谷，江西崇仁人。明万历十七年（1589）中进士，授为编修，官至礼部尚书。白门，南京的别称。

② 邓定老，即邓以讃（1542—1599），号定宇，字汝德，新建人。历官右中允，国子监司业，南京国子监祭酒，至吏部侍郎。南皋大，即邹元标（1551—1624），江西吉水人。时任南京刑部广东司署员外郎主事（添注）。

新建公[①]遇合方新，入不入未可知；此日实难措手，看作用何如。陆太宰[②]公心术在桓文[③]之间，半年事业颇多可观；一归尤佳，以令名终。后来者未可辨其优劣，盖得人之难也。如此时事，其在邸报所未报者，南中亦不尽知。所欲言者，楮生[④]不可尽达也。南大司空之缺，宜归朱大中丞[⑤]，久而不推，其故谓何？何所待耶？万二愚兄[⑥]闻在家有所苦，近来安否？

吾兄再须广行，可在何时？在伯之前宜曲意承欢，比往时更须加倍顺亲底豫，非有真精神不可。此皆天之所以玉兄也。家大人五月书来，始见手劄，在舍下者，家大人卷卷谓辱贲山间，其自父叔而下，盛津津谓服高雅。子弟辈有所兴发，仁人之赐渥矣。徐生使归，布此申候，不尽依依。

这通尺牍800多字，包含了十分丰富的时政信息，具有很高的史料价值。笔者对此不作析读，而仅就此时是何年，汤显祖此时在何地的问题作一探究。

首先，此时是何年？

尽管刘应秋《与汤若士》尺牍没有写作日期标识，但我们通过对尺牍中所涉时政人事的追溯，亦可得出这通尺牍写作于明万历二十年五月底或六月初的结论。

---

① 新建公，即张位（1538—1605），字明成，号洪阳，江西新建人。明万历五年（1577）因触忤首相张居正，由翰林院侍讲抑授南京国子监司业，汤显祖拜为师。

② 太宰是百官之首，陆太宰，吏部尚书陆光祖（1521—1597），字与绳，浙江平湖人。

③ 桓文，《后汉书》卷七十一《皇甫嵩传》："上显忠义，下除凶害，此桓文之事也。"

④ 楮生，我国古代将纸戏称为"楮先生"，也作"楮生"。

⑤ 朱澹菴，名天球，漳浦人。明万历十六年（1588），朱天球以南太常卿升南太仆寺卿，汤曾为其部属。

⑥ 万国钦，字二愚，江西新建人。明万历十一年（1583）进士，十八年（1590）弹劾吏部尚书杨巍被责。居住乡里。

其一，从事件发生的时间分析。“宁夏兵变，中州效尤，法纪积弛，酿祸不测。”据史料载，明万历二十年二月，宁夏发生了一起震动朝廷上下的兵变斗争，史称“宁夏之乱”或“哱拜之乱”。其起因是由巡抚都御史党馨的苛政所激发而引起的。二月十八日，“宁夏镇四营官军围杀巡抚党馨、副使石继芳，数其侵剋残暴二十事，并杀卫官李承恩、供应官陈汉于市，放狱囚，毁文卷”[①]。此次兵变斗争，历时七个月之久才被镇压下去。“中州效尤”则是指宁夏兵变后，发生在河南陈州的“军噪”。这次事件，似乎在历史上没有留下多少痕迹。仅在《明神宗实录》中查阅到河南巡抚吴自新于明万历二十年（1592）四月的两次奏报。

> 丙申（初七日），河南巡抚吴自新奏：陈州卫军以新行条鞭，工食未给。适本州署印同知赵贞明阅兵行法，纠众鼓噪，拥至教场，括给数千金始散。[②]
>
> （戊戌·初九）河南巡抚吴自新奏：陈州军噪，指挥李承教侵费条银实致之，管班陈王道嗾众幸祸，而陈州署印同知赵贞明、指挥徐时中、汪延龄与有责焉……上谓操军激变有因，实干法纪，命巡抚官即擒首恶正罪。李承教、陈王道俱下巡按御史逮问，承教从重究，以惩武弁贪恣者。[③]

从上述两则“实录”可以得知，这次“军噪”事件很快就平息了，知晓的范围很小。由此可以看出信函的私密性。

“自山阴公以忠愤激谏，一发不投，遂致决裂。”此处的“山阴公”指的是山西大同山阴县人，时任首辅王家屏。“以忠愤激谏”指明万历二十年

① 《明神宗实录》卷二四六，黄彰健校勘，中华书局2016年版，第4392页。

② 《明神宗实录》卷二四七，黄彰健校勘，中华书局2016年版，第4595页。

③ 同上书，第4597页。

春，给事中李献可等人奏请神宗，对年满十岁的长子常洛以帝王标准开始教育，这本是好意，却激怒了此时不甘心立长子为储的神宗，而被定为重罪。为了营救李献可，王家屏竟封还了神宗的御批，谏言："意以事系储闱，不宜损天亲之爱，言出台省，不宜塞忠谏之门。"① 李献可被斥革为民，保住了性命，但王家屏却受到神宗"有妨庶政""陷主于不义"② 的怪罪。无奈之下，王家屏只得托病乞归。"一发不投，遂致决裂"则是指明万历二十年正月（己丑）"大学士赵志皋乞催同官王家屏入阁办事"，神宗"留中"③，不予答理。明万历二十年三月，年仅 57 岁的王家屏被迫提出辞免，"辛未（十一日），大学士王家屏惟久病辞免，读卷乞与生还。上念其情词恳切，许之，赐传回籍"④。王家屏的离去，朝野为之叹惜："诏驰传归。家屏柄国止半载，又强半杜门，以戆直去国，朝野惜焉。"⑤

其二，从朝廷人事的变动透视。"新建公遇合方新，入不入未可知"句中，新建公指的是江西新建人张位。汤显祖晚年与张位的交往很频繁，这在汤显祖的诗文集中多有记载。此时的张位正处于"不知何以副天下之望"⑥之际，既已知张位即将担任副首辅之职，但尚未到任之际，故而有"入不入未可知"之说。据《明神宗实录》记载，明万历十九年九月"丁丑（十五日），以大学士赵志皋、张位入阁办事"⑦。即任辅臣旨意下达后，张位分别在明万历十九年十一月丙子（十四日）"以病乞，仍在籍调理"⑧、十二月朔日"再疏乞辞，不许"⑨ 而未到任。直至万历二十年四月，神宗再次下旨："戊

① 《明神宗实录》卷二四四，黄彰健校勘，中华书局 2016 年版，第 4559 页。

② 同上书，第 4555 页。

③ 同上书，第 4558 页。

④ 《明神宗实录》卷二四六，黄彰健校勘，中华书局 2016 年版，第 4580 页。

⑤ 张廷玉等撰：《王家屏传》，《明史》卷二一七，列传第一五〇，第 3821 页。

⑥ 刘应秋《与汤若士》第 3 通："张公清正有识，不知何以副天下之望。"见《四库禁毁书丛刊补编》，北京出版社 2005 年版，第 251 页。

⑦ 《明神宗实录》卷二四〇，黄彰健校勘，中华书局 2016 年版，第 4464 页。

⑧ 《明神宗实录》卷二四二，黄彰健校勘，中华书局 2016 年版，第 4515 页。

⑨ 《明神宗实录》卷二四三，黄彰健校勘，中华书局 2016 年版，第 4525 页。

戌（初九日），命吏部左侍郎兼东阁大学士张位即日入阁办事"[①]，两天后即"庚子（十一日），大学士张位遵旨入阁办事"[②]，时经八个月之久。然而，由于"如此时事，其在邸报所未报者，南中亦不尽知"，所以时任南京国子监司业的刘应秋在写此通尺牍时，并不知道张位已经"入阁办事"，故有尺牍中的"入不入未可知"之说。

而"陆太宰公心术在桓文之间，半年事业颇多可观；一归尤佳，以令名终"。则是指明万历十九年四月"丙辰（二十一日），改刑部尚书陆光祖为吏部尚书"[③]以来，陆光祖上显忠义，下除凶害，即使是对首辅申时行，也是"尝以事与大学士申时行逆，时行不悦，光祖卒无所徇"[④]，而多次受人"之劾"。甚至还因荐举人才受到神宗的"旨责"：万历二十年正月，庚寅（二十九日），"吏部尚书陆光祖奏，顷推饶伸为主事，万国钦为推官，二臣前论辅臣获罪……旨责其庇救不公，仍令其安心供职"[⑤]。所以陆光祖自担任吏部尚书以后，多次"以老病乞致仕，不许"[⑥]。直到万历二十年三月甲戌（十四日）："吏部尚书陆光祖，复以老病被言乞罢，许之，仍予驰驿归。"[⑦]信函中的"半年事业颇多可观"，则是指在陆光祖的主持下进行的"壬辰京察"。"二十年大计外吏，给事中李春开、王遵训、何伟、丁应泰、御史刘汝康皆先为外吏，有物议，悉论黜之。又举许孚远，顾宪成等二十二人，时论翕然称焉。"[⑧]故刘应秋在尺牍中称其为"半年事业颇可观；一归尤佳，以令名终"。而尺牍中的"后来者未可辨其优劣，盖得人之难也"句，则是对三月戊子（二十八

① 《明神宗实录》卷二四七，黄彰健校勘，中华书局2016年版，第4596页。
② 同上书，第4600页。
③ 《明神宗实录》卷二三五，黄彰健校勘，中华书局2016年版，第4367页。
④ 张廷玉等撰:《陆光祖传》,《明史》卷二二四，列传一一二，中华书局2000年版，第3930页。
⑤ 《明神宗实录》卷二三五，黄彰健校勘，中华书局2016年版，第4560页。
⑥ 《明神宗实录》卷二三八，黄彰健校勘，中华书局2016年版，第4401页。
⑦ 《明神宗实录》卷二四六，黄彰健校勘，中华书局2016年版，第4583—4584页。
⑧ 张廷玉等撰:《陆光祖传》,《明史》卷二二四，列传一一二，中华书局2000年版，第3930页。

日）由南京兵部尚书、参赞机务改任吏部尚书的孙鑨[①]不甚了解而言。

上述信函中所列出的时局与人事变动，件件确凿，时间清晰，都是发生在明万历二十年二月至四月期间。因此可以坐实，刘应秋的这通《与汤若士》尺牍作于万历二十年四月之后。准确地说，从尺牍中"家大人五月书来"句可得知，此尺牍具体作于五月末或六月初。

其次，此时的汤显祖是身在临川，还是徐闻？

从尺牍"今岁凡五得仁丈书，其二自徐闻所寄，其三则抵家后也"句中看，刘应秋此时应收到了汤显祖的五通信函。现在除了在《汤显祖全集》保留有一通可以确定是汤显祖在徐闻时写给刘应秋的信函以外（见后叙），其他的已无迹可寻。但丝毫不影响对明万历二十年春汤显祖回到临川的史实认定。细析如下：

一是"今岁凡五得仁丈书，其二自徐闻所寄，其三则抵家后也"，已经清晰地说明，此时的汤显祖应当是在临川家中，如果是在徐闻，就不是"抵

抚州临川文昌里太平街旧影

① 《明神宗实录》卷二四六，黄彰健校勘，中华书局2016年版，第4591页。

家后”而是“抵徐闻后”了。二者取一，别无其他。

二是“读文《贵生》《复明》二说，近况已蒸蒸大道矣”。此处的《贵生》指的是汤显祖的《贵生书院说》，《复明》指的是《明复说》（《复明》应是刘应秋的笔误，下改，无须再考）。《贵生》《明复》这两篇文章都是汤显祖在徐闻所作，这已为学界所共识。“读文《贵生》《明复》二说”，意指最近读到，即是汤显祖从徐闻回到临川后，将这两篇文章寄给了刘应秋，并以此邀托他撰写《贵生书院记》。关于撰写《贵生书院记》一事，在刘应秋《与汤若士》第十三通与第十五通尺牍中也有所提及。

三是“吾兄再须广行，可在何时？”如若汤显祖此时不在临川，何来如此之说？一个“再”字，不是足以说明，汤显祖此时已经在临川了吗？这也与刘应秋《与汤若士》第一通中“吾丈行，或暂不携家，看彼中景何如，若不欲，求差假归”，以及第三通中“抵徐闻后便可图归”相连贯了。也就是说，到徐闻后的去与留，由汤显祖自己相机而定。

那么再来看看汤显祖本人所写的诗文：

> 《秋发庾岭》：“枫叶沾秋影，凉蝉隐夕晖。”[①]
>
> 《新归偶兴》：“越江初服映春丝，深院炉香隐几时。”[②]

去时（万历十九年）“秋影”，归来（万历二十年）“春丝”。不正是汤显祖所叙的“秋去春归”，恍如“六月一息”吗？所以，准确地说，汤显祖此次在徐闻，从去到回，合在一起计算，总共约摸六个月的时间。即明万历十九年（1591）九月初从临川文昌里瑶湖渡口上船，到次年二月回到临川，

---

① 徐朔方校笺：《汤显祖全集》，北京古籍出版社 1999 年版，第 423 页。

② 同上书，第 471 页。

期间正好六个月。并且从《新归偶兴》“深院炉香隐几时”的诗句中可以得知，此时的汤显祖并没有得到“量移”浙江遂昌县令的信息，否则就不会有“隐几时”之句了。

综上可以坐实，徐朔方先生认为万历二十年春汤显祖回到临川的结论是正确的。只是先生的结论，仅是从汤显祖本人的诗文解读中得出，缺乏其他史料的帮衬，难免存在多解而受到质疑。特别是在徐先生所笺注的诗文中，有不少是用“秋去春归”无法解释的，难以自圆其说。出现这种情况的原因，是徐先生没有注意到，汤显祖此后还曾有过“再须广行”。

三、“再赴徐闻”考

如前所考，明万历二十年初，汤显祖确实从徐闻回到了家乡临川。并且从信函的内容看，刘应秋的这通信函，应当是接到汤显祖在临川给他的三通信函之后所作出的回复。令人关切的是，信函中“吾兄再须广行，可在何时”，似乎提示一个以往没有引起人们注意、然而却又是一个非常值得研究的课题。其理由：一是以明万历二十一年（1593）三月十八日，汤显祖到达浙江遂昌上任的时间倒推计算，期间尚有大半年，时间上不存在问题。二是从“吾兄再须广行，可在何时”的语句分析，应该是刘应秋对汤显祖的去函中所说到的“再须广行”的关切回应。也就是说汤显祖自己是有再赴徐闻的

徐闻县城　钟大生摄

打算。三是从汤显祖的两首“初归”诗中，既有《岭外初归……》[①]“暮云江水翠于蓝”的初春，又有《雷阳初归……》[②]“芙蓉小筑秋将老”的深秋。两首诗句，两个不同季节的“初归”，显然是不能合二为一的。

（一）春回临川动因考

在前面的考论中，已经得知了刘应秋有“若不欲，求差假归”，以及“抵徐闻后便可图归”的交代。也就是说，在徐闻待多长时间，应当做些什么事情，全由汤显祖自己而定。那么回到临川的汤显祖，为什么还要“再赴徐闻”呢？要说明清楚这个问题，必须先搞清楚汤显祖为何要在明万历二十年初春回临川。下面先从汤显祖写给刘应秋的一封信函[③]说起。全文如下：

> 今年大计殊佳，是陆公晚节得意处。但如此亦真是奇士矣。承手命，弟一生大病，坐于多读多言，多读多芜，多言多漏，今稍愧悔。兄其许我乎？海上尉当一二年，安心供职。郭考功[④]未即开府，何也？逐臣无所忻，喜清人得政耳。

前面我们已经知道，陆光祖是明万历二十年三月从吏部尚书任上退休的。因此，汤显祖的这封信函应当是作于陆光祖退休之前，也就是万历二十年春在徐闻期间。此信函告诉我们一个基本史实，就是：尽管当时的时局有所变化，但汤显祖对陆光祖万历十九年末主持的“京察”会有多大的雨露恩惠到自己身上，是不抱希望的。“承手命”，既然命运安排如此，那就“海上尉当一二年，安心供职”罢了。信函中丝毫看不出汤显祖有回临川的打算。

① 徐朔方校笺：《汤显祖全集》，北京古籍出版社 1999 年版，第 473 页。

② 同上书，第 477 页。

③《与刘士和司业》，见徐朔方校笺：《汤显祖全集》，北京古籍出版社 1999 年版，第 1311 页。

④ 郭考功是何人，暂无考，但汤显祖有《送郭考功北征采药南归》五言诗一首。诗中的郭考功在《汤显祖全集》中亦无考。

所以，汤显祖于明万历二十年春回临川，并不是不想干了，而是家中有非常重大的事由。那么，是什么重大事情促使汤显祖千里迢迢从徐闻回到家中呢？在前面所展示的刘应秋《与汤若士》第四通信函中，似乎可以看到点滴缘由：

吴曙谷过白门，备悉两尊人健安，及居起闲适状，甚慰所思。……在伯之前宜曲意承欢，比往时更须加倍顺亲底豫，非有真精神不可。此皆天之所以玉兄也。

从字面上看，应当是抚州崇仁人吴道南回家探亲途中到了临川，探望了汤显祖，后路过南京时，与刘应秋见了面谈及此事，刘因而得知汤显祖的父母大人身体状况，甚感欣慰且有所思。也许是还得知了汤显祖服侍双亲很是辛苦，所以信函中劝导汤显祖在父亲面前要委曲己意，多些担待与忍耐，需要比往时加倍地奉承老人，博取欢心。如此这般，非要有真情实意不可，这样才是天底下最好的兄长了。然而从年岁上看，此时汤显祖的父亲汤尚贤年仅 65 岁，母亲吴氏则只有 61 岁，并非老态龙钟不可自理。[①] 那么又是什么原因要做儿子的汤显祖比往时更须加倍地顺从老人家，使其得到欢乐呢？恐怕答案只有一个，那就是老人生病了。在视孝道为天的古代，若父母生病，哪怕是弃官不做，也要回家服侍的事例俯首可拾。汤显祖同样如此。这从《文昌汤氏宗谱》所载《若士公传》可略见一斑：

与其两尊人居，则柔气愉色，迎所欲恶而先意为之，小不谐怿慄慄忧虞，若负重辜然，与其五兄弟俱解衣分餐粥，其逮而补

① 《文昌汤氏宗谱》之《敕封太常寺博士承塘汤先生元配吴太恭人合葬墓志铭》：“翁生于嘉靖戊子年十二月二日，卒于万历乙卯正月十一日，享年八十有八；恭人生于嘉靖庚寅年十一月初八日，卒于万历甲寅年十二月二十一日，享年八十有五。”

其缺失，务令得两尊人欢，以一人而兼兄弟五人以事其亲，故两尊人老而致足乐。

《岭外初归，读王恒叔苍山寄示五岳游，欣然成韵》记：“时时采药仙华苑，稍稍占花佛影龛。”[①] 在汤显祖的精心照料下，父母的病体应当很快就康复了，“告假”而归的他自然会有再返徐闻的想法。

（二）为何要“再赴徐闻”

首先，从刘应秋的“读文《贵生》《明复》二说，近况已蒸蒸大道矣”所透露的信息分析，贵生书院的建设应在其时。

在徐闻，汤显祖知其“此地人轻生，不知礼义”[②]，在寓所办起了贵生书院。“海之南北从游者甚众”[③]“至则蹑衣冠而请谒者，趾相错也……诸弟子执经问难靡虚日，户屦常满，至廨舍隘不能容”[④]。正因为来听讲的弟子甚多，寓所容纳不下去了。于是在县令熊敏的支持下“会其时有当道劳饷，可值缗钱若干。义仍以谋于邑令熊君，择地之爽闿者，构讲堂一区”[⑤]。应该说，

贵生书院　钟大生摄

① 徐朔方校笺：《汤显祖全集》，北京古籍出版社 1999 年版，第 473 页。

② 同上书，第 1501 页。

③ 清宣统三年《徐闻县志》。

④ 刘应秋：《徐闻县贵生书院记》，见《四库禁毁书丛刊补编》第 73 册《刘大司成文集》，北京出版社 2005 年版，第 75 页。

⑤ 同上书，第 75 页。

汤显祖在初春离开徐闻时，贵生书院尚在“构”划之中，现在离开已有几个月，想必筹备也差不多，可以开工了。作为构划者，只有在现场才更能实现自己的意图，他人是难以代替的。

其次，从其贬谪徐闻期间所作的诗文推测，应该有“海南之行”的打算。

关于汤显祖有否“海南之行”？徐朔方先生十分谨慎，在其《汤显祖年谱》《汤显祖评传》著作中无一字提及，但他在《汤显祖全集》涉及徐闻的部分诗文的笺注中，却留下推敲的空间。如《送卖水絮人过万州》《万州藤障子歌》《黎女歌》等笺注是“同前诗”，即“作于万历二十年壬辰春，在徐闻典史（添注）任”[①]。而实际上从《恩平午火》“二月桃花绛雪盐”[②]句中可以知道，二月初春时，汤显祖已经离开徐闻，不可能有这个“同前诗”的时间档。黄芝冈先生则在他的《汤显祖编年评传》中直言：“汤在徐闻期间，曾一度由白沙泛海到琼州定安县游五指山，有《白沙海口出沓磊》《定安五胜诗》（指《五指山》《彩笔峰》《金鸡岫》《马鞍岘》《青桥水》五首诗），《徐闻泛海归百尺楼示张明威》等诗，又有《琼人说生黎中先时尚有李赞皇诰轴遗像在，岁一曝之》一诗。”[③]近十几年来，不少的学者撰文支持汤显祖有“海南之行”的观点，其中龚重谟先生更是在他的《汤显祖大传》中用了很长一节的篇幅阐述“汤显祖到徐闻后确又跨海观游了琼州”[④]。对此，徐闻的学者坐不住了，其中钟大生先生撰写了14000多字的长文《汤显祖到过海南吗——与龚重谟先生商榷》予以批驳。其中心论点是：汤显祖“从来徐闻到离开，在徐闻的任职最多有四个月。由此可见，汤显祖上任时间极短和身份限制，不可能到海南旅游，更不可能达‘一个多月’”[⑤]。

---

① 徐朔方校笺：《汤显祖全集》，北京古籍出版社1999年版，第463—464页。

② 同上书，第468页。

③ 黄芝冈：《汤显祖编年评传》，中国戏剧出版社1992年版，第179页。

④ 龚重谟：《汤显祖大传》修订版，上海人民出版社2015年版，第153—161页。

⑤ 《岭南行与临川梦——汤显祖学术广东高端论坛》，花城出版社2016年版，第377页。

笔者认为，如果仅就汤显祖在明万历十九年十一月下旬到达徐闻，次年二月就匆匆离开而言，期间只有两三个月的时间，确实是不可能有游览海南之举的。但如果放到“再须广行”的背景下呢？也就是说，汤显祖的“海南之行”，只能是在明万历二十年初夏“再赴徐闻”之后，否则就只能是臆断了。而上述所列诗文，作为汤显祖“再赴徐闻”与“海南之行”的证据，已经是非常充分了。

据上所考，汤显祖明万历二十年春回临川与初夏的“再须广行”，对他来说，都是生命中同等重要的事情。除此之外，是没有任何理由能够阻止他在万历二十年春，千里迢迢地回到家中，也没有任何理由又促使他冒着酷暑，千里迢迢地再赴徐闻了。至于明万历二十年深秋，汤显祖第二次离开徐闻回到临川，其原因从刘应秋的第六通信函中“仁丈莅任果三月十八日乎”，似乎可知，汤显祖此时应当是得到了“量移”遂昌的“消息”，而回家准备赴任的。这在《徐闻熊明府以鸡舌赠别，期复为郎也，却赠》[①]一诗中“三省郎官事已往，与君吞却沉香花”，也能略知一二。邹迪光《临川汤先生传》：“居久之，转遂昌令。”汤显祖这次从徐闻回临川，在家大概待有三四个月之久，然后赴遂昌令。

（三）涉及岭南地区的夏、秋季诗文考

在汤显祖与徐闻有关联的诗文中，有不少是“秋去春归”“六月一息”无法解释得了的。细析这些诗文，可以发现，它们犹如草蛇灰线，隐藏着汤显祖“再赴徐闻”的依据。

其一，《阳江避热入海，至涠洲，夜看珠池作，寄郭廉州》：“春县城犹热，高州海似凉。”徐朔方先生对此诗的笺文是：“作于万历十九年（1591）辛卯

① 徐朔方校笺：《汤显祖全集》，北京古籍出版社 1999 年版，第 467 页。

冬，贬官徐闻道上……显祖此行自阳江入海，直抵涠洲，然后折返徐闻。”[①] 从诗意看，此行的缘由是春县（阳春县）的天气很热，故从阳江入海，到涠洲避热。“乌艚藏黑鬼，竹节向龙王。”乘坐的应当是当时最常见的民间乌艚船，否则就不会有“竹节向龙王”的字句了。从航线看，阳江距涠洲岛航程约 300 多海里，相当于 600 公里。按每天行驶 50 海里计算，全程不仅至少需要六天时间，而且必须经过徐闻港且要靠岸补给。所以，如果不是天气热不可耐，初次抵达徐闻的汤显祖，决不会如此失礼，路过而不上岸，径直去涠洲岛避热的。对此徐先生用了两个“也许”作为解释：“也许是‘风斜别岛样’，船过徐闻靠不了岸，只得随风漂流，也许又是他游兴勃发，乌艚船直到几百里外的涠州岛才停泊。”[②]

涠洲岛汤翁台　林芳摄

而从汤显祖诗《番禺江上七日长至二首》[③] 可以得知，汤显祖是 1591 年 12 月 22 日冬至这一天才离开广州，继续前往徐闻的。依此时间，辨析当其时的气候状况，可以发现，湛江沿海地区的冬季尽管非常温暖，但并非热不可耐。据《湛江地区气候志》，本地区夏季为（公历）5—9 月，各地平均气温可达 28—30 摄氏度，最高气温达 37—38 摄氏度。10—11 月为本地区的秋季，北风渐起，气温逐渐下降，平均气温只有 20 摄氏度左右。冬季则是在 12 月至次年 2 月，气温更低，不可能存在热不可耐的现象。（见下表）

① 徐朔方校笺：《汤显祖全集》，北京古籍出版社 1999 年版，第 458 页。
② 徐朔方：《汤显祖评传》，南京大学出版社 1993 年版，第 78—79 页。
③ 徐朔方校笺：《汤显祖全集》，北京古籍出版社 1999 年，第 453 页。

广东岭南地区历年十二、一月份冬季平均气温表（℃）[①]

月 \ 县名 \ 旬		徐闻	廉江	高州	阳春	阳江
十二	上	18.2	17.9	17.6	16.6	16.6
	中	18.4	17.6	17.3	16.1	16.6
	下	17.7	16.2	16.1	15.3	15.8
一	上	15.8	14.6	14.4	13.5	14.2
	中	15.8	15.2	14.9	13.9	14.5
	下	16.6	15.8	15.6	14.6	14.8

资料来源:《湛江地区气候志》资表—4（4）（1）《历年各月逐旬平均气温表》（摘录）。

从表中可以看到，岭南地区冬季的气温并不高。并且在《湛江地区气候志》“历代灾情和异常天气史料辑录”中，明万历十九年秋冬也未有极热天气的发生。所以，从气候学的角度分析，汤显祖“阳江避热入海，至涠洲……”不可能是“万历十九年辛卯冬”，而应当是万历二十年夏（约7、8月份），“再赴徐闻”途中所发生的“避热至涠洲”。

又据广东学者刘世杰考证，汤显祖诗题中的“郭廉州”是明万历二十年五月任廉州知府的。由此也证明，汤显祖是在五月之后的夏天“避热入海，至涠洲”，并将此诗“寄郭廉州”的。因为明万历二十一年（1593）三月十八日，汤显祖已经到达浙江遂昌令任上了。这个时间点有文献作证，应是无疑义的。然而刘世杰在他的另一篇同名之作《汤显祖被贬徐闻典史时间考略》[②]中，却以郭廉州是万历二十年五月任廉州知府为据，推定汤显祖到达浙江遂昌令的时间是在万历二十二年（1594）三月。如此，就有曲解之嫌了。

① 广东省湛江地区气象局编：《湛江地区气候志（内部资料）》，1974年，第189、186页。
② 刘世杰：《汤显祖被贬徐闻典史时间考略》，见《徐闻文史第二十三辑》，第103页。

实际上，持与徐朔方先生不同观点的早有人在。如黄芝冈先生在他的《汤显祖评传》中认为，汤显祖阳江避热的时间是“汤在徐闻期间，……曾往阳江入海避热，有《阳江避热入海，至涠洲，夜看珠池作，寄郭廉州》诗”①。只是黄先生认为，汤显祖万历二十年一直都是在徐闻罢了（见本书开篇所述）。

其二，《寄怀徐闻陈公文彬旧游》②：“雷翥天飞海色青，一时风雨滞炎溟。”诗题中的陈文彬③，是汤显祖在徐闻时结交的当地朋友，曾任随州知州，当时退休在家，两人交往甚密。《寄怀徐闻陈公文彬旧游》尽管不是当时之作，也是对当时情形的回顾描写。诗句“雷翥天飞海色青，一时风雨滞炎溟”是说：海面上雷声滚滚，闪电犹如火龙掠过天际，过后大海与天空一样蔚蓝，闷热的天气随之凉爽了起来。据《湛江地区气候志》介绍，徐闻的雷雨天气主要集中在每年的4—9月的夏季，秋季雷暴雨偶尔有之。从而说明，明万历二十年夏秋季，汤显祖是在徐闻生活的。

槟榔树

其三，《槟榔园》等诗对四季的描写：“含胎细花出，繁霜清夏沉。千林荫高暑，羽扇秋萧森。上有垂房子，离离隐飞禽。露乳青圆滋，霜氲红熟禁。”由于汤显祖有了两次在徐闻的生活经历，所以才会有涵盖四季的如《槟榔园》《黎女歌》《海上杂咏二十首》等一批被明人沈际飞评为“风土志”式的“咏物诗”。换句话说，汤显祖如果没有夏秋季在徐闻的亲身体验，仅凭道听途说，

① 黄芝冈：《汤显祖编年评传》，中国戏剧出版社1992年版，第179页。

② 徐朔方校笺：《汤显祖全集》，北京古籍出版社1999年版，第473页。

③ 陈文彬：据徐闻学者钟大生考证，陈文彬大约生于嘉靖初，至明万历三十四年（1606）逝世，享年80岁左右。曾任广西梧州陆川县吏目，福建汀州连城县教谕，广东惠州和平县知县，明万历二年（1574）任湖广省德安隋州（今随州）知州。何时致仕不详。

是写不出观察如此细致、描写如此生动的风土诗来的。[①]

归于深秋的诗文有：

其四，《雷阳初归……》："芙蓉小筑秋将老，菊蕊孤尊瞑欲醺。"诗句中的"秋将老"，以及"菊蕊孤尊瞑欲醺"的景物描写指的都是秋天，表明汤显祖是在明万历二十年的秋天再次从徐闻回到临川的。

其五，《阳秋馆诗赋选序》："（帅机）龙蛇在岁[②]，被病息夏。会予归自岭海……"这段话的意思是，我从岭南回到家中后到看望（帅机）。他的身体状况极差，整个夏天都是喘息不止，大有"命数当终"之感觉。此处的"息夏"二字，表明时间是在夏季停息之后。

四、万历二十年汤显祖在临川主要活动考

汤显祖在明万历二十年两次回到临川，到万历二十一年三月赴遂昌令，前后共在家中待了大约半年多。在这两段时间里，他除了尽家中长子之孝以外，还做了些什么呢？笔者通过文献梳理，认为主要做了两件大事。

（一）为帅机编选《阳秋馆集》

帅机（1537—1595），字惟审，号谦斋，江西临川唱凯鹅龙村人。帅机"生而颖异，过目不再"。九龄中秀才，十五龄中举。明隆庆戊辰（1568）登进士第。比汤显祖大13岁的帅机，在汤显祖父亲的延引下，与年幼的汤显祖"共事笔砚"[③]"进食称觞，朝夕无废"[④]，结成至交，"两人同心，止各一

① 徐朔方校笺：《汤显祖全集》，北京古籍出版社1999年版，第466、465页、460页。沈际飞评《槟榔园》"平实，是咏物诗"，评《黎女歌》"风土志"，评《海上杂咏二十首》"可备风土志"。

② 龙蛇在岁，应为成语"在岁龙蛇"的倒装句式使用，意指"气数将尽"。

③ 《承塘公传》之《文昌汤氏宗谱》。

④ 《承塘公墓志铭》之《文昌汤氏宗谱》。

头”[①]。坊间曾称“帅博汤聪两神童”。帅机虽历官浙江平阳知县、南礼部精膳司郎中、贵州思南知府、南京刑部郎中等职，然而从政并非其所长，屡遭挫折，身体每况愈下，无奈在“万历甲午（1594）秋，引病自免，家居”[②]，不久病逝，终年 59 岁。

帅机喜古文，爱词赋，文学造诣较高，上于朝廷的文字多得朝廷的赏识与嘉许。他的诗赋丰富，题材多样，意境深远，语句清丽，别有韵致。“金陵荐绅好奇字者，竞相传写。”早在万历七年（1579），汤显祖与谢廷谅就曾为帅机选编过三百篇的诗集。现存《阳秋馆集》中的第十七卷（76 首）就是当年汤、谢为之选编版本的遗存。帅机的诗赋数量极为繁富，前后刊行约数百余卷，所以汤显祖《阳秋馆诗赋选序》说“帅集恨多……多则人不知贵”[③]。

明万历十九年，帅机回到临川养病。九月，汤显祖往徐闻，启程前曾往帅家道别。帅机为汤显祖作《喜汤义祠部奏弹权贵谪尉雷阳》诗相送，诗中写道：“知君逸气凌梅尉，谪籍终当洽隐沦。”[④]然而，一年后，当两人再次见面时，帅机已是病入膏肓了。也许是帅机知道自己来日不长，所以托付显祖为他编选诗文集。此事在汤显祖所作的《阳秋馆诗赋选序》中有载：

> （帅机）先有集若干卷。龙蛇在岁，被病息夏。会予归自岭海，谓曰：“千秋谁知定吾文者，可谓知言。余集，子其定之。”乃为正定若干卷。

文中的“息夏”二字颇能说明问题。明万历十九年秋，汤显祖赴徐闻，

---

① 汤显祖：《赴帅生梦作》，见《汤显祖全集》，北京古籍出版社 1999 年版，第 262 页。

② 《惟审先生履历》之《阳秋馆集》，见《四库禁毁书丛刊》，集一三九册，北京出版社 1997 年版，第 202 页。

③ 徐朔方校笺：《汤显祖全集》，北京古籍出版社 1999 年版，第 1143 页。

④ 《阳秋馆集》，见《四库禁毁书丛刊》，集一三九册，北京出版社 1997 年版，第 355 页。

两人会面于临川，有两人的诗作为证，不存在疑义。万历二十一年三月，汤显祖已赴浙江遂昌令，夏秋都在县令任上，不存在“会予归自岭海”，唯一选项只有明万历二十年。所以，汤显祖为帅机编选《阳秋馆集》应是这年之事。

汤显祖如何为帅机的著作选稿的？现存《阳秋馆集·铅山后学费元禄序》有这样一段记叙：“厥刊述级为繁富，义人乃为分别淄渑，标举奇胜，存其什伍，留之卷帙。”① 汤显祖选编的《阳秋馆集》史称四十卷，已失传。现在能看到的清乾隆四年（1739）修献堂刻本二十三卷目录一卷本（计 1097 篇诗赋文），是帅机的五世族孙帅光斗、六世族孙帅滨，从兵祸焚毁与虫朽的残存藏版和散佚收集而来的。尽管其中共有十七卷卷首注明“友人汤显祖若士甫选”的字样，但已是后人重选、汇刻而成，看不出当年的概貌了。

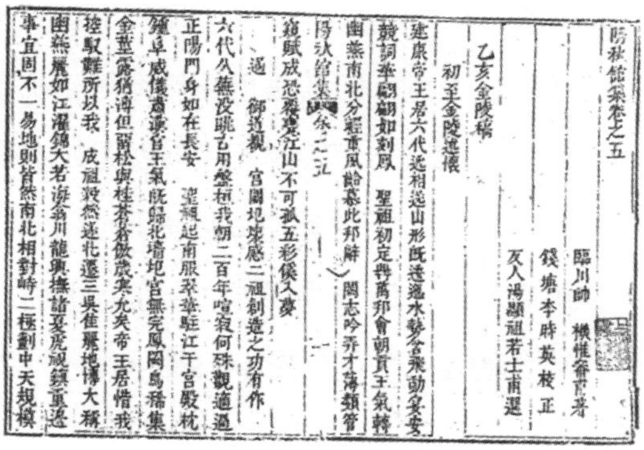
陽秋館集卷之五
臨川帥機惟審甫著
錢塘李時英校正
友人湯顯祖若士甫選
乙亥金陵稿
初至金陵述懷

《阳秋馆集》书影

（二）小筑芙蓉馆

在汤显祖明万历二十年回到临川后所作的诗文中，有两处说到“小筑”：

《岭外初归……》：瘴岭夜珠回合浦，临川小筑寄香楠。②

《雷阳初归……》：芙蓉小筑秋将老，菊蕊孤尊瞑欲醺。③

① 《阳秋馆集》，见《四库禁毁书丛刊》，集 139 册，北京出版社 1997 年版，第 190 页。

② 徐朔方校笺：《汤显祖全集》，北京古籍出版社 1999 年版，第 474 页。

③ 同上书，第 477 页。

后人把前一个“临川小筑寄香楠”，解读为“城东文昌里故宅，因隆庆六年（1572）除夕，邻里引起的一场大火被烧毁殆尽，致使一家过着‘十载居无常’的日子。为解决住房因难，早在万历十年（1582）前后，其父汤尚贤就在香楠峰下其家塾旁建了几间小巧雅致的住宅”[①]。依此意，此“小筑”指的是居住之意，即汤显祖从徐闻回到临川，居住在香楠峰下的宅子里。而对“芙蓉小筑”却无所提及。问题是，芙蓉馆是玉茗堂内的建筑之一。按照现在学界的观点，玉茗堂是明万历二十六年（1598），汤显祖从遂昌弃官回到临川后所建。那么这万历二十年诗中的“芙蓉小筑”从何而来的呢？

巧合的是：笔者在修于1981年、出版于1992年的《金溪县志》中看到了这样一段记述：

> 万历二十年，汤显祖回到临川。因家中人口增多，文昌里的故居房子太小，想找个清静的地方盖一新房。高应芳得知这情况，便把自己闲置不用的废旧房舍卖给他，供建新居玉茗堂。万历二十六年汤弃官归家，同年七月二十日全家搬进了玉茗堂。[②]

此段出自《金溪县志》第二十一篇的“汤显祖与金溪诸友”交游逸闻，中有汤显祖与谢廷谅、谢廷讃、吴仁度、胡桂芳的交往逸事若干件，件件可考。与高应芳交游两件，其中明万历三年（1575），高应芳为汤显祖诗集《红泉逸草》承担校稿，无须再考。由于明万历二十年汤显祖购买高家旧宅，这是一个新发现的线索，为此，笔者多年中数次寻访金溪，企图找到其资料的源头，未果。据《金溪县志·后记》载：在前期资料收集阶段中，到全

① 龚重谟：《汤显祖大传》，北京燕山出版社2014年版，第165页。

② 《金溪县志》，新华出版社1992年版，第471页。

国各地 10 多个省、市，30 多个县（市）查阅档案卷宗上万卷（册），摘抄资料 400 多万字，访问记录 40 多万字，发出涵索 300 多件。编写工作从 1983 年 1 月开始，12 月完成近 70 万字的初稿。参与撰稿的 11 人，大多是从本县各单位抽调而来，完成初稿后又各回其单位。现今他们都已是六七十岁的耆老，甚至不乏八九秩之寿者。笔者寻访了几位当年撰稿人，他们异口同声地回答：“《县志》中所撰写的每一段话，都是有根有据的。”但要他们回忆具体事项，却因事过近 40 年，无人能够作答。而其原始资料与初稿底稿，因县志办公室多次搬家而了无踪迹。

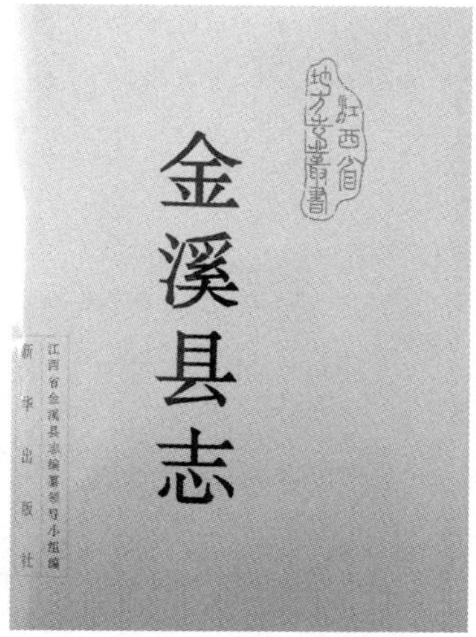

1992 年版《金溪县志》封面

尽管《金溪县志》中所载汤显祖在明万历二十年购买高家旧宅之事还需进一步追溯，但它对辨析汤显祖的诸多诗文，解决学界的诸多争议，提供了一条新的思路。

其一，汤显祖《新买谷南高冏卿比舍，卿病废卧久，追念昔时歌泫焉》诗作时间辨。

现学界都以这首诗作时间，而认定其为汤显祖购买高家旧宅改建玉茗堂的起始时间。此观点源于徐朔方先生的笺注（下见详叙）。然而从《汤显祖全集》笺校的总体看，徐先生是将现存的按照诗体分卷的明万历刻版《红泉逸草》《问棘邮草》《玉茗堂集》打乱，“按年重编”[①] 的。其必然存在错讹考之处。正如徐先生自己所说：“笺文是对每一首作品的人事关系和创作年

① 徐朔方：《汤显祖全集编年笺校·凡例》，见《汤显祖全集》，北京古籍出版社 1999 年版，第 20 页。

代的考订。……在四个世纪之后要将他们一一辨认清楚，简直是不可能的事。”[①] 就此辨析《新买谷南高冏卿比舍……》[②] 一诗：

沙井西头少仆居，江梅赵礼昔贤余。
新知一病同欢少，废里千金买宅虚。
月下笑声分的皪，风前棊兴觉消疏。
犹怜出饯鸣驺日，谁信拉舆归草庐。

徐先生的笺注是：“作于万历二十六年（1598）戊戌，家居。”并说：汤显祖“遂昌弃官回来之后新买一所旧宅，恰好和家塾连成一片，这才奠定后来玉茗堂的格局，成为它主人常用的名号。整个家园占地约五市亩，大体成矩形，每边 60 米左右。”[③] 然而，从诗的整体看，除诗题中有“新买”二字外，并无可供推敲的时间信息。将其诗作编年为明万历二十六年（1598），不知依据在何？退步而言，即便这首诗确实是明万历二十六年所作，仅凭诗题中的“新买”二字，就判定其购买高家旧宅的时间是诗作的时间，是不是太武断了？这就好比有人五年前购买商品房，五年后装修搬进去住，就此推定此房是搬进的时间购买的，不是有些荒唐吗？

其二，对“瘴岭夜珠回合浦，临川小筑寄香楠”“芙蓉小筑秋将老，菊蕊孤尊瞑欲醺”诗句，能作出更为合理并且连贯的解读。

笔者认为，两个“小筑”含意不一。“临川小筑”是指明万历二十年春，汤显祖回到临川，将高应芳旧宅买下后，而“小筑”其屋（维修建造之意）。也有可能是汤显祖正在原住屋旁加盖“小筑”（指房屋的规模较小），高应

① 徐朔方：《编年笺校汤显祖全集·缘起》，见《汤显祖全集》，北京古籍出版社 1999 年版，第 14 页。

② 徐朔方校笺：《汤显祖全集》，北京古籍出版社 1999 年版，第 554 页。

③ 徐朔方：《汤显祖评传》，南京大学出版社 1993 年版，第 112 页。

芳见后，将自己多余的一片旧宅转让给汤家。毕竟高、汤两家原本就是关系甚密的邻居。并且这次的“小筑”，应该是与新购旧宅的修缮同步进行的。房屋多了，给每栋屋子命个雅号，是中国士大夫们的癖好。所以年初的“临川小筑”（动词，建筑的意思），到了深秋建成时，就成为“芙蓉小筑”（名词，居住的意思）了。“芙蓉小筑秋将老，菊蕊孤尊瞑欲醺”。诗人在“芙蓉小筑”里，赏花独饮，愉悦的心情跃然纸上。

其三，对明万历二十三年（1595）春，汤显祖在遂昌对《紫钗记》再作修改，并在第一出“本传开宗”“【西江月】点缀红泉旧本，标题玉茗新词”[①]首次出现的“玉茗”一词，提供史实的依据。这说明，在新购的高家旧宅中，汤显祖至少已经有想法将其中的一栋楼房命名为“玉茗堂”，否则何来“玉茗新词”之说？只是剧词为了求得对仗“红泉”，而简称“玉茗”罢了。

其四，对《牡丹亭》剧作的创作，能够在明万历二十六年（1598）秋完成于临川，提供了较为充裕的时间保证。否则三月弃遂昌令回到临川，七月搬进玉茗堂新居，仅在三四个月的时间里，既要协商购买高家旧宅，又要修缮、搬进新居，还要进行《牡丹亭》的创作，无论怎样解释，都显得十分牵强。

① 徐朔方校笺：《汤显祖全集》，北京古籍出版社 1999 年版，第 1875 页。

汤显祖为母家族人所作两篇《墓志铭》考

临川区青泥镇广溪老吴村

2016 年 12 月 4 日，因临川杨友祥先生《找到广溪》[①]一文中提供的"临川区青泥镇广溪吴家是汤显祖母亲家"的信息，笔者与朋友一行四人驱车来到青泥。原意只是想浏览一下广溪吴氏族谱，拍几张照片，以作资料留存。在青泥镇街上，几经周折，寻访到了吴氏族人吴伙生先生。他在明白来意后，热情地把我们领到约二里路开外的老吴村，取出《广溪吴氏六修族谱》残谱与 1993 年重修的《广溪吴氏七修族谱》。如同村前扎根在抚河堤岸上的千年大樟树一样，这是一个具有悠久历史的大家族。但遗憾的是，无论是"六修"还是"七修"的族谱，都存在着程度不同的残缺。然而，它不仅仍然保留了汤显祖与他的学生陈际泰所撰的吴氏祠堂古堂联，更令我们惊喜的是，还发现有

① 杨友祥著：《魅力汤显祖》，团结出版社 2015 年版，第 101 页。文中对汤显祖对联的解释是："其中'宣君不受宣'说了一个典故，吴氏高祖季札是春秋时吴王诸樊之弟，吴王多次推让君位给他，他都不接受，最后在延陵定居。"显然，这与青泥吴氏宗谱的记载是不相符的。

汤显祖撰写的两篇未曾有过任何信息披露的墓志铭。文中所叙述的数次在母家的情形，是汤显祖与母家亲密交往的真实记录，惜墨如金间，填补了汤学研究中诸多的空白。为此，笔者对这两篇佚文分别进行了句读与具考。

一、《宠十七公墓志铭》

赐进士第南京礼部祠祭司主事愚甥汤显祖顿首拜撰并题盖

本郡乡之南去羊城[①]七十里，八十五都[②]广溪吴姓者，乃予母族也。以庚午领乡荐辄礼闱，尝出外家，时有元舅、宠十七公，昕夕共谈笑。而外大父道六公、外王母赤堪[③]张俱仙逝。迄癸未京试及第，授礼部郎，赍敕荣归，二舅氏犹忻然往贺。至数岁，二舅抵予官舍，把酒自娱，洎从南京至家，不数日，遂以疫终，一别不获见焉。吾舅平生嗜于酒，不治家务，荦荦一散人也。舅之为人仁厚，其心愿朴，其貌清羸，其体在乡闾宗，虽睚眦不形于色，恶语不发于声，惟靡靡循顺而已。吾舅讳惑，字德明，

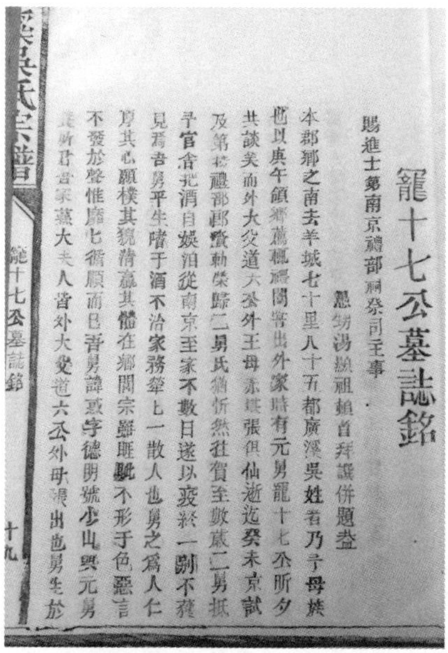
吳氏宗譜
寵十七公墓誌銘
十九
寵十七公墓誌銘
賜進士第南京禮部祠祭司主事
愚甥湯顯祖頓首拜撰併題蓋
本郡鄉之南去羊城七十里八十五都廣溪吳姓者乃予母族
也以庚午領鄉薦輒禮闈嘗出外家時有元舅寵十七公昕夕
共談笑而外大父道六公外王母赤堪張俱仙逝迄癸未京試
及第授禮部郎賚勅榮歸二舅氏猶忻然往賀至數歲二舅抵
予官舍把酒自娛洎從南京至家不數日遂以疫終一別不獲
見焉吾舅平生嗜于酒不治家務犖犖一散人也舅之為人仁
厚其心愿樸其貌清羸其體在鄉閭宗雖睚眦不形于色惡言
不發於聲惟靡靡循順而已吾舅諱惑字德明號少山與元舅
[illegible]大夫人皆外大父道六公外母張出也舅生於

《广溪吴氏宗谱》之《宠十七公墓志铭》书影

---

① 羊城：古时抚州城西北部有一山，其山有一石破土而出，似羊角，名羊角山，其东北低处有一石横出，似羊脚，称羊脚石，故抚州城别名“羊城”。

② 都：古时的一个行政区划制。八十五都位于现在的临川区青泥乡。

③ 赤堪：地名，待考。

号少山，与元舅养所君、吾家蕬大夫人，皆外大父道六公、外母张出也。舅生于嘉靖乙未年四月二十九日亥时，卒于万历己丑年三月十九日子时。厥子遍觅幽，未得安宅，停柩本里十五祀。越万历三十二年正月旦日癸丑寅时，始纳诸圹，考卜吉兆，奉棺葬王家陂酉山，卯向兼辛乙，永保终吉。舅娶塔下[①]李，生子阡[②]也、陇也、障也，女贵英。邗娶曾氏，生子二：长日信，次日伟；女三：长配樟山王，次赛姑、传姑；女贵英适赛源郑。予弟邗，偕弟颠惶诸予宅，言舅文以载公状用，志于碑石，垂之不朽云尔。予甚喜，慨然为铭。曰：

归墟征郁，郁□封堂，维舅之藏。潜德声闻，世袭其昌。

我居林下，备载行状。勒辞于石，万世允藏。

孤哀子隆七、隆十三、隆十七同泣血立石

二、《养所公郑氏孺人墓志铭》

临汝崇德乡[③]八十五都，广溪吴母郑孺人，乃清溪[④]郑公桥之女也。桥公家赀累万，常以好施为德，与吾外大父东山公为姻娅焉。故孺人，予之大妗，配子元舅养所公，享齐眉之庆，谐琴瑟之和，自合卺至皓（首），未尝反目。而公为昭武之德，人母亦为南乡之贤妇，娴于姆训，贻诸嫔则，举一切家务不烦，拮据而自理，即中馈之事，不必代庖而治之矣。孺人与吾舅共乐田园，甘其食，

① 塔下：地名。现为临川区鹏田乡邓坊塔下村。因村舍傍丘岗而立，舍前都有较高的台阶，形似塔，故取名塔下。

② 生子阡：此“阡”，及下句中的“邗”似为同一人，具体是哪个字的错误，无考。但从取名的部首来年，应当是“阡”。

③ 临汝：临川建县始于东汉和帝永元八年（96），因境内有临、汝二水，故初名临汝，归临川郡管辖。崇德乡：古时的崇德乡为今临川区的腾桥、鹏田，以及南城县沙洲镇的黄狮渡所构成。

④ 清溪，地名。现为临川区云山镇清溪村。

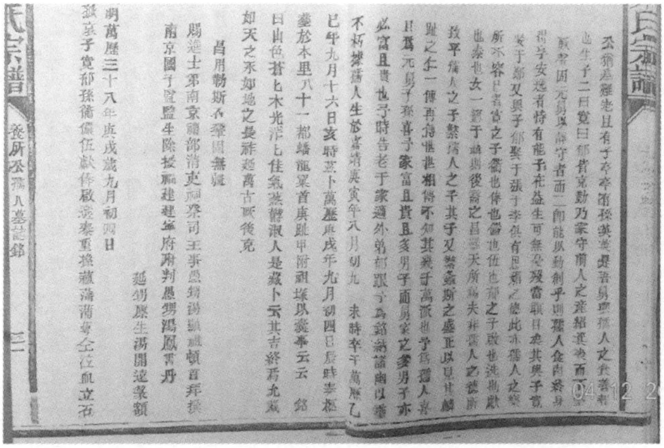

《广溪吴氏宗谱》之《养所公郑氏孺人墓志铭》书影

美其服，安其居，优游以卒岁已耳。予少为诸生时，尝读书外家，孺人视予犹子。迨予登进士，入官兰省，不得勤侍左右，徒遣使问候而已。予上言远谪，复过外家，而舅妗怡然。妗堂不数年，忽元舅告终，甚哀之。喜孺人独健，长舅十余龄，享春秋七十有六，寿亦永矣。第少年艰于子，苦于悲伤，舅惟恐其寿之不长，不意比公犹为难老，且有子亭亭，有孙英英，是吾舅与孺人之食善报也。生子二：曰宽、曰郁，皆克勤乃家，守前人之产，绍箕裘而不坠厥声。固元舅以静守者，而二即能以动创乎。则孺人食肉终身，得享安逸者，恃有能子在，盖生可无忧，殁当瞑目矣。其与子宽，娶于郑；又与子郁，娶于张、于李，俱有思媚之德，此亦孺人之乐所不容已者。宽之子衢也、俸也、俨也、伍也；郁之子启也、选也、献也、泰也。女一，适于聂。则后裔之昌，虽天所锡夫，非孺人之德所致。平（凭）孺人之子繁，孺人之子其子又繁，螽斯之盛，正以见其麟趾之仁。一传再传，世世相传，不知其几千万派也。予为孺人喜，且为元舅子孙喜。予家富且贵，且多男子，而舅家之多男子，亦必富且贵也。予时告老于家，适外弟郁，跟予为铭，纳绪幽以垂不朽。据孺人生于嘉靖庚寅年八月初九未时，卒于万历乙巳年九月十六日亥时。兹卜万历庚戌年九月初四日辰时奉柩，葬于本里八十一都蟠龙窠。首庚趾甲，附祖冢以囊事云云。铭曰：

山色苍苍，木光茫茫。佳气葱郁，淑人是藏。卜云其吉，终焉允藏。

如天之永，如地之长。祚延万古，厥后克昌。用勒斯石，巩固无疆。

赐进士第南京礼部清吏祠祭司主事愚甥汤显祖顿首拜撰

南京国子监监生除授福建建宁府府判愚甥汤凤[①]书丹

延甥禀生汤开远[②]篆额

明万历三十八年庚戌岁九月初四日

孤哀子宽、郁；孙：衢、俨、伍、献、俸、启、选、泰；

重孙：苏、藩、蒲、萼仝泣血立石

三、具考

由于诸多的原因，我们今天能看到的《广溪吴氏六修族谱》只剩下一册，七修谱中也注明有三代人的丢失，无法还原明清时期广溪吴氏人口沿袭的清晰面貌，甚至于连汤显祖外祖父的名字都查阅不到。但从族谱以及现存的汤显祖诗文中，我们仍然可以得到充足的印证。

---

① 汤凤：从铭文看，应与汤显祖是同辈兄弟。查《文昌汤氏宗谱》并无“汤凤”此人，而汤显祖的同胞兄弟汤奉祖，在谱中，“奉”“凤”两字尽管有混用现象，但功名与铭文中的汤凤也不尽一致。谱载：“凤祖，字廷仪，万历癸巳由禀恩选进士赏太仓州判”“奉祖由学生任太仓通判”。且清宣统《太仓州志》卷十一《职官表·判官》：汤凤祖，江西临川人，监生。而铭文中所列“福建建宁府府判”，查清康熙《建宁府志·职官·府判》，虽有一汤姓，但名盘，任职年号为“宣德间”，相距甚远。故汤凤其人待考。

② 汤开远（1588—1640）：字叔宁（清同治《临川县志》作“字伯开”，何故，无考），号谷灵，汤显祖第三子，时年13岁。明万历乙卯（1615）科举人，初授怀庆府推官，至按察佥事监安庐二郡军，明崇祯十三年（1640）朝议将用为河南巡抚，开远竟劳瘁卒官，赠太仆少卿。

（一）广溪吴家是汤显祖母家考

其一，在《广溪吴氏七修族谱》的谱序中，留有大量的文献，在《新修大祠记》文后，附有三副古堂联，其第二副为汤显祖所作：

忠孝相传，宣君不受宣[①]，善老端行，善引千年叠嶂金峨；

公侯必复，宅相前开宅[②]，庭兰盛绕，庭看万里高云玉马。

赐进士外孙汤显祖顿首拜题

第三副是汤显祖的学生陈际泰所题：

白马望深，延陵季子为高祖；

石羊城左[③]，义仍先生是外孙。

赐进士陈际泰题[④]

陈际泰题写的堂联，把汤显祖的字号“义仍”二字镶嵌在了其中。

在族谱中，我们还发现有汤显祖之子汤开远于明万历四十五年（1617）撰写的《恭所公暨李孺人墓志铭》。此铭中的恭所公，与汤显祖所撰《养所公郑氏孺人墓志铭》中的养所公，是父子关系。汤显祖父子先后为舅母母子撰写墓志铭，足见其来往之频繁，关系之密切。

① 宣君不受宣：前一宣，人名，宣公，吴氏江南始祖。后一宣，动词，宣封。

② 宅相：谓住宅风水之相。亦为外甥的代称。联中意思是吴家的风水可以助外甥显贵，吴家子孙发达。

③ 石羊城左：临川城古称羊城，汤显祖的玉茗堂坐落于城东，左方位。

④ 陈际泰（1567—1641），字大士，号方城，江西临川鹏田陈坊村人。明崇祯三年（1630）庚午科中举；崇祯七年（1634）甲戌科刘理顺榜进士。明末古文家，“临川四大才子”之一。

其二，汤显祖《哭外翁吴公允頫》[①]诗云：“并道青泥旗市开，谁言大隐即仙才。”既是说外公在青泥镇里声名浩荡，也表明青泥是母家所在地。在《宠十七公墓志铭》中更是清晰地表述为“本郡乡之南去羊城七十里，八十五都广溪吴姓者，乃予母族也”。

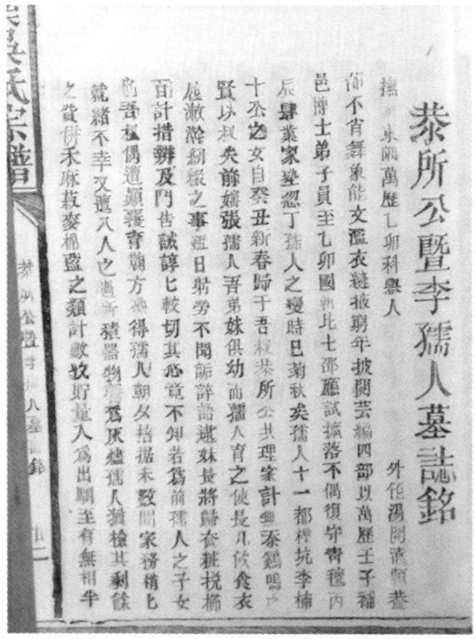
恭所公暨李孺人墓誌銘
外侄湯開遠撰

汤开远撰

然而，现青泥并没有一个实际的地名称广溪，又如何确认它呢？《广溪吴氏族谱》载有一份撰于宋开庆己未年（1259）的《广溪始祖厚传公》，云：“我公厚观清泥盘，因山水之秀，由长乐乡[②]石井迁而居焉，名其地曰：‘上庄’。上庄者，即今之广溪也。”其迁入时间为宋天圣二年（1024）。据此推论，广溪地名应是吴氏族人迁入后，看到这里溪流密布而自称的地名。

其三，据1986年版《江西省临川县地名志》，现在的青泥乡共有吴山、老吴、新吴、吴梅四个吴姓居住的自然村，共计三百多户，但都是由老吴村发支出去的，同为广溪吴氏一谱之族人。

以上史料表明，青泥广溪吴家确是汤显祖母家无疑。同时，汤显祖撰写的堂联中“宣君不受宣”句，还记录了一段失载了的隐秘历史，非常引人注目。其注脚在族谱中保存的历代承袭的始祖宣公夫妇木刻版画像及诗中：“不膺王爵孟家封，跋涉云山几万重。来向江南为始祖，后人千古仰高风。”《宣公行迹实录》说，宣公旧居西蜀阆州巫锡山，娶蜀王孟知祥之女。“元泰年（即后唐应顺元年）甲午（934）蜀将吏，极劝知祥称帝，遂即皇

① 徐朔方笺校：《汤显祖全编》，上海古籍出版社2015年版，第273页。

② 长乐乡：为现临川区罗针镇、云山镇，进贤县的文港镇、温圳镇，丰城县的箭港乡，南昌县的白马乡等所构成。

帝位于成都，国号大蜀。于是年为明德元年，封吾曾祖曰驸马宣城公、曾祖母曰公主孟氏夫人。知祥在位不一年而殂，太子仁赞即皇帝位，更名孟昶，未改年号，加封宣公为蜀王。宣公乃修德之长者，昼夜恐惧而有远虑，不膺王爵，竭家徙于江南。”孟知祥称帝建立后蜀国，这在《新（旧）五代史》[①]中都有记载。据传孟知祥有4位女儿，大女儿崇华公主，丈夫伊延环。三女儿金仙公主，嫁清河张虔钊长子张匡弼。四女儿兰英公主，嫁孙汉韶长子孙晏琮。唯有二女儿（孟延意）玉清公主，婚配给了谁，未有定论，[②]是否就是这位江南吴氏始祖宣公呢？不过这是另外一个尚待考证的课题了。

（二）汤显祖诗文与两《铭》之互证

其一，落宿广溪事件的一致性。汤显祖在明万历十九年（1591），因一疏而贬谪广东徐闻。这年九月初，他从临川出发，途中写下了许多诗句，第一首即是《初发瑶湖次宿广溪》[③]，诗句中的“星谪郎官远”，与《养所公郑氏孺人墓志铭》中“予上言远谪，复过外家”句，是同一事件的不同叙述。青泥与临川相距七十余里[④]，且逆水而上。古时的木船仅是摇橹，第二天到达青泥，已经是披星戴月了，故有“次宿广溪”之。至于“外家依广下”句，《汤显祖全编》笺注“广下”即是指广溪。笔者认为，这样判定并不完整，容易造成歧义。因为广溪并非实际地名，也没有“广下”的称法。诗句语言往往是宽泛的。在以水路外出为主的古代，依水流方向区分地理方位，不仅是一种语言习俗，而且是临川方言中的一个独特的组成部分。如南昌是抚河的下游，在临川方言中，到南昌去就成为下南昌了；而南城是抚河的上游，去南城便为上南城了。江西与广东接壤，循水路行走，江西境

① 《新五代史》卷六四《后蜀世家第四》，中华书局1999年版，第523页。

② 《孟知祥》，见“北城百科”：“玉清公主 孟延意：丈夫或为董璋之子董光嗣”，https：//www.beichengjiu.com/biologys/183936.html。

③ 徐朔方笺校：《汤显祖全编》，上海古籍出版社2015年版，第626页。

④ 《汤显祖全编》中笺注的“临川东南二十余里”是不准确的。

内都是逆流而上，故“外家”（江西）就是广东的下方了。再说“中国向穷边”句，在临川方言中，地理方位也简称为“边”。如东南西北四个方向，不管远近，口语都可说成东边、南边、西边、北边。（广东）徐闻是当时中国最南的穷乡僻壤，自然就是穷边了。所以，将此诗句置于临川方言语境中理解，不仅通顺，并且也更契合诗人此时的心境。

不止于此。两铭中所述“庚午领乡荐辄礼围……癸未京试及第、授礼部郎，赍敕荣归”，不仅与史实相契合，而且“予少为诸生时，尝读书外家”，以及在南京时，“二舅抵予官舍，把酒自娱”等，还填补了与汤显祖与母家亲密交往以及少年学习生活的空白。

其二，人物品性描画的相似性。如对母家族人爱酒的描绘。《哭外翁吴公允頫》记，外公是“七十三岁，行无二心；六百余烟，谈惟一口”“爱客偏浮太白杯”。此处的“偏浮太白杯”，无疑指的是外公喜欢饮酒，其爱酒到了“六百余烟，谈惟一口”的程度了。而宠十七公《宠十七公墓志铭》则是“把酒自娱……平生嗜于酒，不治家务，荦荦一散人也”。虽寥寥数语，都把外公与二舅爱酒嗜酒的习性描画得惟妙惟肖。而且外公“偏浮太白杯”的爱好，还遗传到了其他家人，以至于《初发瑶湖次宿广溪》记，甥舅见面，“赋诗耆旧引，尊酒乐人传”，其乐融融的场景栩栩如生。现代医学研究表明，嗜酒对后代身体的危害是极大的，按照这一思路发散推理，还能得知，汤显祖母亲“吾家蕊大夫人”[①]为何虚弱多病，汤显祖为何从幼“清羸故多疾”[②]，一生“酒盏都成药碗香，病禁风雨两蒲阳”[③]的源头了。

在汤显祖的笔下，诗文中的外公还具有“防身不用流黄剑”的品性，而

---

① 吾家蕊大夫人：汤显祖的母亲。在这之前，我们所能知道的只是汤显祖的母亲姓吴，而并不知其名“蕊”。至于“大夫人”的称呼，除了对自己亲生母亲的尊崇之外，还在于父亲汤尚贤后来又“复娶李氏孺人”。

② 徐朔方笺校：《三十七》，见《汤显祖全编》，上海世纪出版股份有限公司、上海古籍出版社2015年版，第409页。

③ 徐朔方笺校：《辛丑五日又病，听稚儿念书》，见《汤显祖全编》，上海世纪出版股份有限公司、上海古籍出版社2015年版，第872页。

铭文中大舅同样具有“昭武之德”。也就是说，这二人都不是强势之人。外公是“风流郑重，良深长者之风”，而二舅“为人仁厚”，大舅“虽睚眦不形于色，恶语不发于声”。尽管这是对两代人的不同描写，但诗句与铭文的措辞，达到了几乎可以置换的程度。

遗传的力量在于悄无声息，然若无铭文所说亲密无间的“昕夕共谈笑”，要作出如此形似的描写，是绝不可能的。这也是笔者得出推考结论的重要依据之一。

其三，人物名称的对应性。《初发瑶湖次宿广溪》序中的“别吴十一舅、隆八弟”，在两铭文中我们没有看到，但从《宠十七公墓志铭》的落款“孤哀子隆七、隆十三、隆十七同泣血立石”中，可以推断，“隆八弟”是二舅宠十七公之子，不过其时已经去世，否则碑文上也应该是有他的名字的。至于“吴十一舅”，由于族谱不完整，已无考。

（三）落款之疑与推考

由于我们所看到是后人印制在族谱上的文字，并非是出土石刻原作，所以也发现“赐进士第南京礼部祠祭司主事愚甥汤显祖顿首拜撰并题盖”“赐进士第南京礼部清吏祠祭司主事愚甥汤显祖顿首拜撰”的落款，以及堂联“赐进士外孙汤显祖顿首拜题”的落款，其功名部分疑为后人所附加。因为，从语句分析，其功名部分与“愚甥”“外孙”的称谓形成重叠关系。从情理分析，在为自己长辈撰写的墓志铭上前缀功名，难免有标榜之嫌。这与我们所看到的明万历三十四年（1606）汤显祖为祖母魏夫人撰写的墓志铭原作，只署“孝孙显祖泣血立石”相比较，就足见其疑了。当然与自己同辈的亲人撰写墓志铭又不一样，恰当地前缀功名，反而能为逝者增添荣耀。如同为明万历三十四年（1606）为夫人吴孺人所作墓志铭原作，落款“进士出身南京礼部祠祭司主事汤显祖雪涕立石”，当是如此，且无落款称谓重叠与赘意。故此推论,《广溪吴氏族谱》所载三佚文落款的前缀功名，是修谱者唯恐人们不知汤显祖赫赫大名而妄加的。

综上所考，这两篇墓志铭，无论是从史实依据或写作风格等全方位考证，均为汤显祖所作。两铭中所记载的汤显祖与母家族人的交往等诸多情况，在以往的汤显祖研究资料中，均未有记载，足显其珍贵。又 2015 年 12 月出版的《汤显祖全编》，以及其他地方史志文献及其刊物，都没有这两篇墓志铭的相关信息，故确定为新发现而无疑。其原因有三：一是族谱存放的神圣性。按照当地的习俗，每年只有农历正月初一“写谱”（既将前一年出生的男丁登录到谱中），六月初六“晒谱”（既晾晒，防止霉变）才能查看，且都必须在中午十二点之前收拾好归放原位，其他时间是不容轻易触动的；二是《广溪吴氏族谱》较为繁杂，收存的文献较多，仅谱序就有两册，而汤显祖撰写的堂联与墓志铭，分列在两册不同的类目之中，难以发现；三是“广溪”二字，古体“廣”字里面有个“黄”字，近似崖字，所以这里的吴氏族人至今仍然固执地讹读为“崖（aǐ）”，于是“广溪”成了“崖溪”，相距甚远。所以几百年来外人无以知晓。随着汤显祖为母家族人撰写的堂联与两篇墓志铭的发现，才撩开了广溪吴氏宗族些许的面纱，填补了汤显祖与母家交往的诸多细节。

沓水·塔水
——汤显祖妇家地名考论

东乡县杨桥殿乡汶田塔桥村

汤显祖夫人吴孺人的家在哪里？四百多年来始终是个谜。这是因为在所有的文献中，仅在汤显祖的组诗《清明悼亡五首》①中“沓水青林断女萝”并自注“妇家东乡沓水”出现过。然而寻遍东乡的大小村落，没有一个名称“沓水”的地方。因此，人们对汤显祖妇家的了解始终为零。

2016年底出现了转机。在抚州文昌里灵芝山的保护发掘中，发现了一块汤显祖1606年亲撰，二儿大耆书丹的《明敕赠吴孺人墓志铭》②，开篇第一句便是“吴孺人小字玉瑛，东乡县塔桥吴知州槐第三男隐君长城女也”。在这里，我们不仅第一次知道吴孺人名“玉瑛”，也知道了其祖父吴槐、父

① 徐朔方笺校：《汤显祖全集》，上海古籍出版社1999年版，第631页。

② 新出土《明敕赠吴孺人墓志铭》。

吴长城，更明白无误地提供了吴孺人的父家所在地是东乡塔桥。那么，塔桥在东乡的何处？塔、沓难道是同音字的混用？或者是塔桥吴氏历史上确有沓水的说法？为了核实上述发现，释解心中的疑惑，在百度地图的模糊搜索系统和车载卫星定位系统指引下，2016 年 12 月，笔者靠朋友的帮助，在一个月的时间内，两次寻访塔桥，试图找到答案。

这是一个僻静的小山村。一唱雄鸡三县晓。塔桥村距抚州城 60 余公里，距东乡城区约 22 公里，位于东乡、余干、进贤三县（区）交界处。傍山结庐，一条溪流穿村而过。村子很小，不到百户人家。但村中一座外墙完好、内部倾圮的老房子，和屋前一棵半卧在溪流水面上的硕大古樟树，诉说着它的沧桑。在村民吴天助家存放的 2003 年续修《吴氏宗谱》中，我们查看到了吴槐的简历：“舆植，名槐，行延五四，号审斋，生于弘治戊午，治礼记，嘉靖辛卯乡项第五名，首选河南理间，迁永州通判，至晋安州知州……生子四”；吴孺人的父亲是第三子，“一镇，名长城，号心齐，行百十四，生于嘉靖戊戌，授礼部儒宜[①]，生子四……生女一，适临川县汤显祖”。由于我们的查找给塔桥村民带来了古老的新闻，村民们甚是兴奋。再追溯，汤显祖诗文《内弟吴继文诉家口绝谷有叹》[②]的内弟，也在谱中有所记载。只不过此内弟是吴孺人的伯父舆芳的第四个孙子，字子华，“号最所，生于嘉靖甲子年（1564），无后”。联系汤显祖的诗

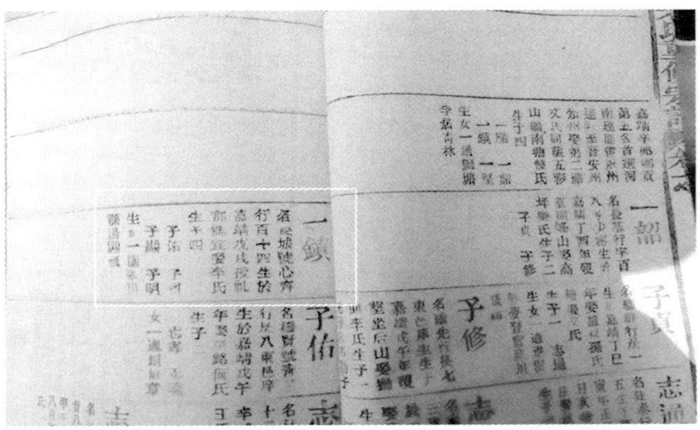

塔桥《吴氏宗谱》长城君行传

① “授礼部儒宜”：宜，“官”字之误。查遍《明史》并无“儒宜”之说，根据《明史》“礼部”主管“礼文、宗封、贡举、学校之事”，“儒宜”当为“儒官”，即儒学教官。

② 徐朔方笺校：《汤显祖全集》，上海古籍出版社 1999 年版，第 268 页。

“今年普天饿，非汝独悉叫”所述情形，这位内弟吴继文极有可能是在当时那场遍及全国、旷日持久的大旱灾中因饥饿而去世的。综上所考，东乡区塔桥村是汤显祖的妇家所在地无疑，现在是东乡区杨桥殿乡汶田塔桥村委会管辖下的一个自然村小组。

东乡县杨桥殿乡汶田塔桥古迹

那么塔桥村的地名从何而来？有水必有桥。事实亦如此。在距村不到二里地之处，原来的进村路上，确实有座古老的石桥。两座尖形花岗岩桥墩矗立于水中，桥面由九块花岗岩条石拼接而成，三块一排，总宽约1.2米，长约10米。从桥面石板上被手推车碾压出深深的凹槽中，可以想见当年桥上路人来来往往的喧嚣。68岁的村民吴天助说，他听老人讲过，很久以前，在距桥头十几米处有一座七级石塔，不知在什么年代倒毁了。因为桥之旁有塔，故桥名为塔水桥。这在塔桥《吴氏宗谱》中也可找到依据：“东邑塔桥之有吴氏，自宋・厥中公始……厥中公宅居塔水，桥名塔水桥者”。在明嘉靖《东乡县志・桥梁》中也记载有“塔水桥”名。

据此可以推断，塔水桥在转化为地名时，其简称即是塔桥，亦称塔水。所以，汤显祖在《明敕赠吴孺人墓志铭》开篇时称“塔桥”，在文中亦称其为“壬午冬计，偕送余于塔水”。然而令人费解的是，他为何在《清明悼亡五首》中似乎唯恐人们不知，而特别注明“妇家东乡沓水”呢？为究其因，笔者翻遍了塔桥《吴氏宗谱》及其他地方史料，却始终没有找到一处称“沓水”的说法。而唯一一处“沓”字句则是：“沓冈阜之高厚也，论堪舆家必谓兆云仍之繁衍。”显然，此“沓冈”并非是地名，而是成语沓冈复岭的简用，指的是塔桥吴氏后代像冈峦重沓，连绵不断。

难道是汤显祖搞错了？或另有所指？我们只有回到其诗文中去寻找了。为了便于辨析，特将汤显祖《清明悼亡五首》全诗辑录如下：

清明悼亡五首[①]

版屋如房闭玉真，新添一尺瓦鳞鳞。不应廿载还轻浅，好在殷勤同穴人。

沓水青林断女萝，廿年松柏寄山阿。南都不解成长别，才送卿卿出上河。

妇家东乡沓水。

曾梦纱窗倚素琴，何知萎绝凤凰音。春烟石阙题何事，寒夜乌哀一片心。

署中梦于故窗下弹银琴。

枕簟青林一到衙，相看几月病还家。药成不得夫人用，肠断江东剪草花。

欲葬宫商买地迟，深深瓦屋覆寒姿。秣陵旧恨年多少，梦断红桥送子时。

南都梦卿椎髻匆匆把者儿中桥相付，指红寺云，欲往彼。月余讣至。

此诗作于明万历三十一年（1603）癸卯清明，吴孺人逝世后二十年。第二首诗连同自注，共有两处“沓水”二字。细读诗文，可以断定的是，自注中的“妇家东乡沓水”指的是地名，是“塔 tǎ”“沓 tà”谐音字的混用。那么诗句中的“沓水”也是地名吗？诗句的语言往往在似是而非之间。如汤显祖为母家青泥广溪吴氏所做的堂联：

① 徐朔方笺校：《汤显祖全集》，上海古籍出版社 1999 年版，第 631 页。

忠孝相传，宣君不受宣，善老端行，善引千年叠嶂金峨；

公侯必复，宅相前开宅，庭兰盛绕，庭看万里高云玉马。

联中的“宣君不受宣”“宅相前开宅”句，前后各两个“宣”与“宅”，字同意不同。倘若不知广溪吴氏的历史，是无法解释的。[①]

从《清明悼亡五首》诗句意境看也是如此。“沓水青林断女萝，廿年松柏寄山阿”有着明显的《九歌·山鬼》“若有人兮山之阿，被薜荔兮带女萝”[②]的韵味。女萝是一种地衣类植物，全体为无数细枝，状如线，长数尺，多附在松树上生长，因而亦称为松萝。《山鬼》句描写的是身披薜荔、腰束女萝，倩丽的山林神女形象。薜荔、女萝是女神身上美丽的饰品。而汤句中则是将“女萝”比喻为逝去20年的吴儒人，是他心目中的“女神”，是爱情的象征。这与《复胡瑞芝司空为二女纳采作》[③]中“松萝业已成言”的比喻类似，即用“松萝”拟比两家结下的儿女亲。“沓水青林断女萝”中的“沓水”，假如认定为地名，诗句释读应是：沓水的青翠山林中没有的女萝，廿年来依附在山野间的松柏树上。尽管这与三年后所作《明敕赠吴孺人墓志铭》，表达出的“逅园二十二年，而仅克祔于祖姑魏夫人之”愧疚之情，似乎是相似的，却没有了情趣。倘若换个角度，以“沓”的本义，即“多，重复”之义作解，则可释读为：山环水绕的山林中，尽管失去了美丽的“女神”，但象征“女神”的“女萝”，廿年来仍然依附着松柏，挺立在山阿之中。如果把《山鬼》的下一句连接起来，“既含睇兮不宜笑，子慕余兮善窈窕”，则不难理解，“秀惠”的吴孺人一直隐藏在汤显祖的灵魂深处。此处的“沓水”表达的正是

① 参见拙作《汤显祖为母家族人所作两篇〈墓志铭〉考》。

② 山之阿：山隈，山的弯曲处。被：通“披”。薜荔、女萝：两种均为蔓生植物。屈原：《九歌·山鬼》，见《楚辞》，北方文艺出版社2013年版，第34页。

③ 徐朔方笺校：《汤显祖全集》，上海古籍出版社1999年版，第1511页。

廿年来“此恨绵绵无绝期”的心绪了。这与铭文中所叙“甲申冬十二月强起至南太常官舍……归时余送之清河而诀曰，妾其已矣，一生开怀而喜者四五度耳，一于归已，而举两男子报君之，两捷音余皆妾之”的眷恋之情也就更为契合了。倘若不是出此意境，何不直截了当地称“塔水”甚至“塔桥”更为妥帖？唯有如此，才能与《清明悼亡五首》中的“曾梦纱窗倚素琴，何知萎绝凤凰音”“枕簟青林一到衙，相看几月病还家”“秣陵旧恨年多少，梦断红桥送子时”等诗意贯通起来。当然，“枕簟青林一到衙”中的“青林”不是指青翠的山林，而是取“若光若灭者，布乎青林之下”[①]之意境，比喻时间短促得像云烟、云雾一样消失了。其至深情感，撼人心扉。

有趣的是，笔者在田野考察过程中，偶然发现在距塔桥村约3公里处，有塔桥吴氏族人分支居住的一个村子，名称亦是“青林”，且古来有之。汤显祖此组诗中两度出现的“青林”二字，抑或与此有关联？有待方家考证了。

综上所考，汤显祖诗句中自注“妇家东乡沓水”是“塔水”谐音字借用，而诗句中的“沓水”两字，表达的则是对已逝去二十年的吴孺人的连绵不断的深情眷恋。两个“沓水”绝不可等同。但其产生的辞趣效应，四百多年来令人“踏破铁鞋无觅处”，恐怕这是汤公不曾预料到的吧？

① 班固《汉书·扬雄传上》：“羽骑营营，昈分殊事，缤纷往来，轠轳不绝，若光若灭者，布乎青林之下。”张铣注：“烟色，青林映之，故云青林。”线装书局2010年版，第1400页。

“典”耶？“藿”耶？

——汤显祖“举子文”甄读①

2016年，联合国教科文组织纪念汤显祖、莎士比亚、塞万提斯三位世界文化名人逝世400周年。由于兴趣所驱，作者为撰写电视文献纪录片《汤显祖》文稿而研读了一些汤显祖的诗文，发现明隆庆四年（1570）八月，汤显祖赴省城南昌参加秋试的“举子文”中，有一个字一直被后人所误读。正确地判读这个字，对了解汤显祖为何仕途坎坷，最后创作出不朽剧作“临川四梦”，理解他戏曲诗文如何遣词用句、注重意趣，都有一定的帮助。

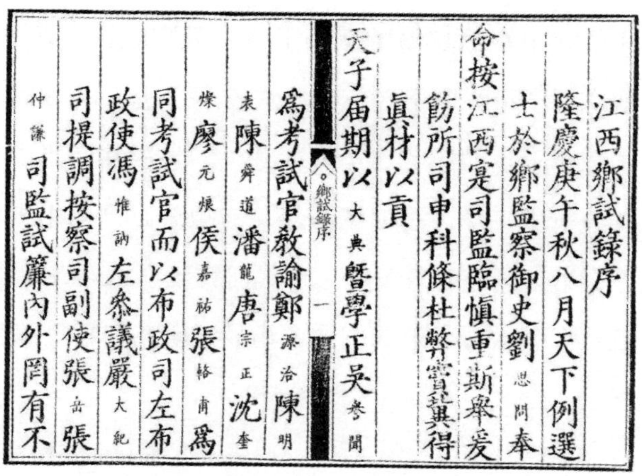
江西鄉試錄序
隆慶庚午秋八月天下例選
士於鄉監察御史劉思問奉
命按江西寔司監臨慎重斯舉爰
飭所司申科條杜弊竇冀其得
眞材以貢
天子屆期以大典暨學正吳參閩
爲考試官敎諭鄭源洛陳明
表陳舜道潘龍唐宗正沈奎
燦廖元煥侯嘉祐張格肅爲
同考試官而以布政司左布
政使馮惟訥左參議嚴太紀
司提調按察司副使張岳張
仲謙司監試簾內外罔有不

天一阁藏《江西乡试录》书影

① 本文撰于2014年，收集在周育德、邹元江主编：《汤显祖研究论文集粹》中，人民出版社2016年版，第794—797页。

一

明朝的科举考试分为院试、乡试和会试三级。这些考试都要考八股文命题写作。科举考试中的“八股”之法，是明朝的发明。它分为破题、承题、起讲、入题、起股、中股、后股、束股八个部分，所以称八股文。科举考试的八股文，看起来简单，都是从“四书五经”中出题，依指定注疏答卷，但它同时又要求举子答题“但许言前代，不及本朝”[①]，绝对禁止任何对当代问题的思考。也就是说，你的作文写得再好，只要评卷考官认为有影射本朝的话语，同样判你不合格。

“予年十三，学古文词于司谏徐公良傅。”[②]汤显祖提到的徐良傅（约1506—1565），抚州东乡人，对《尚书》研究很深，文学造诣高，其状物诗、山水诗淡墨浅泼，语言质朴，字里行间流露出一种不同世俗的孤傲之情。幼年汤显祖在徐良傅的熏陶下，一天到晚在“四书五经”里面翻筋斗，熟练地掌握了科举取士必备的“八股”之法。14 岁时毫不费力地考中了秀才。

明隆庆四年（1570）八月，汤显祖在南昌参加秋试，时年 21 岁。考试共进行了三场。第一场考经义，也就是“四书五经”，第二场考实用文体写作，第三场考时务策论。现代研究汤显祖泰斗徐朔方校笺的《汤显祖全集》、复旦大学教授毛效同编的《汤显祖研究资料汇编》都收录了汤显祖第一、三场试卷全文。[③]

---

① 顾炎武：《试文格式》，转引自《中华文化史》，上海人民出版社 2005 年版，第 605 页。

② 汤显祖：《负负吟》，见徐朔方校笺：《汤显祖全集》，北京古籍出版社 1999 年版，第 714 页。

③ 汤显祖：《次九日向用五福》，见毛效同编：《汤显祖研究资料汇编》，上海古籍出版社 1986 年版，第 59 页；徐朔方校笺：《汤显祖全集》，北京古籍出版社 1999 年版，第 1663 页。

二

第一场“经义”，汤显祖选择的试题是《次九曰向用五福》，取自于《尚书·洪范》。《洪范》原是商代统治政权总结出来的统治经验。“洪”的意思是“大”，“范”的意思是“法”。“洪范”即统治大法。记载的是：周灭商后二年，谋士箕子向周武王提出了帝王治理国家必须遵守的九条根本大法，其中第九条是“向用五福，威用六极”，即“恩威并重”之法。这一试题取用了前半部分，“次九曰”是指第九条，“向用”是指用劝勉、劝导的方法引导人们的追求，“五福”指的是长寿、富贵、安康、遵行美德和高寿善终五种幸福。

鄉試錄 三十八
次九曰嚮用五福
湯顯祖
同考試官教諭陳 批 認理精確數詞純雅深於經學者也允宜高薦
同考試官教諭陳 批 發明勸善之嚮真切詳盡而平正中自有人不及處宜冠本房
考試官學正吳 批 瑩潔
考試官教授顧 批 通暢
聖人第疇之九而先之以勸天下者焉蓋福以

《江西乡试录》汤显祖第一场考试答卷批改卷

汤显祖的这篇八股文共500余字，然徐朔方、毛效同在分别收录时却有一字不同：

> 而以道化先斯民者，则籍是以昭劝相之□（典）。（徐朔方本）

> 而以道化先斯民者，则籍是以昭劝相之萑。（毛效同本）

对比可以发现，此句最后一字徐朔方采用了“□（典）”，表示存疑，并

章善也勸人以福則人有不樂于爲善者哉宜
大禹以之第次九之疇也且夫書之數有所謂
九者位列于離而天地之祕以顯數成于金而
陰陽之用已全禹乃以序于次八之後而第之
曰嚮用五福焉蓋人之爲善必有所慕而後其
趨莫禦君之作善必有所勸而後其機自神惟
天眷德固有福以厚之也而以德先天下者則
緣是以妙化導之術惟德動天福固自己求之
也而以道化斯民者則籍是以昭勸相之藿方

鄉試錄　三十九

其未嚮于善也則示之五福以興起之使天下
之相率于善而不敢悖者用此道也及其既嚮
于善也則錫之五福以固結之使天下之益力
于善而不敢怠者用此道也天子立臣之極固
以福自嚮矣亦以之而嚮其臣即應感之不誣
者以誘其進而百官之羞行者翕如也其諸王
者激勸臣工之典乎天子立民之極固以福自
勸矣亦以之而勸其民即天人之不爽者以決
其趨而黎民之敏德者勃如也其諸王者鼓舞

《江西乡试录》汤显祖第一场考试答卷

认为可能是“典”字。毛效同则无疑义地使用“藿”字。那么，哪一个字才是汤显祖此文的本意呢？①

下面先分别看其字词的意义，再看全句的意义：

“典”，准则，法规也，其形体古汉语也作“𠀠”，但音义相同。按照徐本，全句直译是：重视教化百姓，应采用法规形式，明文昭布，强制执行。

“藿”字古有 guàn、huán 二读，如读 guàn 则有二义，其一义同“鹳”，一种水鸟，即白鹳；其二义为芄兰，草本植物，荚实倒垂如锥形。如读 huán 则义同“萑”，指形状像芦苇，茎可编苇席的“荻”。按照毛本，应取“guàn 的二义，”。全句直译是：教化百姓，凭借颁布昭示，如同“藿”为。

笔者认为，汤显祖此句中的用字应该是“藿”，而非“典”。理由有二：

其一，如果是指用“典”，在原文中已有“威用六极”予以论述。试题取用前半部分，并不排除后部分的存在。这应是解题的一般方法。

① 此文写好以后，笔者购买到了天一阁所藏《隆庆四年庚午科江西乡试录》（孤本，徐、毛著作中的收录均来于此）影印版，发现，原稿中确实是“藿”字，尽管此字不甚清晰，但不至于辨识不了。徐先生为何“存疑”，难以理解。

其二,《释草》云:“雚,芄兰”①。《诗经·芄兰》曰:

芄兰之支,童子佩觿。虽则佩觿,能不我知。容兮遂兮,垂带悸兮。

芄兰之叶,童子佩韘。虽则佩韘,能不我甲。容兮遂兮,垂带悸兮。

此诗古今学者或以为“刺”诗,如《诗序》云:“芄兰刺惠公也,骄而无礼,大夫刺之”②,东汉经学大师郑玄笺:“惠公以幼帝即位,自谓有才能而骄慢于大臣,但习威仪,不知为政以礼。”③明丰坊《诗说》云:“《芄兰》刺霍叔也,以童子僭成人之服,比其不度德量力,而助武庚作乱。”④今人高亨《诗经今注》等则以为是刺童子早婚,或以为美诗,如近人徐绍桢《学寿堂诗说》以为是美惠公,而今人朱东润《诗三百篇探故》则以为是恋歌。

对《诗经》了如指掌的汤显祖,明显是将《芄兰》看作讽刺诗之类。他是借用“芄兰”又名“雚”的隐意,批评当政者以“昭”代“德”来教化百姓,是“骄而无礼”“不知为政以礼”的做法。汤公巧妙地将古人教化百姓要“智巧”即人性化的思想表现了出来。什么是汤显祖头脑中的“智巧”?帝王自劝带动百官自劝,百官自劝激励万民“之术乎”。一个“雚”字,不仅承上启下,自然得体,而且“意趣”尽在不言中。

在《次九曰向用五福》文中,汤显祖最后的结论是:“要之,《书》终于九数而神道以成畴,劝以五福而治道斯备,大禹取而配之,其旨深矣。夫是皇极行而彝伦之不叙哉!虽然,向用之说,圣人为凡民言之也,君子无所为

① 《文渊阁四库全书》之《毛诗注疏》卷五,二十八。

② 《文渊阁四库全书》之《诗序》卷上,二十六。

③ 《文渊阁四库全书》之《毛诗注疏》卷五,二十八。

④ 转引自王海丹:《元明诗经学研究》,苏州大学2011年硕士学位论文,第56页。

而为善，岂待福而后劝耶？……明于自向，而可以免幸福之咎矣。”这段话直释是：简要地说，《书经》最终以九条为天道、为根本大法；劝善五福就成为治理国家的方法。大禹用它取得了成功，可想它的深奥之处了。不用说，这是帝王统治天下的常理！即便如此，劝勉之说是圣人代黎民百姓所说的，君子不强权而为善，难道等待福来了再劝勉吗？……明白了自我劝勉的重要性，就可以免犯“昭”劝百姓追求幸福的错误了。

评卷考官对这篇八股文的评价分别是：“认理精确，敷词纯雅，深于经学者也。允宜高荐。”“发明劝善之畴，真切详尽，而平正中自有人不及处。宜冠本房。”“莹洁”“通畅”。

此次秋试，汤显祖在“选士三千有奇，三试之拔其俊得九十有五人”① 中名列第八。当时就有人说道：“此儿汗血，可致千里”“公虽一孝廉乎，而名蔽天壤，海内人以得见汤义仍为幸”。② 可见，才 20 岁出头的汤显祖，其犀利的笔触，已经名扬天下了。

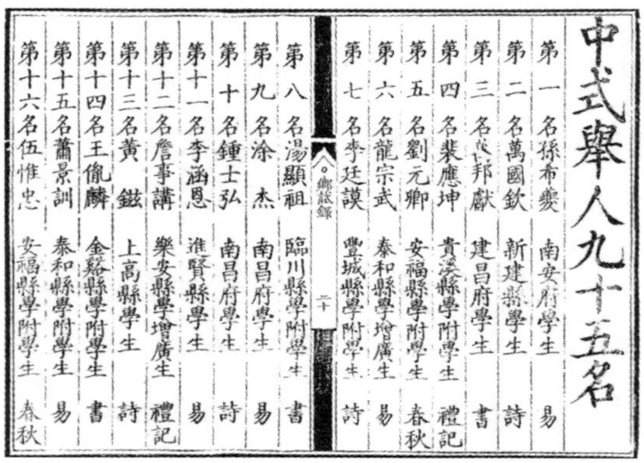
中式舉人九十五名
第一名孫希夔 南安府學生 易
第二名萬國欽 新建縣學生 詩
第三名[illegible]邦猷 建昌府學生 書
第四名裴應坤 貴溪縣學附學生 禮記
第五名劉元卿 安福縣學附學生 春秋
第六名龍宗武 泰和縣學增廣生 易
第七名李廷謨 豐城縣學附學生 詩
鄉試錄 二十
第八名湯顯祖 臨川縣學附學生 書
第九名涂杰 南昌府學生 易
第十名鍾士弘 南昌府學生 詩
第十一名李涵恩 進賢縣學生 易
第十二名詹事講 樂安縣學增廣生 禮記
第十三名黃鉞 上高縣學生 詩
第十四名王僑麟 金谿縣學附學生 書
第十五名蕭景訓 泰和縣學附學生 易
第十六名伍惟忠 安福縣學附學生 春秋

天一阁藏《隆庆四年江西乡试录》中举名单

三

汤显祖一生著文作剧，都十分注重意趣神色，深邃广博，亦庄亦谐。大

① 《江西乡试录序》，《天一阁藏明代科举录选刊》第一六四册，《隆庆四年庚午科江西乡试录》，宁波出版社 2010 年版。

② 邹迪光：《汤义仍先生传》，见毛效同：《汤显祖研究资料汇编》，上海古籍出版社 1986 年版，第 80 页。

约十年后，比汤显祖年长 29 岁的大文学家徐渭，在评价汤显祖的诗集《问棘邮草》时说道："其用典故多不知，却自觉其奇。古妙而又浑融。又音调畅足。"[①] 从汤显祖的这篇举子文可略见，弱冠之年的汤显祖，就有着与同龄人不同的敏锐视角，初露其行文吐语，言时事谈国事，敢于触及社会的胆略与才华。同时，也显露出其坎坷命运的端倪，成为他五次参加进士考试的重要缘由前两次无故未录取，后两次因婉拒朝廷权贵拉拢而落第，成为他后来关心社会政治，关注民生疾苦，上《论辅臣科臣疏》被贬，最后弃官回乡创作出流芳千古的"临川四梦"的前奏。

由于徐朔方校笺的汤显祖著作从 20 世纪 60 年代初起，曾以《汤显祖集》《汤显祖诗文集》《汤显祖全集》等多个版本在多个出版社出版过，发行量很大。而毛效同的《汤显祖研究资料汇编》，目前我们能看到的，只是上海古籍出版社 1986 年 9 月一个版本，发行量仅为 3500 册。天一阁的《乡试录》影印版则到 2010 年 7 月才面世，价格昂贵，印量极少。所以很多的研究者，包括众多专家学者，都是以徐朔方校笺的版本为圭臬。由于汤显祖几次考进士的试卷至今没有下落，因而，每每论述到汤显祖在会试中为何前两次未被录取的原因时，都是语焉不详。从这个意义上说，还汤显祖举子文"藿"字应用本意，更显一番特别的意义了。

① 徐渭：《问棘邮草·卷首》，见毛效同：《汤显祖研究资料汇编》，上海古籍出版社 1986 年版，第 333 页。

附录：

次九曰向用五福

圣人第畴之九，而先之以劝天下者焉。盖福以章善也。劝人以福，则人有不乐于为善者哉！宜大禹以之第次九之畴也。且夫《书》之数有所谓九者，位列于离，而天地之秘以显；数成于金，而阴阳之用已全。禹乃以序于次八之后而第之，曰向用五福焉。盖人之为善，必有所慕，而后其趋莫禦；君之作善，必有所劝，而后其机自神。惟天眷德，固有福以厚之也。而以德先天下者，则缘是以妙化导之术。惟德动天，福固自己求之也。而以道化斯民者，则藉是以昭劝相之蘿。方其未向于善也，则示之五福以兴起之，使天下之相率于善而不敢悖者，用此道也。乃其既向于善也，则锡之五福以固结之，使天下之益力于善而不敢怠者，用此道也。天子立臣之极，固以福自向矣，亦以之而向其臣，即应感之不诬者，以诱其进；而百官之羞行者，翕如也。其诸王者激劝臣工式之典乎。天子立民之极，固以福自劝矣，亦以之而劝其民，即天人之不爽者，以决其趋；而黎民之敏德者，勃如也。其诸王者鼓舞万民之术乎。要之，《书》终于九数而神道以成畴，劝以五福而治道斯备。大禹取而配之，其旨深矣。夫是则皇极行而何彝伦之不叙哉！虽然，向用之说，圣人为凡民言之也。君子无所为而为善，岂待福而后劝耶？是故上下无交，孔子之修德如故也；居于陋巷，颜子之好学不改也。何者？其中之所自向者定也。明于自向，而可以免幸福之咎矣。

（底本来源于天一阁藏隆庆四年《江西乡试录》影印件）

何以“足解千古之疑”

——汤显祖答策《第三问》析读与略考①

“世儒类以图书说经，此作推原圣人本意，反复辩论，足解千古之疑。”

这是明隆庆四年（1570），在江西“乡试”第三场“策论”考试中，考官在汤显祖卷面上所作的批语。其评价之高，实为罕见。

按照明朝科考规定，隆庆四年江西秋试结束后，户部右侍郎刘光济率26位主考官，从95名中式举人的答卷中，遴选出21篇，刊刻成《江西乡试录》，献皇上御阅。其中就有汤显祖的第一场八股文答卷《次九曰向用五福》，第三场策论答卷《第三问》。由于《江西乡试录》四百多年来，一直“沉睡”在天一阁藏书楼

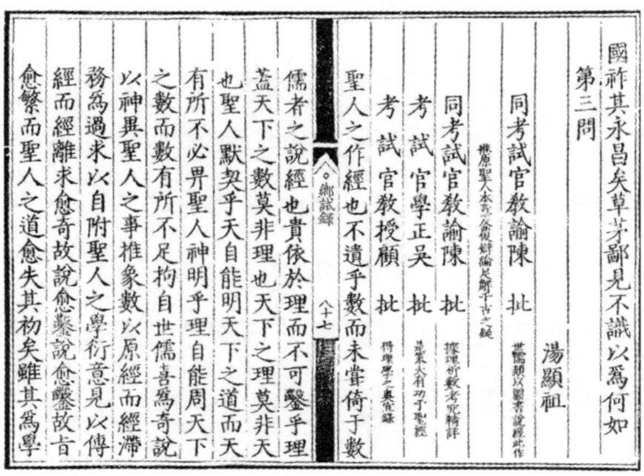
國祚其永昌矣草茅鄙見不識以爲何如
第三問　湯顯祖
同考試官教諭陳　批　世儒類以圖書說經此作推原聖人本意反復辯論足解千古之疑
同考試官教諭陳　批　據理衍數考究精詳
考試官學正吳　批　是策大有功于聖經
考試官教授顧　批　得理學之奧宜錄
聖人之作經也不遺乎數而未嘗倚于數
鄉試錄　八十七
儒者之說經也貴依於理而不可鑿乎理
蓋天下之數莫非理也天下之理莫非天
也聖人默契乎天自能明天下之道而天
有所不必畀聖人神明乎理自能周天下
之數而數有所不足拘自世儒喜爲奇說
以神異聖人之事推象數以原經而經滯
務爲過求以自附聖人之學衍意見以傳
經而經離求愈奇故說愈鑿說愈鑿故旨
愈繁而聖人之道愈失其初矣雖其爲學

天一阁藏隆庆四年《江西乡试录》
汤显祖答卷《策·第三问》批语

① 本文为2016年纪念汤显祖逝世400周年而作。

里，不见天日，无人知晓。虽说1973年前辈徐朔方先生将其收集在了《汤显祖诗文集》中（策题未收入，且答卷中缺少两字），影印本也在2010年7月由宁波出版社出版，但在明代科考中，八股文所占的比重较大，而汤显祖时称八股文高手，所以学者较为关注以作例证外，对他的“答策”一文，却少有注意者[①]，更无专题研究，不能不说这是一个缺憾。由于兴趣使然，2015年5月，笔者有幸获得天一阁古籍影印本，细细推敲、略考后发现，此文不仅是汤显祖对易学史研究的一大贡献，而且对深入研究其思想根源，丰富汤学研究内容，都有不可或缺的意义。

为力求准确，笔者以天一阁影印本为依据，除对原文进行分段及标点符号的加注外，没有进行任何一字的校订。笔者为此文耗用了小一年，无奈才疏学浅，古文水平欠佳，难免穿凿，敬请不吝赐教。

一、策题《第三道》析读

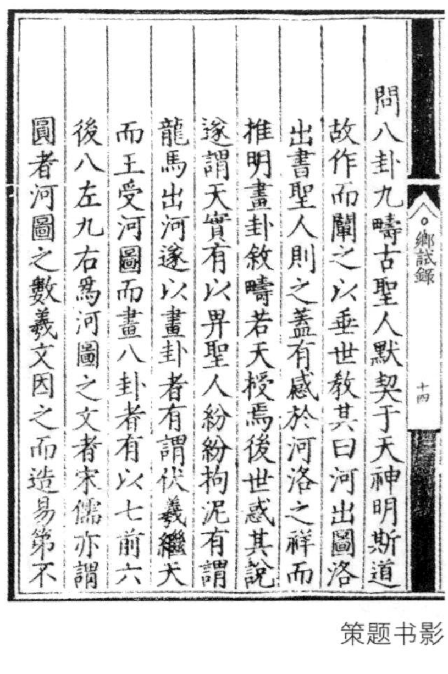
問八卦九疇古聖人默契于天神明斯道
故作而闡之以垂世教其曰河出圖洛
出書聖人則之蓋有感於河洛之祥而
推明畫卦敘疇若天授焉後世惑其說
遂謂天實有以畀聖人紛紛拘泥有謂
龍馬出河遂以畫卦者有謂伏羲繼天
而王受河圖而畫八卦者有以七前六
後八左九右為河圖之文者宋儒亦謂
圓者河圖之數義文因之而造易第不
鄉試錄　十四

策题书影

【原文】问：“八卦九畴”，古圣人默契于天，神明斯道，故作而阐之，以垂世教。其曰：“河出图，洛出书，圣人则之。”盖有感于河洛之祥，而推明画卦叙畴，若天授焉。后世惑其说，遂谓天实有以畀圣人，纷纷拘泥。

有谓龙马出河，遂以画卦者；有谓伏羲继天而王，受河图而画八卦者；有

① 周育德先生在《汤显祖宇宙观、人性论及社会观新探》一文中，对汤显祖的《策·第三问》有所提及，认为：“《策·第三问》，实际上就是一篇《易》学怀疑论。该文对汉朝以来直至宋代理学家邵雍等鼓吹的‘象数之学’，作了大胆的否定。……汤显祖对‘天人感应’‘天人合一’的传统认识也作了新的解释。”《戏剧艺术》1987年第1期。

以七前六后，八左九右为河图之文者，宋儒亦谓圆者①。河图之数，羲文因之而造《易》，第不知圣人画卦之初，果如是规仿否乎？有谓神龟负文而遂成九类者②；有谓禹治洪水赐洛书而陈九畴者；有以九前一后，三左七右为洛书之文者，宋儒亦谓方者③。洛书之文，禹箕叙之而作《范》④，第不知圣人叙畴之始，果如是参合否乎？且《易》随代异名，夏曰《归藏》，殷曰《连山》，周曰《周易》，视伏羲所作，果有异欤？世之传图，学者别为二曰：先天伏羲之“易”，后天文王之“易”⑤，既规横为圆，又填圆为方，前列六十四卦，后列一百二十八卦⑥，不知上古无言之教，果若是否也？近世著《日抄》者⑦，极论《天地定位》一章，必非先天卦位，何所信而然欤？《洪范》一书，说者谓九畴立陈意义联贯其大旨，何为休征咎征？天人感应常理，世之传五行者，乃一一取证，遂流而为灾异之学，然则念用之言，抑有不足尽信者欤？近代儒者作《皇极内篇》⑧，谓得《洪范》不传之数⑨，然欤？否欤？

凡此皆经学大旨，诸士明经有素，尽详说之。

【译文】问：“八卦九畴”，古圣人与上天暗相契合，如神灵般通晓事天

---

① 七前六后，八左九右：以黑白点数表示的河图（见下图）。

河图

洛书

② 神龟负文：《汉书·孔安国传》：“天与禹洛出书，神龟负文而出，列于背，有数至于九。”

③ 九前一后，三左七右：以黑白点数表示的洛书（见上图）。

④ （公元前1123年）商周变易，武王向箕子询问怎样治理国家。箕子将夏禹的《洪范九畴》陈述给武王，史称箕子明夷。

⑤ 即先天伏羲八卦图、后天文王八卦图。

先天伏羲八卦图

后天文王八卦图

⑥ 宋·邵雍六十四卦天圆地方图。

⑦《日抄》：黄震（1213—1280）撰。震字东发，学者称“于越”先生，此书又名《东发日抄》，共九十七卷，卷六中《天地定位》一章节是黄震读《易》时所撰之文。

⑧《洪范皇极内篇》：蔡沈撰。蔡沈（1167—1230），一名蔡沉，字仲默，号九峰。

⑨ 不传之数：《洪范皇极内篇》原序中说：“易更四圣，而象已着范锡神禹而数不传，后之作者昧象数之原，窒变通之妙。”

治人之道，创“八卦九畴”且加以阐述，以教化后世。其中《系辞》说：“河出图，洛出书，圣人则之。”感觉圣人是仿效河洛祥瑞，而推演出八卦，制定出九畴，（其运用之神妙）就像是上天授予的。后世之人被此迷惑，遂即与上天赐予为实，纷纷注疏论述拘泥于此。

有说是看到黄河里的祥瑞之兽龙马，于是仿照画八卦的；有说伏羲继承天的意志为王，受河图的启发而画八卦的；有把七前六后，八左九右的圆点数作为河图文字的，宋代的儒者称为圆图。河图之数伏羲因此而创造《易》，只是不知道圣人在画卦之初，果真是仿效了吗？有说根据神龟甲壳上的图像而写成九类（既九畴）的；有说是禹王治理洪水时，天赐洛书而陈述九畴的；有以九前一后，三左七右数字图形为洛水之文的，宋儒也称为方图。洛书之文是禹、箕传叙而创作的《洪范》，只是不知夏禹制定九畴之始，果真是相合验证了吗？况且《易》已经随着时代的变化更名了，夏朝称《归藏》，殷朝称《连山》，周朝称《周易》，看成（沿袭）伏羲所作，果然无异吗？世代流传的河图，学者分别称为两种，先天伏羲的八卦图与后天文王的八卦图，既规横为圆，又填圆为方，前列是六十四卦，后列是一百二十八卦（既图说），不知道上古时期无文字传载，果真是这样的吗？近世流传的《日抄》一书，极力论述“天地定位”一章节，（论）“必非先天卦位”，如何让人相信？《洪范》一书，说经者称九畴立陈意义联贯其（注疏）要义，什么是吉兆什么是祸兆？天人感应乃是常理，世代相传的“金、木、水、火、土”五行学说，却有人一一强取论证，而流传为灾异之学，那么思用此说，或有所不足而可以全信吗？近代儒者作《皇极内篇》，说是得到《洪范》隐秘之数，是如此？还是非如此？

这些都是经学要义，诸位士子向来明习经学，尽可详细地说出自己的看法。

【评析】应该说，这道 439 字的策题，是费了很大的心思拟就的。首先，题意古奥。“河出图，洛出书，圣人则之”，出自于《周易·系辞上》，为孔子所说，是迄今发现最早记录“八卦九畴”来源的文献。由此两千年多来，关于起源的猜测无数，众说纷纭，争执不休。以这样一个谜一般的悬案作试题，可见难度之高。

其次，就出题范围来说，“八卦九畴”分别是《周易》与《尚书》两门经典中的内容。用现在的话说，综合了两门学科的内容了。可见出题者的博学与谋略。

最后，全题共发 14 问，把有史以来关于“八卦九畴”来源的主要学术观点囊括在一起，且相互交错。倘若只是对经学大典只知背诵，或者哪怕是对易术记忆滚瓜烂熟，而没有自己思想的考生来说，是无法驾驭的。

若依题所列发问一一作答，辩“正”、辩“误”都会是一篇很好的答卷。那么汤显祖是如何以他的 2422 字，赢得考官的赞誉呢？

二、答策《第三问》译读

【原文】圣人之作经也，不遗乎数，而未尝倚于数。儒者之说经也，贵依于理，而不可凿乎理。盖天下之数莫非理也①，天下之理莫非天也②。圣人默契乎天，自能明天下之道③，而天有所不必畀。圣人神明乎理，自能周天下之数，而数有所不足拘。

【译文】圣人创作经典，不脱离数字，但未必倚仗于数字。儒者讲解经文，贵重的是依据于义理，而不可穿凿于义理。凡天下之数（世间万事）莫不在于讲道理，天下的义理无不在于顺天而行（遵循自然法则）。圣人对上

① 天下之数：《周易·系辞》“世间万事万物皆有数。”这里的数，既是描述一切物体从发生到覆灭的发展过程，也指预测所用的方法，如大衍之数，梅花易数等。

② 天下之理：天下根本道理。

③ 天下之道：客观运动规律和轨迹。

天是默契的，自能明白天下的客观规律，乃不需要上天赐予。圣人神明于天下道理，自能周虑天下之数（万事万物），但数却有不足而拘泥（于理）。

【评析】以数与理的对应关系立辩开篇，别出心裁。在这段中，各用了5个“数”字,5个“理”字，且用意不尽相同，相互对应，将“数”与“理”的关系展现得非常清晰。对全文起到提纲挈领之功效。

同时，对天降祥瑞，以赐圣人之说，表明了不认同的态度。

【原文】自世儒喜为奇说[①]，以神异圣人之事，推象数以原经而经滞[②]，务为过求，以自附圣人之学，衍意见以传经而经离，求愈奇，故说愈凿，说愈凿，故旨愈繁，而圣人之道愈失其初矣。虽其为学未必皆叛于圣人，以是为作经之本可乎？呜呼！吾独怪夫“六经”之旨如日中天[③]，未尝托异征秘以求信于天下，而后世儒者乱之也！”

【译文】从来说经者都喜欢奇谈怪论，以神话异化圣人所做之事，推衍象数解原经而使原经滞涩难懂，求证过于倾力，以自己的主张附依圣人的学说，敷衍（自己的）意见以传经而背离原经，因愈求奇，所以解说愈穿凿，解说愈穿凿，所以旨义愈繁乱，而圣人之大道就愈失去它最初的本意了。虽然说经者的学说未必都违背于圣人（原意），（但）可以将此作为（圣人）作经的根本吗？呜呼！我感到奇怪的是，六经的旨意就像太阳高照，不是借托异常征象神秘之名来向天下寻求凭证的，可是后世儒者的解读却如此混乱！

【评析】在这段中，作者把神话异化圣人及与圣人原意相违背的学说都

① 世儒，经师。（汉）王充《论衡·书解》：“著作者为文儒，说经者为世儒。”

② 象数：易学术语。《易传》：“象也者，像也。”象指卦象和卦位，即八卦和六十四卦所象的事物及其位置关系；也指爻象，即六十四卦中阴爻阳爻所象之事物。数：指阴阳数及爻数，如奇数为阳，偶数为阴等

③ 六经：《诗》《书》《礼》《易》《乐》《春秋》的合称，其中《乐经》已失传，故现在称“五经”。

称为“奇说”，并对其产生的原因进行了剖析，甚是精辟、深刻。

【原文】今夫易卦何昉乎？伏羲画之，为文字之祖也。当其时鸿蒙未辟，人文未启，天地万物之情，阴阳鬼神之秘，寓于法象①，而易行乎其中矣。伏羲神而明之，以定画焉。故《易》曰：“仰则观象于天，俯则观法于地，观鸟兽之文与地之宜。”于是始作八卦。此作《易》之本也。《洪范》何昉乎？箕子陈之，是神禹之传也。当其时玄圭告功，文命未布②，立极绥民之具③，事天治人之本藏于几微，而畴具乎其中矣。神禹会而通之以作范焉。故《书》曰：“禹乃嗣兴，天乃锡禹洪范九畴，彝伦攸叙。”此叙畴之本也。二圣人者，运而精神，既有以丕隆休烈④，聚而心术，又足以开先世教。虽其圣德格天，河洛效瑞，图书之数未必不可通于经⑤，而圣人取义也大，立教也正，唯其理之可以信天下，而不必乎象数之模仿，瑞应之摭饰也。

【译文】现今的《易经》八卦起源于何时？是伏羲描画的，是文字之祖。当时的世界是一团混沌未分的元气，人类的礼乐教化没有开启，天地万物之情和阴阳鬼神之秘，都寓形于天地之间，而易已经运行在其中了。伏羲如神灵般明白这玄妙的事理，以此确定并描画出八卦。所以《周易》说：“（伏羲）仰头观察天象，低头观察地理，观看鸟兽的斑纹和土地相宜合，于是开始创作八卦。”这是作《易》的根本。《洪范》起源于何时？箕子陈述的，是传自神禹。那时禹已被赐玄圭，大功告成，但尚未布土（定九州），秉国政（需）具法安民，事天治人的根本（方法）都隐藏在细微小事中，而九

① 法象：自然界一切事物现象的总称。《易·系辞上》：“是故法象莫大乎天地，变通莫大乎四时。”

② 玄圭：《书·禹贡》：“禹锡玄圭，告厥成功。”文命：《史记·夏本纪》：“夏禹名曰文命。”布：布土（规划疆土）。《山海经·海内经》：“禹、鲧是始布土，均定九州。”

③ 立极：登帝位，秉国政。具：具法。具，制定；法，“法者，天下之度量，而人主之准绳也。具法者，法不法也。”（《淮南子》卷九·主术训）

④ 丕：大也。《说文》：“隆：丰大也。”指兴隆（兴盛）。休烈：盛美的事业。《史记·秦始皇本纪》：“皇帝休烈，平一宇内。”

⑤ 图书之数：黑白点河图洛书所示之数。

畴也具体存在于其中了。神与禹心灵相通以作《洪范》，所以《尚书》说："禹才继承王位，上天就把《洪范九畴》这九种大法赐给了禹，治国安邦的常理因此确立起来。"这是叙说九畴的本源。（伏羲与大禹）二位圣人，运用神志，既有把（八卦九畴）作为治理天下，成就盛美大业，聚集民心的谋略，又足以开创教化之先河。虽然他们的圣德感通上天，黄河、洛水显示祥瑞（也有可能），河图、洛书之数未必不可以与经文相通，然而圣人取义重大，立教平正，唯有理顺它们才可让天下信服，且不需要以象数来模仿，用祥瑞来粉饰。

【评析】"八卦九畴"源于何时？本意如何？汤显祖引用了《周易》与《尚书》两本最早记述来源为依据，作为自己的定论。用现在的眼光来看，他对"八卦九畴"来源的认识，体现出朴素的唯物主义认识观。

【原文】何至后世异说之纷纷哉？其谓龙马出河，伏羲遂则其文以画八卦，神龟负文而列于背，有数至九，禹遂因而第之以成九类。此孔安国之说也。[①]其谓伏羲继天而王，受河图而画之八卦，禹治洪水，赐洛书，法而陈之九畴。此刘歆之言也。[②]其谓河图之文，七前六后，八左九右；洛书之文，九前一后，三左七右，四前左二，前右八后，左六后右。此关朗之论也。[③]宋儒邵子亦曰[④]，圆者河图之数，方者洛书之文，故羲文因之而造《易》，禹

---

① 孔安国（约前156—前74），字子国，孔子第10世孙。开创了西汉《古文尚书》学派。《易经•系辞上》说："河出图，洛出书，圣人则之。"孔安国解释说："河图者，伏羲氏王天下，龙马出河，遂则其文，以画八卦。"他还对《龙马负图》进行了描述，说这匹龙马的旋有次序，形数有异别——排列是一、六在后，二、七在前，三、八在左，四、九在右，五、十背中，这就是《河图》。

② 刘歆（约前50—23），字子骏，西汉后期的著名学者，古文经学的开创者。《汉书•五行志》称："刘歆以为羲氏继天而王，受《河图》，则而画之，八卦是也；禹治洪水，赐《洛书》，法而陈之，《洪范》是也。"

③ 关朗，字子明，北魏（386—534）时期人，关羽的后代，精通经史，易学家。他在《洞极真经·序本论》中说："河图之文，七前六后，八左九右……"

④ 邵子，即邵雍（1011—1077），北宋哲学家、易学家，字尧夫，谥号康节。先天图学派开创者。邵雍在《皇极经世书观物外篇衍义》卷四中说："盖圆者河图之数，方者洛书之文，故羲文因之而造《易》，禹、箕叙之而作《范》也。"

箕叙之而作《范》。鸣呼！信如是，则《易》出于图，无图即无卦矣；《范》出于书，无书即无畴矣；而圣人作经之本不既远乎？

【译文】为何到后世会有许多怪诞的言论呢？有说龙马出于黄河，伏羲就效仿其花纹来描画出八卦；神龟甲壳上列有图纹，有数至九，禹于是因袭其数拟成九畴。这是孔安国的解说。有说伏羲秉承天意为王，感受河图而画出八卦，禹治洪水，受赐洛书，于是效法（洛书）陈述九畴。这是刘歆的说法。有称河图之文，七前六后，八左九右，洛书之文，九前一后，三左七右，四前左二，前右八后，左六后右。这是关朗的论说。宋儒邵雍也说：圆的是河图的数字，方的是洛书的文字，所以伏羲因袭它们创造《易》，禹、箕叙述它们而作《洪范》。哎呀！如果相信是这样，那么《易》出于河图，无河图即无八卦了，《洪范》出于洛书，无洛书即无九畴了，这与圣人作经的本意不就相距甚远了吗？

【评析】如果说，前面三个小段是从总的方面对“河出图，洛出书，圣人则之”的种种混乱说法进行辩驳的话，那么，这一段就是第二轮的辩驳了。按照明代策问答题规则，必须对所提问题逐一对答。汤显祖在这段对前八个问题归纳在一起作答，并明白无误在指出了其来源与相应的作者，有理有据，得体有力。

【原文】其讹起于纬候之书，谓“河以通乾出天苞，洛以流坤出地符，圣人必有神物以授之”之说[1]，汉儒惑之，牵合文致，不求圣人之实。迨宋儒喜于附圣而辄取之，复强证于《易传》图书之一言。不知孔子尝言河出图矣，而奇偶之象未详也；尝言洛出书矣，而九一之数未悉也；尝言圣人则之矣，而因图书卦、因书立范未及也。诸家之言何祖乎？夫观鸟迹而制字，

① 郦道元（约472—527）《水经注》卷十五引《春秋说题辞》曰：“河以通乾出天苞，洛以流坤出地符，王者沈璧礼焉。”

因规矩而制器，艺也。圣人恒必详之。顾此经学祯符秘诀，不与本文同传。而千载之下，山人野士创为之说，不几于诡诞而不可从矣乎？况以图之数析补八卦，拘合强同，多所难信。如使揭图而示之：孰为一六而下，孰为二七而上，孰为三八四九而左右，孰为乾兑离震，孰为巽坎艮坤？天之告人也，何其渎！因其上而上，因其下而下，因其左右而左右，因其乾兑离震以为乾兑离震，因其巽坎艮坤而巽坎艮坤。圣人之效天也，何其拘！《易》既如是作矣。然则仰观俯察者又何物，通德类情者又何事，而《易》《书》本体不在此而在彼邪？以《书》之数参合九畴，则阴阳奇偶俱未相当。按类而求之，五行何以居下，五事何以居上，五纪何以居前左[①]，而皇极何以居中邪[②]？八政何以居左，稽疑何以居右，三德何以居后右，而庶征、福极何各专一位邪[③]？《书》之方位实不同于畴，一、三、五、七、九，奇也；而五行、八政、皇极、稽疑、福极，何以属之奇？二、四、六、八，偶也；而五事、五纪、三德、庶征，何以属之偶？畴之名数又不同于《书》。如谓大义无取，姑摘其自一至九之文，则又奚必纵横黑白，秘传神授，重烦圣人第之而后成邪？先儒刘长民谓伏羲兼取图书，又谓九为河图，十为洛书[④]。蒋得之（注：徐朔方本、毛效同本均缺“得”字）谓先天图为河图，五行生成

---

① 五行：指木、火、土、金、水。五事：貌、言、视、听、思。五纪：岁、月、日、星辰、历数。

② 皇极：《尚书·洪范》：“五、皇极：皇建其有极。”朱熹《朱子语类》：“皇，是指人君；极，是指身为天下做个样子，使天下视之为标准。”

③ 八政：古代国家施政的八个方面，食、货、祀、司空、司徒、司寇、宾、师。稽疑：用卜筮决疑。三德：三种品德。《洪范》：“三德，一曰正直，二曰刚克，三曰柔克。”庶征：各种征候。《洪范》：“庶征：曰雨，曰旸，曰燠，曰寒，曰风。”福极：指《洪范》第九，五福六极。

④ 刘长民：刘牧（1011—1064年），字先子，号长民。他在《易数钩隐图》卷中说：“《易》者，报道与器，所以圣人兼之而作《易》。……且夫河图之数，……是兼其用而不显其成数也。洛书……成变化而着形器者也。”九图：九宫图。刘牧以其为河图；十书：五行生成图，刘牧以其为洛书。

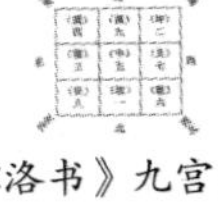

《洛书》九宫图

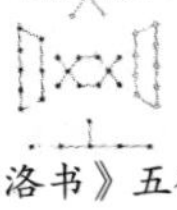

《洛书》五行成数图之一

数为洛书[①]。诸说纷杂，皆无定据；而独孔、刘之言为信[②]，谬矣。程子有云：孔子感麟而作《春秋》，麟不出《春秋》岂不作？如画八卦，因见河图、洛书，果无图书八卦亦须作。[③]朱子亦谓："伏羲仰观俯察、远求近取，安知河图非其中一事？"[④]二氏之论稍为得之，圣王达天明道而作经，祯符适见理固有然，而谓必作于图书者，非也。

【译文】这些讹言源起于纬候之书，即所谓"河洛通行于乾坤变化之道，吐纳天地精深符应之理，（圣王临河洛礼拜）必得神物相授"之说。汉儒被这种说法所迷惑，牵强凑合，不求圣人之实。待到宋时，儒者喜欢摘取圣人之言，反复牵强证明于《易传》与河图、洛书（邵雍先天图）是同为一说。不知孔子曾经说过河出图没有。且不说（《易传》）奇偶之象没有详细论述；再说洛水出书，而九一之数也不详尽；再说圣人仿效了，因河图画八卦，因洛书创立《洪范》（也）没有提及。诸家之言（来自）哪位前人的学说呀？（圣人）观鸟迹而制造文字，因规矩而制作器具，（这是）技艺啊。圣人必定长久端详。不过这经学符兆秘诀（之说），不与本文同传。而千年以来，为山野人士杜撰之说，不都几乎是虚妄荒诞，而不可相信的。况且以《河图》之数分析补充八卦，拘合强同，大多难以相信。如若揭开《河图》来看：谁为一六而下，谁为二七而上，谁为三八四九而左右，谁为乾兑离震，谁为巽坎艮坤？天帝告诉人的，何以轻慢得！因当上而上，因当下而下，因当左右而左右，因当乾兑离震就是乾兑离震，因当巽坎艮坤就是巽坎艮坤。

---

① 蒋得之：生平不详。《四库全书》未收集有其著作。笔者从南宋著名理学家、思想家魏了翁（1178—1237）的著作《鹤山集》中一文《答蒋得之【山】》，推断蒋应为南宋人，文中说道："今得之断然谓河图则先天图也，洛书则五行生成数也。"

② 孔：孔安国；刘：刘歆。

③ 程子：程颐（1033—1107），字正叔，人称伊川先生。《河南程氏遗书卷第十五伊川先生语一》："孔子感麟而作《春秋》，或谓不然，如何？曰：《春秋》不害感麟而作，然麟不出，春秋岂不作？孔子之意，盖亦有素，因此一事乃作，故其书之成，曾以此终。大抵缘有发端处，如画八卦，因见河图、洛书，果无河图、洛书，八卦亦须作。"

④ 朱子：朱熹（1130—1200），字符晦，号晦庵，儒学集大成者，世尊称朱子。他在《晦庵集》卷三八中《答袁机仲》一文中说："《系辞》虽不言伏羲受河图以作《易》，然所谓仰观俯察、远求近取，安知河图非其中一事耶？"

圣人效法天（地），何以拘束！《易》就是这样作出来的。（若按河图之说）那么仰观俯察者又是何物？通德类情者又是何事？而《易》《书》的根本不在这里而在哪里呢？以洛书之数验证相合九畴，则阴阳奇偶都不相配。按类而求之，五行何以居下，五事何以居上，五纪何以居前左，而皇极何以居中？八政何以居左，稽疑何以居右，三德何以居后右，而庶征、福极为什么各自固定一个方位呢？洛书之数的方位实在不同于九畴。一、三、五、七、九，是奇数，而五行、八政、皇极、稽疑、福极，哪个属于奇数？二、四、六、八，是偶数，而五事、五纪、三德、庶征，哪个属于偶数？九畴的名数又不同于洛书，如果不取九畴的大义，只摘其自一至九（有数字）的文字（作图），哪又何必纵横黑白，秘传神授，不厌其烦地在圣人之后作成呀？先儒刘长民说伏羲兼取河图洛书，又称九为河图，十为洛书。蒋得之（又）称先天图为河图，五行生成数为洛书。诸说纷杂，皆无定据；若唯独崇信孔（安国）、刘（歆）的学术主张，谬误啊。程子说过：孔子因获死麟感伤而作《春秋》。麟不出现，《春秋》难道就不作吗？画八卦，是因为看见了河图、洛书，如果没有河图、洛书，八卦也是要作的。朱子也称：（《系辞》虽然没有说伏羲是受河图以作《易》，然而所谓）“伏羲仰观天文俯察地理、远求于万物近取于身体（而作八卦），哪知河图不是其中一件事情？”程、朱两位的论述稍为得当。圣王与上天相通，明天道而作经，适见祥瑞的道理本来就是如此，然而说必须这样才能作出河图洛书，不对的。

【评析】本段是全文的核心，用力也最大。汤显祖除了准确地指出其神异之说的来源之外，批评汉儒为“山野人士”，态度鲜明。他对宋儒“以图之数析补八卦”，和“以《书》之数参合九畴”搅合一起解说经文的做法，以圣人经典辩答，并用宋儒之间相互矛盾的学术观点，和程朱两人的“微词”作为印证，以矛制矛，力透纸背。

【原文】盖圣人之经主于理，而后世索之于数；圣人之理得于天，而后世拟之于怪，故不但原经者饰为异说以夸世诬人也。世儒图经传经者，往往惟新奇玄奥是务，分配离析以解经，而经可明乎？夫易者不离象数，而象数之理自不可穷。然而有正焉，有变焉。卦之明白较著者，正也；旁推而衍之者，变也。伏羲八卦，阴阳刚柔，其理一定，变化尽于是矣。故三代更帙[①]，易卦则同。而《连山》，而《归藏》，而《周易》[②]，未尝外伏羲所作，而别为一（注：徐、毛本均缺“别”字。）“易”也。乃邵子图学以此为周之《易》，而非伏羲之《易》。别出横图于前，左右分析以象天气，谓之圆图；于其中交加八宫以象地类，谓之方图易于天气地类，盖详矣。奚俟夫图而后见也。且谓其“必”出于伏羲，既规横以为圆，又填圆以为方，前列六十四卦于横图，后列一百二十八卦于圆图。上古无言之《易》，何若是纷纷哉！易始于一，由太极而两仪，而四象，而八卦，生生之序也，未闻笔之图以立卦。天地、山泽、风雷、水火，相合配偶，此八卦对待之体，乃别而图之为先天。由此行乎四时，序于五方，又流行之用，乃别而图之为后天。何据也？孔子作《传》于千百年之前，邵子读《易》而悟其变，推而衍之如此。[③]不应谓圣人之《传》反为其图说也。近世黄东发著《日抄》，极谓“天地定位”一章[④]，必非先天卦位，疑图学之不可从。盖彼谓先天在卦气，《传》何为舍而曰“天地定位”？彼谓后天在入用，《传》何为舍而曰“帝出乎震”？《系辞》一书，语象变详矣，未尝一及于图；且汉儒传经近古，未有以图为言者，图学邵子之《易》也，而可即谓圣人之《易》也哉？

---

① 三代更帙：《汉书·艺文志》：“人更三圣，世历三古”，指的是伏羲画八卦，文王“重《易》六爻，作上下篇”，和孔子作“《彖》《象》《系辞》《文言》《序卦》之属十篇”的《易传》。

② 三易名称的来源说法较多，较为公认的是伏羲八卦，在夏朝称《连山》，首卦为艮；商朝称《归藏》，首卦为坤；周朝称《周易》，首卦为乾。

③ 邵雍《观物外篇》曰：“一变而二，二变而四，三变而八卦成矣。四变而十有六，五变而三十有二，六变而六十四卦备矣。”

④ 黄震（1213—1280），字东发，号文洁。著有《黄氏日钞》《古今纪要》等。他在《黄氏日钞》卷六《撰读〈易〉》中，对邵子的先天图卦位说提出疑义，说“康节（邵子）言伏羲卦位近于穿凿附防”。

【译文】圣人的经典以义理为主，而后世却从数字中索求；圣人的义理得自于天（机），而后世却从怪异之事中仿拟，因而不但是原创经者（被）饰为怪异之说向世人夸耀（也）诬害人（原创经者）了。以图解经、说经的世儒们，往往只是追究新奇玄奥，解体分割说解经书，而经义可以明晰吗？易离不开象数，而象数的义理自然不可穷尽。然而有正，有变。较明白显著的，称正卦；推论衍绎的，称变卦。伏羲八卦，阴阳刚柔相济，其天下之理必然，变化全在其中了。所以三代的书名有变更，易、卦则是相通的。如《连山》，如《归藏》，如《周易》，（它们）表面未必伏羲一人所作，故而别名称为一个《易》。（这个）邵子图学是以周之《易》（推衍为圆、方图），而不是伏羲所作的《易》。（邵子）分解出横图在前，左右分析以象征天气，称为圆图；再在中间相交加入八宫以象征地类，称为方图，对于天气大地之类（的事物），《易》述说得已非常详尽了。但这（圆、方）图是后来见到的。再说（圆、方）图“必定”出于伏羲，既规横以为圆，又填圆以为方，前列六十四卦于横图，后列一百二十八卦以为圆图。上古无文字流传下来的《易》，为什么会这样杂乱呀！易从一起始，由太极（生发出）两仪，再（由两仪生发出）四象，又（由四象生发出）八卦，生生有序，没有听说以画图来立卦的。天地、山泽、风雷、水火，相配偶合，此八卦两两相对，（邵子将它）别名为先天图。由此（先天图）来运行（春夏秋冬）四季，排出（东西南北中）五方次序，（由）它通行（社会）的作用，（邵子将它）别名为后天图。有何根据呢？孔子作《易传》于千百年之前，邵子读《易》而感悟其中的变化，推论衍绎成这样。不应将圣人作的《易传》反过来说是“图”。近世黄东发著《日抄》，（有）深探《天地定位》一章节，（论）“必非先天卦位”，怀疑（邵子）图学，（说）不可盲从。（《日抄》说）他（邵子）说先天在卦气，（那么）《易传》为何舍弃而说“天地定位”？（《日抄》说）他（邵子）说后天在实用，（那么）《易传》为何舍弃而说“帝出乎震”？《系辞》

一书，详细叙述象变，没有一处涉及图，而尚且汉儒说经已是近古（时期），没有用图来解说的。图学是邵子的《易》，而可以说成就是圣人的《易》吗？

【评析】本段着力于《易》的追溯，在“夸世诬人”的分论中，对宋儒邵雍自创的图经进行了分析，并引用了黄东发的不同看法，对以“图经”替代圣人经典而“流行之用”进行了批驳。这也是全篇立论由合到分，步步深入最重要的一环。它与下段一起，构成了全篇第三轮辩论的高潮。

【原文】《洪范》者圣王治世大法，其道尽于皇极[①]，而终始意义联贯而不可离，是故有本焉，有枝焉。前四畴皇极之体，治天下之本根也；后四畴皇极之用，治天下之枝叶也。读《洪范》者当知天人合一至理，圣人严感应之机，详著五事修废与五行征应之论，特其理微妙不可迹拘耳。刘向作《洪范五行传》[②]，其言某事致某灾，某灾应某事，捷若形影，破碎分析，世以灾异之学病之，而遂疑念用之畴，或未可尽信。夫人君事天，如孝子事亲，日候其颜色、喜怒，以为己之悖顺，此所谓念也，征而休焉，修之当如是。而求其肃必时雨，乂必时旸，哲必时燠，谋必时寒，圣必时风，则难矣。征而咎焉，废之当如是。而求其狂必恒雨，僭必恒旸，豫必恒燠，急必恒寒，蒙必恒风，则舛矣。[③] 圣人立教论其理，而奚必于类应之符邪？惟其言

① 皇极：这一段有三个“皇极”。第一个“其道尽于皇极”中的“皇极”，指第五畴“皇建其有极”。刘向《洪范五行传》：“皇之不极，是谓不建，时则有日月乱行。”第二个“皇极之体”中的“皇极”，指准则，大法。第三个“皇极之用”中的“皇极”，指皇帝，皇位。《旧唐书·外戚传·武承嗣》：“皇极者，域中之大宝，必顺乎天命。”

② 刘向（约前77—前6）：原名更生，字子政，西汉经学家、目录学家、文学家。与其子刘歆共同编订《山海经》，撰《洪范五行传》等著作。

③《洪范》曰：“曰肃、时雨若；曰乂，时旸若；曰晰，时燠若；曰谋，时寒若；曰圣，时风若。曰咎征：曰狂，恒雨若；曰僭，恒旸若；曰豫，恒燠若；曰急，恒寒若；曰蒙，恒风若。”意思是说君主施政态度能影响天气的变化。

理，故不祖于数。而宋世蔡元定作《皇极内篇》补《洪范》不传之数[①]，以畴之目合书之九九，衍之而为八十一，八十一衍之而为七百二十九，极之于六千五百六十一焉。自元至终，犹《易》之卦也。而六千五百六十一，犹卦之爻也。其于天人妙理，治世大法，果皆曲尽而无遗否乎？"《洛书》，数之祖，祖洛书而推之于不可穷。"此元定之精于数学而有功于《书》也。若谓《洪范》之缺，藉以推衍，何其敢于诬经也哉。

【译文】《洪范》，圣王治世大法，其道术全在于（第五畴）"皇极"，（全篇）意义联贯不可分离，故且有本、有枝。前四畴是（九畴）大法主体，治天下的根本（不可动摇），后四畴是皇帝具体使用的方法，治天下之枝叶。读《洪范》的人，应当知晓"天人合一"最根本的道理，圣人对天机的感应是严密的。（《洪范》）详细著论了（貌、言、视、听、思）五事的修养兴废，与（金、木、水、火、土）五行的证验对应，其中的道理微妙不可以拘泥于形迹。刘向作《洪范·五行传》，其中称某事导致某灾，某灾应验某事，快捷若形影，分析支离破碎，世人把它当作灾异之学加以诟病，而且就用它来决疑九畴的念思和实用（问题），有时不可以全信。君王治理天下，如同孝子侍奉长辈，每日察望其神色和喜怒，以此作为自已的逆顺（标准），这就叫做意念。征兆显示吉祥，就应当从吉的方面修养。如果苛求（帝王）严正则会及时降雨，治理就会艳阳高照，明智就会天气温暖，谋虑就会适时寒冷，圣明就会柔风徐至，那就困难了。征兆显示凶险，把它废除了就是。如果苛求（帝王）狂暴恣肆就必定连绵淫雨，超越本分就必定持久天晴，犹豫不决就必定持久炎热，急躁不安就必定持久苦寒，昏庸暗昧就必定持久刮风，那就（国家）大乱了。圣人树立教化，论述的是理，且为何要固执

① 此处为汤显祖笔误，实为蔡沈。蔡元定（1135—1198），字季通，南宋著名理学家，朱熹理学的主要创建者之一，作《皇极经世指要》流传于世。而《洪范皇极内篇》是其次子蔡沈所作。《洪范皇极内篇》说："天地之所以肇人物，之所以生万事，之所以得失者亦数也"，并把九九八十一个范畴都命以名字，模仿《易经》的筮法进行占卜，由此而得出九种征兆：吉、咎、祥、吝、平、悔、灾、休、凶。

于类比对应符兆呢？正因为言理，所以不承袭于数。然而宋代蔡元定作《洪范皇极内篇》，（称）补《洪范》未传之数，用《九畴》的细目编联为九九，而推衍为八十一，八十一推衍为七百二十九，直至推衍到六千五百六十一。自始至终，犹如《易》之卦，而六千五百六十一，犹如卦之爻。（《皇极内篇》说是）对于天人之间的精妙义理和治理天下的大法则，果然完整而没有遗漏吗？它说："《洛书》是象数的始祖，承袭《洛书》可不穷尽地推衍"，这是蔡元定精于象数之学而有功于《洛书》的地方。倘若说《洪范》有不完善之处而借以推衍，怎么能冒昧地说它是诬解经文呢？

【评析】本段着力于《九畴》的立辩，对汉儒刘向对《九畴》破碎分析得出的"灾异之学"着力进行批驳，对宋儒蔡沈的所谓"补《洪范》不传之数"进行了推敲，得出是"诬解经文"的结论。此段与上段"八卦"之辩互为犄角，得体得力。

【原文】是故六经之道几绝[①]而复明者，诸儒传经之力，而使大义不尽明于世者，诸儒牵合拟附之罪也。汉儒之失，在示天下后世之信而涉于夸；宋儒之失，在求圣人之精而流于过。或曰：宋儒之学何可非也？曰：何敢非也！天下理与数而已矣。若惟其理数是精，而不援经解附，则邵子之图学、蔡氏之数学，岂可少哉！

此言尽为圣经立辨也，折衷之，以定论尚俟夫理学之奥者焉。

【译文】所以，"六经"之道几乎灭绝而能得以流传的原因，是得到诸多儒生的大力传授。而使经学大义不能完整无误地宣明于后世的原因，（则是）诸多儒生在解经时牵强附会的罪过了。汉儒的过失，在于为使天下后世的可信（做示范）却涉及夸饰；宋儒的过失，在于求圣人之说的精微之妙

① 《汉书·艺文志》："《古文尚书》者，出孔子壁中。武帝末，鲁共王坏孔子宅，欲以广其宫，而得《古文尚书》及《礼记》《论语》《孝经》凡数十篇，皆古字也。……孔安国者，孔子后也，悉得其书，以考二十九篇，得多十六篇。安国献之。"

却流于过度。有人问：宋儒之学有什么可以责怪的？答曰：怎么敢责怪！天下理与数（既定）而已。如果只是精习理数，而不是援引经典来附和解说，那么邵子的图学、蔡氏的数学，怎么可以缺少呢！

我的这篇《对策》全是为经学大旨立辨的，折衷而论，而定论尚须待理学渊博精深之人了。

【评析】在结尾段中，作者将汉、宋两代的大儒解说经文的过失给出了结论，这在“流行之用”的当时，确是驱霾逐雾之述。从这点说，此《答策》并非是“食古”之作，而是“时务”之论了。这种风格在他以后的“四梦”戏剧创作中表现得尤为淋漓尽致。

三、“八卦九畴”略考

四位考官给出的批语分别是：

> 同考试官教谕陈 批：世儒类以图书说经，此作推原圣人本意，反复辩论，足解千古之疑。
>
> 同考试官教谕陈 批：据理析数，考究精详。
>
> 考 试 官学正吴 批：是策大有功于圣经。
>
> 考 试 官学正顾 批：得理学之奥，宜录。

如此评价，在《江西乡试录》辑留的所有批语中没有比这更高的了。当然，按照明代科考程序，批阅考官所接触的答卷，都是经过誊录官统一誊录，卷面既无考生姓名，又无标记的朱卷。[①] 批阅考官是不可能知道考生其人的。那么，这篇 400 多前、年仅 21 岁的士子之言，何以“足解千古之疑”？据此，

① 参见张连银：《明代乡试、会试评卷研究》，西北师范大学文学院硕士学位论文，2004 年。

笔者认为有必要对“八卦九畴”的思想价值，以及有史以来关于“八卦九畴”来源的流变作一简略的归纳梳理。

远古时期的人类认为，世界是由少数几种基本物质构成的。这种对世界本原的抽象认识，在华夏民族中，认为有天、地、山、泽、雷、风、水、火八种物质形态。这八种物质两两相对，且相互作用，产生万物。人类既是这八种物质运动的产物，同时又要顺应它们才能生存。并认为“按类取象”，万事万物都是这样运动的。因此，为寻求人们行为的成功，于是产生了求神问天，预测行为效果的占卜术，称作为“八卦”。如果说“伏羲作八卦之说，未必可信”[①]是因为时代过于久远而无法考证，但“九畴”的起源则要清晰许多，它是迄今四千多年前产生的中国国家体制管理的第一部根本大法。追根溯源，无论是“八卦”还是“九畴”，都是中华文明的奠基之作。正如任继愈先生在他主编的《中国哲学史》“《易经》和《洪范》的思想”一节中所论述：“《易经》中包括了一些科学思想和辩证法观点，但它没有摆脱神学的体系。它是通过求神问卜的形式，结合当时生产斗争和社会生活经验提供了一些符合科学精神的思想。……《洪范》和《易经》一样，也是在宗教神学的体系下透露出一些朴素的唯物主义观念。”[②]张岱年先生在《论易大传的著作年代与哲学思想》一文中也说：“《易大传》对于后来哲学思想发展的影响是非常巨大的。以后的唯物主义思想家与唯心主义思想家都从《易大传》中吸取营养。应该肯定：《易大传》对于中国哲学思想的发展确实有其不可磨灭的贡献。”[③]

以现代概率论的观点来看，人们行为的结果，成、败概率各为50%。如何看待成功与失败的可能，在《易经》的卦辞与爻辞做出的种种解释中，由于有一些包含着科学的道理与辩证法的观点，因而被人们视若神明，所以

① 任继愈主编：《中国哲学史》，人民出版社2003年版，第21页。
② 同上书，第25—28页。
③ 转引自：周振甫《周易译注》，中华书局2013年版，第27页。

关于“八卦”的起源就更显得扑朔迷离。有学者仅在《周易·系辞传》中就理出了两种[①]：一是源于上古时代的结绳记事，《系辞下传》说，“上古结绳而治，后世圣人易之以书契，百官以治，万民以察”“古者包牺氏之王天下也，仰则观象于天，俯则观法于地，观鸟兽之文与地之宜，近取诸身，远取诸物，于是始作八卦，以通神明之德，以类万物之情”。二是源于测量术。《系辞上传》说：“易有太极，是生两仪，两仪生四象，四象生八卦。”有学者认为，“卦”字是由“圭”“卜”组成，而“圭”是古时人们用于测量太阳阴影以判断时间的工具。据此人们推断八卦本来表示的是一年中阴阳消长的八个节气，即立春、春分、立夏、夏至、立秋、秋分、立冬、冬至。“八卦定吉凶，吉凶生大业。”在原始农耕时期，观“象”而作，这是人类社会发展的必然阶段。然而不管如何，“八卦”作为汉文字与数字之祖，其地位是毋庸置疑的。

《洪范》九畴形成于夏商周，这是无争议的。研究表明，公元前 2071 年为夏代起始年。[②]《尚书·虞书》记，当其时“禹别九州，随山浚川，任土作贡。禹敷土，随山刊木，奠高山大川。……开九州，通九道，陂九泽，度九山”。《尚书·禹贡》记，在禹的治理下，“九州攸同，四隩既宅，九山刊旅，九川涤源，九泽既陂，四海会同。……禹锡玄圭，告厥成功。”所以《尚书·洪范》说：“禹乃嗣兴，天乃锡禹洪范九畴，彝伦攸叙”，开创了中华文明的新纪元。然而它的成文却还要晚近千年，它是周文王十三年（前 1184），武王拜访箕子，请教治国常理，箕子转叙而成为周朝统治天下的根本大法的。当代学者甚至认为，“《洪范》是周朝天子正式颁布的一部相当于现代宪法的法典”[③]。

以上可以看到，远古时期的“八卦”与“九畴”是不同历史时期产生的

---

① 参见张晓林：《八卦起源说综述》，《社科纵横》1995 年第 4 期。

② 李永增：《夏商周断代工程将我国历史纪年前推 1200 年》，《瞭望新闻周刊》2000 年第 47 期。

③ 李行之：《〈尚书·洪范〉是中国历史上第一部宪法》，《求索》1985 年第 4 期。

两个不同事物的概念。那么它们又是如何与“河图”“洛书”扯到一起的呢？

“河图”一词最早出现在《尚书·顾命》中：“大玉、夷玉、天球、河图，在东序。”这里所说的“大玉、夷玉、天球”是东方产的几种玉石，根据同类叙述的写作原则，“河图”也应当是玉石的一种。再《管子·小匡》说：“昔人之受命，龙龟假，河出图、洛出书、地出乘黄。今三祥未见有者。”显然，这里的“河图、洛书、乘黄”指的都是三种不同的祥瑞[①]。将河图、洛书与八卦、九畴联系在一起的是孔安国。他在《古文尚书》中说：“‘河图’者，伏羲氏王天下，龙马出河，遂则其文，以画八卦。‘洛书’者，禹治水时，神龟负文而列于背，有数至九，禹遂因而第之以成。”由此，“八卦”“九畴”就与“河图”“洛书”分别对应了起来。

它们又是怎样流变成“灾异之学”呢？这是汉儒曲解而成的。当代学者朱本源先生研究认为，灾异论的创立者首当其冲的是董仲舒。[②]董仲舒说：“孔子作《春秋》……《春秋》之所记，灾害之所加也；《春秋》之所恶，怪异之所施也。”刘向、刘歆父子在此影响下，孤明先发，在《洪范五行传》中说：“《易》曰：‘天垂象，见吉凶，圣人象之；河出图，洛出书，圣人则之。’刘歆以为虙羲氏继天而王，受《河图》，则而画之，八卦是也；禹治洪水，赐《洛书》，法而陈之，《洪范》是也。……《河图》《洛书》相为经纬，八卦、九章相为表里。昔殷道弛，文王演《周易》；周道敝，孔子述《春秋》。则《乾》《坤》之阴阳，效《洪范》之咎征，天人之道粲然著矣。”[③]并以五行阴阳之说对应《洪范》的内容，附以休、咎征兆之应。成为汤显祖在本《答策》中所说的“而后世儒者乱之也”之源。

应该说，此时也还只是出现了“河图”对应“八卦”，“洛书”对应“九

① 任蜜林：《〈河图〉〈洛书〉新探》，《西北师大学报》（社会科学版）2013年第50卷第4期。

② 朱本源：《〈洪范〉中国古代文明活的灵魂》，《陕西师范大学学报》（哲学社会科学版）1996年第25卷第1期。

③ 《汉书·志·五行志上》，见《钦定四库全书·史部·正史类》。

畴”之说，那么“八卦”“九畴”又是怎样纠缠在一起的呢？这还得从黑白点的“河图”“洛书”说起。

众多研究认为，在宋以前，并没有出现以图表示的“河图”“洛书”。首次以黑白点表示“河图”“洛书”的是宋初的道士陈抟[①]，叫作“龙图易”。《四库全书》收录的《宋文鉴·龙图序》以及《宋史·艺文志》中，都讲到了陈抟的“龙图三变”，即一变为天地未合之数，二变为天地已合之数，三变为龙马负图之形，最后形成了河图、洛书两个图式。陈抟的龙易图传到邵雍手中后，他结合《周易》的文字叙述，推演出八卦图与六十四卦图。现在我们能看到的约三千种不同形式的八卦图，皆是邵雍图的演变。邵雍还在他的《皇极经世书》中，将传统的易学分为先天与后天。既伏羲易为先天之易，文王作的《系辞》与孔子作的《传》为后天之易。提出先天为体，后天为用。力图创造一个“上识天时，下尽地理，中尽物情，通照人事”，无所不包的象数体系。邵雍的“图学”得到了朱熹、蔡元定的大力推崇，称邵雍的《皇极经世书》为“易学别传”，并在《易学启蒙》一书中进而发挥说：“《大传》所谓‘河出图，洛出书，圣人则之’者，亦泛言圣人作易作范，其皆出于天之意。”“洛书固可以为易，而河图亦可以为范矣。”[②]两者是可以相通的。如此自圆其说地解决了“图”与“书”交集的义理问题，象数义理学的推出也就顺理成章了。其弟子蔡沈阐幽发微，发明《洪范》之数，著《洪范皇极内外篇》。蔡沈的所谓“洪范”之数，说是来自于黑白点的“洛书”。认为此神秘数字可“上稽天文，下察地理，中参人事，古今之变，穷义理之精微，究兴亡之征兆”[③]。由此在象数学与义理学之间架起了一道桥梁。为理学增添了象数的新内容，得到了朱熹的赞誉：“《洪范传》

① 陈抟（871—989年），字图南，号扶摇子，赐号“白云先生”“希夷先生”，北宋著名的道家学者、养生家。《宋史》有传。

② 朱熹撰，苏勇校注：《周易本义》，北京大学出版社1992年版，第208页，第211页。

③ 蔡沈：《洪范皇极内篇》，见《钦定四库全书·子部》。

已领，俟更详看，然不敢率易败动。”[①] 然而蔡沈的《洪范皇极内篇》是阐释《洪范》与数的关系，而《洪范》本是以义理治理天下的法则，两者强牵捏合，穿凿附会就不是无意而为，而是刻意追求了。至于以“洪范之数”占卜，就更显得荒谬了。

古今学者的研究也表明，汤显祖在《答策》中对汉儒神话异化、宋儒穿凿附会古圣人作的“八卦九畴”的阐述是正确的。

前有同为临川乡贤的北宋名臣王安石说：“夫《易》之道甚明，而儒者以《河图》乱之；《洪范》之义甚明，而儒者以《洛书》乱之。”[②] 并呐喊出千余年来振聋发聩的“天变不足畏，祖宗不足法，人言不足恤”的警世之言。

后有清末著名思想家龚自珍（1792—1841）在论及汉儒神异经学时气愤地说：“最恶刘向之《洪范传》，以为班氏之《五行志》不可作也”。又说：“刘向有大功，有大罪，功在《七略》，罪在《五行传》。”[③] 学者牟庭（1759—1832）在他所作的《同文尚书》中说，“《洪范》虽曰九畴，而本非言数之书”“故凡以《洪范》为《洛书》皆诬说也”[④]。

当今的学者又是怎样评价邵氏图学、蔡氏象数理学的呢？山东大学林忠军在他的著作中是这样论述的：“邵氏不是在诠释《周易》，而是借助于《周易》的符号来阐发自己的思想，故他的思想多与《周易》本义及传统观点不符，甚至相违背。”[⑤] 重庆师范大学陈良中撰文说，《洪范皇极内外篇》“仅是借‘九畴’之数推演而成，也就是说这一体系未能具有说服力地建立起来，

① 朱熹：《答蔡仲默》，见《钦定四库全书·子部·别集类》1146-《晦庵集续集》。

② 【自语堂编藏】王安石：《洪范传》，http://www.360doc.com/content/12/1124/01/8164970_249873083.shtml。

③ 朱本源：《〈洪范〉中国古代文明活的灵魂》，《陕西师范大学学报》（哲学社会科学版）1996 年第 25 卷第 1 期。

④ 转引自沈清濂：《九畴初探》，《江汉大学学报》（自然科学版）1986 年第 2 期。

⑤ 林忠军：《象数易学发展史·（二）》，齐鲁书社 1998 年版，第 248 页。

这是蔡沈‘洪范数’体系的致命缺陷”[①]。

至此，四百多年前考官之所以给出“足解千古之疑”的批语，就释然而解了。值得注意的是，笔者经搜索，如此关于“八卦九畴”来源的专论，汤显祖当为第一人。换句话说，如果汤显祖的这篇文章不被湮没四百多年，想必中国易学史界，定会赋予它应有地位的。当然，我们不能苛求四百多年前的汤显祖文中的每句话、每个字，都符合经过现代科学验证了的正确的认识水平，但从总体上看，他对《周易》与《洪范》正本清源的论述，即使是在四百多年后的今天，对那些不问苍生问鬼神，神异易学泛滥的所谓弦扬“国学”的现象，无疑仍有现实的批判意义。

在联合国教科文组织隆重纪念汤显祖逝世400周年之际，析读汤显祖的《第三问》，在欣赏他那丰富的阅历、犀利的笔触、优美的文采的同时，更能深切地感触到，年仅21岁的汤显祖追求事物真相的热忱与敢于质疑的思想锋芒。“小荷才露尖尖角”，从批驳汉儒的奇说—异说—山村野士之说，到批驳宋儒的诬人之说——强加于原经的“诬经也哉”，无不透露出青年汤显祖“颖异不群……非仅仅蹀躞康庄也者”[②]的锐气。在他的笔下，程子、朱熹这样的儒学大家都只是“稍为得之”。这在视程朱理学为至尊正宗，“非朱氏之言不尊”[③]，士子一味“尊朱”“述朱”，毫无个人学术思想创新的明代科举场上，是十分罕见的。正是这种锐气，铸就了他不屑权贵延揽不畏数度落第的高尚情操；铸就了他文场上不务虚名，与“文必西汉，诗必盛唐”的复古拟古者们奋争的不屈精神；铸就了他官场上“以天下为己任”，不“睨

---

① 陈良中：《蔡沈〈洪范皇极内外篇〉义理研究》，《重庆师范大学学报》（哲学社会科学版）2010年第5期。

② 邹迪光：《临川汤显祖传》，转引自龚重谟：《汤显祖大传》，上海人民出版社2015年版，第372页。

③ 何乔远：《名山藏·儒林记》，转引自冯天瑜等：《中华文化史》，上海人民出版社2005年版，第607页。

长吏色而得其便”[①]，直言上疏受贬，直至弃官回家的浩然之气；铸就了他宁守清贫，“意气慷慨……蹭蹬穷老”[②]的人生境界，成为其创作流芳千古的“临川四梦”的前奏。

也就是这场考试之后，汤显祖在江西考场中脱颖而出，在九十五名中式举人中名列第八，意气风发地踏上了漫长、坎坷，乃至于凤凰涅槃般的人生之路。

① 邹迪光：《临川汤显祖传》，转引自龚重谟：《汤显祖大传》，上海人民出版社2015年版，第373页。

② 邹迪光：《临川汤显祖传》，转引自龚重谟：《汤显祖大传》，上海人民出版社2015年版，第376页。

访谈笔录

FANG TAN BI LU

2002 年 5 月 22 日，笔者跟拍抚州汤显祖剧团在浙江海盐的演出结束后，特地到杭州采访了徐朔方先生。

记者：徐老，我们想问汤显祖的“临川四梦”与海盐腔的关系？

徐老：这个问题是这样的。它是谭纶带回去的，浙江的海盐腔，宜伶来演的，是江西化的海盐腔。因为浙江带回去，带回到江西，当然要受江西的影响。

记者：徐老，您研究汤显祖的“临川四梦”是用海盐腔的曲牌创作并演出的？

徐老：是这样子的，这就是我的看法。

（此时，徐老似乎是想起了抚州发现的《玉茗堂全集》家传木刻雕版残版一事，他接着说道：）这个事情很奇怪，汤显祖的著作都是在昆曲流行的地区出版的。我现在还没有看到过江西出版他的书，而且现在我们知道的，汤家后代把他的戏曲本子当作家传，也是湖州出的。浙江湖州。

记者：为什么汤显祖会用宜黄化的海盐腔创作剧本呢？

徐老：因为当时流行的曲本就是这样子。当时他家乡流行的这个腔调就是这样子的。一个作家不可能说，这些艺人都不行，我要全新的，这个不可能的。他只能够当地有什么腔调就用什么腔调来演唱。

记者：为什么汤显祖对海盐腔那么熟悉呢？

徐老：因为中国曾经是海盐腔流行全国。

记者：这与汤显祖当时在浙江做官有没有关系呢？

徐老：没关系。

（苏州人）他们认为自己了不起啊，苏州人看不起外面的人。说汤显祖字韵是江西土话。实际上是他自己不懂。我们中国的戏曲有两个事情，一个是昆腔以前，南戏《琵琶记》，南戏就是音域比较宽一些，相邻的部不好通用，它是可以通用的。所以他们自己不懂。那么我们说，《琵琶记》以及其他一些东西，都是这样子的。

记者：他们认为汤显祖“临川四梦”唱的是江西土腔？

徐老：因为昆腔流行以前，是流行海盐腔的，所以一点都不奇怪。

记者：为什么后来有汤显祖与沈璟之争？

徐老：汤显祖跟沈璟之争，这个原因是这样的，沈璟他提倡昆曲，汤显祖无所谓，不是讲昆曲，沈璟他认为，你的戏如果说都讲你用宜黄腔唱的话，不高级。用现在的话来说，沈家喉咙里唱不出来的。汤显祖就气起来了，他说，让人家唱不出来好了。讲人家喉咙唱哑了，也可以。沈璟呢，他知道以前海盐腔流行时候，海盐腔流行之前，用的南戏的土腔，他知道。南戏流行的土腔，就是汤显祖戏里唱的。

记者：您对汤沈之争的评价是什么呢？

徐老：我的评价就是说，一个汤显祖来说，他是用海盐腔唱的，因为他的时代是流行海盐腔的。沈璟他要提倡昆曲，提倡昆曲是对的。但是，这个汤显祖他的剧本最早的《紫箫记》是在家乡编的，家乡编的戏是用家乡的习惯唱的。他后来到了南京做官，南京做官的人把他的戏改了。为什么要改？就是把江西腔改做昆腔。

记者：我看您的研究是改了《牡丹亭》。

徐老：《牡丹亭》是万历二十六年写的。汤显祖一同进京是吕允昌的儿子，其中一个叫吕天成。双口吕，天气的天，成功的成。吕天成是汤显祖的小辈，他对汤显祖很尊重，但他更尊重的是沈璟。

记者：我记得您有一句话，就是评价沈璟改了汤显祖的《牡丹亭》本，改为《牡丹亭》串本，串本《牡丹亭》。您给他的一个评价是沈璟在改汤显祖本的时候，没有尊重汤显祖的原意，创作的原意。

徐老：这个事是这样的，我写的文章不够严谨。因为沈璟的改本当时没有出版，所以吕天成他们把吕家改的。汤显祖讲，唱《牡丹亭》要照我的本唱，不要照吕家改本唱。实际上不是吕家改本，实际上是沈璟的改本。因为他们已经在汤显祖那里第一次碰壁了，不好再讲了，不好再讲是沈璟改本了。恐怕他闹起来，有意见。

记者：现在回过头来看，汤显祖与沈璟的争论，焦点是什么？

徐老：焦点就是说一个是昆腔，一个是海盐腔。

记者：汤显祖要维护的是什么？

徐老：汤显祖要维护的就是民间的唱腔。这个我们不能够说两个哪一个对。因为两个都有进步的地方。汤显祖他要民间的唱本来唱，这是对的。沈璟要提倡昆腔也是对的，不过昆腔对汤显祖的剧本，对一切昆曲的剧本，它有个变化。这个变化是什么呢？我也讲过，这个汤显祖剧本跟昆腔，昆腔一定要适应，一定要按照《中原音韵》来写，汤显祖是不增加音韵，就是说这个音韵当中，韵部啊，韵部相通的。汤显祖认为，不是通韵部的也可以呀，那这个昆腔是反对的，反对的人非常多，不仅是反对汤显祖，也反对别人。但是最后呢，还是这班人失败。因为最后还是允许南戏的戏韵啊。

记者：徐老，从您的研究来看，海盐腔为什么会失传？

徐老：海盐腔失传这个事情，实际上我们现在弄不清楚。这个你可以说失传，也可以说不是失传。就是说海盐腔它也改了。它跟昆曲接近了。

记者：就是进化到昆曲去了。

徐老：哎。因为现在留下来的，正宗的海盐腔，我们不知道。那当然现在的昆腔，跟从前的昆腔也不是完全一样的。所以昆腔在解放前，在苏州把那个昆曲传习所，就是杭州的这个周传英搞的，传是传统的传。他们全是传字辈，字辈传字辈，他们认为自己是正宗，我反对这个说法。因为这个东西不好讲正宗的。比方说，北昆，北京的昆曲，昆腔，它是两方面，一方面你昆腔传到北方去，当然不可能像苏州那样子正统。但另外一方面，它有新的东西加进去，苏州的昆腔，一个特点，一般讲，它吴戏很少，北昆的吴戏比较多一些，你比如浙江，浙江金华有昆腔，我的家乡也有昆腔。湖南有昆腔，湘昆。现在台湾也有（昆腔）。

记者：徐老，你觉得我们现在研究海盐腔有必要吗？

徐老：无从研究起啦。因为我们没有录音录像啦。

记者：您听说过江西广昌它的孟戏里面，有几十个海盐腔的曲牌，您看过吧？

徐老：我没有看过。

（徐老稍微停顿了一下，想起1982年出席江西抚州纪念汤显祖逝世366周年大会时，在抚州看到了汤显祖家族墓园被占用，而新建了一个汤显祖墓的事情，说道：）我觉得江西很奇怪，江西啊，把汤显祖的坟，祖坟挖掉，重新造（用手中的拐杖拄地）。我说造可以造得很漂亮，实际上多此一举。因为这个汤显祖家乡，汤显祖自己文章里讲得很清楚啊，他是在过桥，过桥汤家坟，你几十万块钱造一个工厂，晓得什么工厂在那里，现在把汤墓造过，造过以后就是假的了。是不是。

记者：汤显祖的历史贡献是什么？

徐老：他历史贡献就是说戏曲方面。他的这四部戏曲是非常有名的。还有他写诗写文章也很好。

记者：他对唱腔方面，我们中国古唱腔方面有些什么贡献呢？

徐老：唱腔方面没有什么贡献。因为他写好以后他要叫人家去唱。他自己也会唱的，那么他们怎么样唱，他不管。

记者：从汤显祖的著作来看，他到晚年的时候，就是跟沈璟发生争执以后，他自己去教戏。

徐老：这个事我看，他自己教戏，并没有说他是用新的办法，就是按照江西的土腔教戏。他也留下了诗，“自掐檀痕教小伶”，这就是很有名的。你有什么问题只管问。

记者：我就是想问“临川四梦”与海盐腔的关系这个问题，以及海盐腔为什么会失传？

徐老：海盐腔为什么会失传，现在我们搞不清楚。但是这里我们要晓得，所有的音乐因为当时没有录音留下来，它慢慢会变化的。这个变化的过程慢慢的慢慢的，今年跟去年比起来好像不大，你十年、二十年、三十年之后，就很大了。是不是？

记者：基本的韵律还在里面啊？

徐老：哎，在里面啊。我想基本的韵律不仅是汤显祖的，就是元杂剧的韵律基本上现在还存在。我举个例子——《关老爷单刀赴会》，这个赴会曲本，关公一个人到吴国去赴会，这个曲本现在昆腔里唱的，跟杂剧原唱的一样的，它都一个人唱的，所以我就怀疑，这里面保存了很多的古代的唱法。

记者：我们广昌孟戏，下次我弄一套片子给您看一下。

徐老：什么孟戏啊？

记者：《孟姜女》。那个戏已经是演了500多年，一个剧团演了500多年，到现在还在演。还有一个剧团是演了400多年，从明万历年间就演的，他请的师傅是宋子明，宋子明是清源祖师的徒弟，（是他）教的戏，当时在那里还有墓地，“文化大革命”的时候挖掉了。他的祖师爷是宋子明，他传的就是海盐腔，宜黄化的海盐腔，传唱的。

徐老：这个我们应该这么看嘛，一个传下来之后，你说都是一样的，这是不可能的。它慢慢地会改变的。改变到现代唱的。你说改变，他不承认，他说我老师教的，祖传，一点没改。但是我们从根上讲，历史来看，实际上是改变了。他说没改变，也是对的；说改变，也是对的。

记者：因为古代没有记谱，又没有录音，肯定是存在一个变化。据我所了解，戏剧大概50年，30年到50年，就会变一趟。唱腔变化是肯定的。

徐老：对。就是30年、50年变化大了，可以看出来了。

记者：但是，据我所了解，海盐腔从曲牌上来看，它既不像弋阳腔，又不像昆腔，古南戏四大声腔，他写剧本要根据曲牌去写的，我是这个唱腔，我就是这个格律，你是那种唱腔，就是那个格律，是不是这样的？

徐老：所有的曲谱，曲谱都是一样的。你昆曲的曲谱跟海盐腔的曲谱，都是一样的。因为它只有工尺不一样，字面还是一样的。

记者：我看了一个对比材料，比如说【宜春令】弋阳腔有，它们孟戏，海盐腔里面也有。【阮郎归】，弋阳腔里面有，昆曲里面也有。这些曲牌，我指的是曲牌。

徐老：昆曲曲牌，（此处有听不清楚的地方）。

记者：比如说，昆腔里面，弋阳腔去听去唱的话，也不一致，也不一样。

徐老：金华人的唱法，跟江西人的唱法也不一样，它同名都是昆曲，你也是昆曲我也是昆曲，但是不一样的。

记者：海盐腔的演唱特点是哪些？

徐老：现在我们知道的有把握只能说海盐腔跟昆腔都比较文静，弋阳腔比较喧闹。其他可以这样讲，你讲得越多讲错的机会越大。（笑）

同行人：徐老，我觉得海盐腔跟昆曲很接近，现在。

徐老：海盐腔跟昆曲原来是很接近的。

同行人：我们现在听了也很接近。

徐老：对。

同行人：现在我们（抚州剧团）演出海盐腔，跟上海昆剧院那个唱腔很接近。只是一个我们用板胡，他那个用笛子。唱腔的旋律差不多。

徐老：应该是差不多。

比方说《牡丹亭》里面“袅晴丝吹来”，（唱）袅晴丝吹来，它可有变化的。因为昆曲里面，有些老师讲的，比方说什么一定要唱出什么声音，比如更加的更啰，要让京戏里，现在京戏里也是这样，唱出 Jin。（唱曲）我（唱）

得不好听，只能叫作哼。要唱的话，要金嗓子来唱。

记者：您哼一段《牡丹亭》听听。

徐老：好。原来姹紫嫣红哈。（唱）原来姹紫嫣红开遍，似这般都付与……我记不清楚了。（唱）良辰美景奈何天，赏心乐事谁家院！这几天我因为跟博士生上课的时候，正在用工尺谱教他们唱。我们现在唱的跟清朝时候工尺谱是一样的。所以说变化很少。

记者：你刚才唱的那段，是毛主席手抄的。

徐老：对。

记者：为什么毛主席会手抄这一段？

徐老：我想因为大概这段文字写得比较漂亮。因为《牡丹亭》基本精神就是讲少女怀春啦。这是它最有名的句子。所以像汤显祖这样有名的作家还是要改，你看第十出《惊梦》，现在又分出两出，《游园》《惊梦》。《游园》《惊梦》而且单独插进去一折，叫《对花》。对花，十二月，每个月的花都唱到。我觉得这个改得很好。为什么改得很好？把《惊梦》里没有表示出来的东西表演出来了，但是你也可以（说）表演得不好，因为这个民间艺人他非常大胆，把汤显祖的词取消了，自己加进去。自己加进去，民间怎么可能写得比他（汤显祖）好呢？但总的来讲，用意还是很好的。

同行人：徐老，您刚才说的《游园》，我们那里是《游园惊梦》。

徐老：哎，《游园惊梦》。

同行人：分开来叫的？

徐老：对，两出戏。现在。《游园》《惊梦》。还有一出，单曲插进去，叫《对花》。《对花》不是汤显祖写的，是后来人写的，意思很好。因为两个小生和花旦到后面去了（指第十出《惊梦》中柳梦梅与杜丽娘“幽媾”时舞台场景的变化）。这些从前是不可能来表演的，是吧。现在也不好表演，是不是。但是他用对花把这种高兴的气氛写出来了。我想汤显祖知道的话，也会欣然而笑，同意他们的改。

记者：美国把汤显祖的《牡丹亭》搬演，并且改演，演了三四个晚上，您知道吧？

徐老：我知道，这个改的人到我这里来过的，是个中国人改的。不过总的来讲，改得太大，所以他没有把改过的东西寄给我看。

记者：他们不敢给你看？

徐老：我想是这样的意思。

记者：你赞成他们那样改吗？

徐老：我不赞成他们那样改。改动太大。把原来的意思（改）没了。

记者：他们是用什么声腔唱的？

徐老：他们也是所谓昆腔唱的，所以同样一个昆腔，你可以讲我唱的是昆腔，他可以讲他唱的也是昆腔呀。所以名义上是没有问题的。

汤显祖研究才刚起步

——采访周育德先生录像笔录

周育德先生接受采访时的视频截图

人物简介：周育德（1938—），山东省平度市人。退休前曾任中国艺术研究院研究员、中国艺术研究院研究生部副主任、中国戏曲学院院长。担任过中国戏曲学会副会长、中国戏曲学会汤显祖研究分会负责人。40余年来，一直从事戏曲历史及理论的研究与教学。出版过多种学术专著，发表过若干种学术论文。同时参加过《中国戏曲志》的编纂，任编辑委员会主任。在戏曲文献的整理方面也有重要的成果出版。多次参加境内外学术交流。在戏曲学界有很大的影响。出版著作10多部。

时间：2017年9月24日

地点：抚州荣誉国际大酒店2211室

（第一段）与徐朔方先生的师生情。

刘：我记得我采访他（徐朔方先生）的时候，老人家身体尽管不是很好，但是很高兴。很可惜就是因为我从海盐采访回来，带去的摄像带都用完了，所以临时上街买了一个带子，30 分钟的带子。老人家非常乐意，他说你有什么就问。

周：他很有特点，他对时间是非常珍惜的，不愿和人闲扯淡，浪费时间。徐先生又是一个个性鲜明的性情中人。你采访他是有准备的，他当然很高兴了。有的人找他，他可以一个小时一言不发，那是很尴尬的。徐先生脾气大，大家都知道。我 20 世纪 50 年代读大学时，跟老师读书。到 80 年代初以后，我到杭州去访问他，向他求教，也是先作准备。他的太太是我的同班同学，和她约好，下个礼拜一找徐老师，有问题向他求教。结果没有等到礼拜一，在礼拜天早上，我还没起床呢，"当当当"有人砸我的门。我问谁呀？徐步奎。哎呀，先生！他在门外也不多讲话，只说一句："今天八点，黄龙洞见。"我说好的好的。没等我开门，他扭头就跑了，骑着自行车。八点，我准时到黄龙洞，徐老师已经在庙门口。我说到庙里头去，我们边喝茶，边聊天。他说不急，上山，到山上去，到宝石山上去。走走走，走到半山腰，在紫云洞下边，老师坐下。然后老师说，你有什么问题？我说有十个问题，都是关于汤显祖研究的。哪第一个问题？我说第一个问题什么什么，他就给我讲，（问我）你懂了没有？我说懂了。第二个问题？我说第二个问题什么，老师就说怎么样怎么样。（问）你懂了没有？我说这个也懂了。第三个问题……一个一个问题，我提问，老师作答。有的问题我说不太懂，他就让我慢慢的领会。十个问题问完了，他问你还有问题没有？我说没有问题了。你看，多么严肃！他是很严肃的，我们都知道老师很严肃。但是他也很和气，你要跟他有共同语言呀，他就跟你滔滔不绝地讲。如果你没有共同语言，他可以一言不发。我已经毕业那么多年了，一个 40 多岁的老学生，见老师还是毕恭毕敬。我们的徐老师确实严肃认真，一丝不苟，很有意思。老师已经故去多年了，去年他逝世十周年的时候，我们搞了个纪念活动。他是个非常好的老师。他做学问态度非常严谨，他对工作也非常认真，他对我们学生还是非常好的。当然他不喜欢的人也可以不理睬，真正不理睬。

（第二段）

刘：国外纪念汤显祖活动的情况。

周：国外学术界对汤显祖的研究，那是历史很长，至少在20世纪以来，东方的和西方的文化学者，研究戏剧史的、研究文学史的，都曾关注汤显祖。在东方，尤其在日本，上个世纪20年代开始，就有不少学者做汤显祖文章。在欧美学术界，研究汤显祖的人也不少，俄罗斯也好、法国也好、英国也好、美国也好，都有一些学者关注汤显祖，研究汤显祖，也有著作，他们很多人想办法把汤显祖的戏剧作品翻译介绍到外国去，做了些译著。汤显祖的戏剧作品翻译是很难的，翻译成外语那确实是非常难，有的翻起来真是莫可奈何，没有办法传达出汤显祖剧作的意趣神色，但是他们还是作了努力。外国人呐，德国人、法国人、俄国人、日本人都有翻译汤显祖著作，尤其是他的戏剧作品。在外国研讨会、纪念会，主题性的演出，那倒不是很多的。外国人成规模地介绍汤显祖，这种活动其实并不多。这几年多起来了，因为我们中国的艺术团体不断地把汤显祖的戏剧拿到国外去演出，拿到欧洲演出，拿到美国去演出，各种形式、不同规模的汤显祖“四梦”的演出都有。去年在汤显祖逝世400周年时候，我们中国有关部门、有关团体有意识地走出去，把汤显祖介绍给国外民众，我们抚州党政部门率团出访，到英国莎士比亚故乡去作展览、做演出，介绍汤显祖，使莎士比亚故乡民众知道在世界的东方也有一个伟大的戏剧家，中英两国人民相互了解。在汤显祖做过县令的浙江遂昌县的党政领导也率队出访，在莎士比亚故乡做了很全面的展览介绍，也有昆曲的演出。这些活动去年搞得多起来了，在这个方面，如何让外国的民众更多了解汤显祖，好多工作是需要我们去做的，现在是做得还不够。比如说中国人，从上中学的时候，在课本里就了解了莎士比亚，莎士比亚对中国人来讲并不陌生，中国受过一定文化教育的人都知道英国有个伟大的戏剧家叫莎士比亚，因为莎士比亚的作品老早就翻译到中国来了，而且进入了中国的学校，年青人都知道莎士比亚，知道莎士比亚是个了不起的人物。但是汤显祖作品进入我们中国的中学教育，到现在为止也没有做好。我们的中学生有几个人知道汤显祖？本国人都不知道汤显祖，外国人当然更不知道汤显祖，是不是？你（像）介绍莎士比亚一样介绍汤显祖，那可能更多人就知道了。工作应当说现在是刚刚起步，将来还有很多事情要做，什么时候做到像中国人了解莎士比亚一样，让英国人知道汤显祖，这个事情早着呢。

我说是刚刚起步，来日方长，很多工作需要我们去做。前途是很光明的，会有更多的外国人知道东方还有这么一个可以和莎士比亚媲美的伟大戏剧家。这是中国的文化界需要做的一件工作。

刘：国内纪念汤显祖是从什么时候开始的？

周：纪念汤显祖的活动老早就开始了。20 世纪 50 年代就开始了。汤显祖的研究、汤显祖剧作的演出，这是持续性的，常态性的一种工作，不是现在才开始的，也不是从去年纪念汤显祖逝世 400 周年才开始的。50 年代，江西这边就组织了好几个全国规模的纪念活动，在南昌、在抚州都做过，而且出了文集。80 年代初（1982 年），江西省曾承办了一个很隆重的纪念活动，纪念汤显祖的大队人马到抚州来，有很庞大的车队，国内研究汤显祖的学者，还有各地文化界的领导都到抚州来了。80 年代以来，汤显祖纪念在国内就更加频繁了。2006 年，我们成立了一个研究会，汤显祖研究会，经过层层审批，挂在中国戏曲学会名下。中国戏曲学会是全国性的戏曲学术机构，当中就有一个分会，汤显祖研究会，我算是汤显祖研究会的负责人。

在研究会成立以来，组织过多次国内的、国际的汤显祖研究论坛。在遂昌做过，在抚州也做过，这是个常态性的工作。去年在汤显祖逝世400周年的时候，有关汤显祖的宣传和纪念活动就更加热闹了，可以说是进入了繁荣阶段。去年我算一算，2016年一年之内，从元旦开始，到最后一天，在全国各地，举办了相当规模的活动有10来次，我可以数给你听。元月四号，在上海就举办了一个研讨会，因为上海出版社和上海古籍出版社出版了《汤显祖全集》，而且出版了一套7本的《论丛》，这样就做了一个研讨会，这是元月四号。到了四月份，在浙江遂昌，做了一个国际性的研讨活动，有中国和英国的学术界人士参加的大规模的研讨活动。7月份在汤显祖贬官的广东徐闻，组织了一个规模相当大的学术研讨活动。9月在我们抚州，组织了一个国际规模的学术研讨活动，而且还有很热闹的戏剧演出。到9月份，文化部艺术司在北京组织了一个国际学术研讨会，再算下去，到12月，在上海，文化部外联局组织了中英两国共同参与的学术研讨活动。最后快到元旦了，上海戏剧艺术中心又组织了一个研讨活动。在12月的最后一天，12月31日，在南京，由南京昆剧院，还有东南大学等几个单位组织了跨年度的汤显祖纪念活动，有学术研讨，还有戏剧演出。整整一年，我参加过的活动就有这么多。还有没参加的。还有多个地方规模稍小一点的演出纪念活动都有。去年一年啦，我说简直是在我们中国戏剧界，等于成了汤显祖年了。今年我们又开始了，在抚州，举办汤显祖戏剧节，加上国际戏剧交流月。这个活动今后它是持续性的，常态性的工作。

刘：您参加了多次抚州的纪念活动，您的感受是？

周：我第一次来抚州是1981年，上个世纪80年代。那时候抚州跟现在差别很大。抚州没有高楼大厦，抚州街上大都是两层的建筑，最多三层建筑。我住在市委招待所内，主街道那时叫东方红大道，现在成了赣东大道了。在那山坡上，洗澡在露天的浴池。哗哗哗，头上太阳高照，露天的。

马路上有很肥大的猪，花皮猪，在马路上散步，大摇大摆。80 年代初抚州就是这样一种街容。现在可不得了了。后来再到抚州，每年一个样子，每年一个样子，确实变化太大了。现在看抚州，成了一个现代化的中等城市了。但是也有遗憾。上个世纪 80 年代的时候，抚州有很多的大宅门，是明代和清代的，很多赣东特色的古建，规模还真不小，有状元第、有进士第、有大夫第，很多大门头，太有特点了。后来这些古建不见了，大多被铲除了，这是很大的遗憾。现在我们又在修文昌里啊，历史文化街区啊，如果当时保护得好一点，何必费这么大的劲，花这么多的钱啊。可惜，确实有点遗憾。

刘：您对抚州多次纪念活动的评价是什么？

周：很好。抚州的市委市政府真是把它作为一个大文章来做，现在文章越做越大。本来这个文章就是应该抚州来做的。抚州是汤显祖故里，纪念汤显祖活动名正而言顺，这是大家人心所向。可是在很长时间里头，重视倒是很重视的，可是在这个事情上没有把它排到很重要的议事日程上来，也可能是我们抚州文化名人太多了。我们有王安石，有晏殊，还有曾巩，还有陆九渊，还有一系列文化名人，他们论官位、论分量都还在汤显祖以上。在汤显祖做过五年县太爷的浙江遂昌，他们倒是很重视这个事情，从上个世纪 90 年代，1995 年他们就在县城里建了汤显祖纪念馆，而且汤显祖纪念馆办得非常的好，内容越来越充实。遂昌还做了一次国内和国际的文化交流，以汤显祖研究为主体的，做得很好，甚至可以说走在抚州前面了。这几年不一样了，这几年我们抚州市委市政府重视这个事情了，把这列入工作日程，出了大量人力物力财力，做得有模有样，规模宏大。这几年，这两三年来，时间不长的有效地工作，使我们抚州这么一个小小的地方，在世界地图上显得非常耀眼了。外国人也知道了我们中国有个抚州，噢，天哪！因为抚州有个汤显祖，如果抚州没有这个主题，那可能很多外国人还不知道有一个抚州呢。他们也不会在地图上查抚州在何处。这几年我们抚州市委市政府工作还是很有成效的，很有光彩的，很多经验值得总结。将来这个工作可能会越来越好。因为汤显祖这么一个文化主题，也可以对我们抚州的文化建设和各方面的建设起到一个推动的作用。积极的效果是可以预期的，没有问题。

刘：您对抚州的纪念活动以后怎么搞，有什么期待和展望?

周：抚州是汤显祖的故里，当然应当在汤显祖的研究与纪念活动做率先领头的作用。现在有一个工作我很欣赏，抚州成立了一个汤显祖国际研究中心，这个中心的成立我认为太有必要了，它可以作为一个学术的基地，将来可以成为研究汤显祖的一个重镇，成为国内外学者心向望之的一个基地，这个工作一定要把它做好。像今年的这个论坛，就是抚州汤显祖国际研究中心设计的，将来我们汤显祖的文化建设作为一个亮点，可以做我们抚州市文化建设与经济建设相联系的一项工作来做。现在已经在做了。抚州在做文昌里历史文化街区的建设，将来也可以很有光彩的。一项文化建设它也能带动其他方面的工作，将来的抚州旅游也会得到一种推动，更多人知道抚州是好地方，抚州是有梦有戏的地方，你来，我来，大家都来，很多人都到我们抚州来，抚州就热闹起来了。所以一项文化工作做得好的话，它对各方面的工作都有推动的。

根在抚州

——采访龚重谟先生录像笔录

龚重谟先生接受采访时的视频截图

人物简介：龚重谟，江西黎川人。毕业于中国艺术研究院戏曲史论专业。供职于海南省属文化单位。主要论著有：《汤显祖大传》《汤学探胜》《明代汤显祖之研究》（台湾版）《汤显祖研究与辑佚》《汤显祖传》（合著）；参与了上海古籍出版社《汤显祖集全编》续补遗工作；主编了国家艺术科研重点项目《中国歌谣集成·海南卷》（获文化部编纂成果奖）和《海南歌谣情歌集》。另撰写了“抚州汤显祖纪念馆”陈列提纲（1982年），寻找到了汤显祖家传全集木刻残版，辑佚到汤显祖佚文数十篇。

时间：2014年12月20日

地点：抚州市图书馆三楼会议室

2014年12月20日上午，由中国戏剧家协会会员、海南省文体厅史志办原副研究员、中国国学研究院特邀研究员龚重谟创作的《汤显祖大传》首发式暨捐献手稿活动在抚州市图书馆三楼举行。会后，龚重谟先生接受了笔者的专访。

记者：龚先生您是从什么时候开始进行汤显祖研究的？

龚重谟：准确地说应是从 1979 年。江西人民出版社配合 1982 年要在抚州举行全国性的纪念汤显祖逝世 365（后改为 366）周年纪念活动，要宣传汤显祖，特来抚州组稿写汤显祖的文学传记。由于我在这之前写过一篇《汤显祖与〈牡丹亭〉》的小文章，发表于江西人民出版社的《农村文化》，大概是这个缘故，地区文化主管部门授命我与师专一位老师和群艺馆一位戏曲导演合作撰写该书，后来我又被借用为汤显祖陈列室（汤显祖纪念馆前身）撰写陈列大纲，这样就要搜集有关汤显祖的研究资料，迫使我要研读汤显祖的诗文和戏剧，要了解明代社会，了解对汤显祖研究的历史与现状，曾二度外出求访名家，获取教益。这虽属赶着鸭子上架，但这是我研究汤显祖的真正开始。1985 年考入中国艺术研究院深造中国戏曲史论，确定的研究方向也是汤显祖。在此两年进一步搜集汤显祖资料，做了许多文摘卡片，毕业时我写的毕业论文就是《汤显祖剧作理论探胜》。1988 年调到海南文体厅，从事文化行政工作，到 2000 年这十二年，我对汤显祖的研究基本停止了，到 2000 年大连外语学院承办的“纪念汤显祖诞生 450 周年学术研讨会”，我应邀参加，此后我又重新开始做起了汤的研究。

记者：我看了您的《汤显祖大传》，您在海南也没有停止对汤显祖的研究啊。

龚重谟：啊！那是 1993 年，海南师范学院学报的主编对我约稿，我将发表在抚州内刊上的一篇《试谈汤显祖的“情”》以应对。该文发表在当年的《海南师范学院学报》，但文章是在抚州工作时写的。到海南后，因工作关系，在深入了解海南人文历史、民情风俗中，与汤显祖贬徐闻期间写的一些诗文内容相联系，感觉到汤显祖到过海南，并写过一篇短文。

记者：汤显祖海南的情况，历史上不是很清楚的，而你在《大传》作出了肯定的回答，好像都搞清楚了？

龚重谟：对。我在主编《中国歌谣集成·海南卷》的时候，为采风每个县我都走了三遍以上。因为过去写过《汤显祖传记》，汤显祖是否去过海南，徐朔方先生编的《汤显祖年谱》留下了空白。我没有深入研究，也不敢乱写。但到了海南，在为海南歌谣采风同时，也会注意地方文献上记载的与汤显祖有关的资料。一部专著的资料收集时间是漫长的，平常要注意积累，不是打突击几天就能完成的。有些你有意去找，却找不到，无意之中却能碰上。比如，我去定安县图书馆查资料，就发现了光绪四年修的《定安县志》上载了汤显祖的一首题为《五指山》的诗。这首诗跟徐朔方校笺的《汤显祖全集》）的《五指山》不是一个版本，有十二个字不一样，是汤显祖在南京为官时，附和他的上级王弘诲答唱之作，不是汤显祖来过海南所写。我认为该诗稿应是王弘诲所提供的，王是定安龙梅村人，而诗收在《汤显祖诗文集》中是后来的修改定稿。我之所以敢肯定汤显祖游历过海南，并写入《汤显祖大传》中，因有汤显祖在徐闻写的诗文为依据，结合海南的人文历史与民情风俗进行思考，作出我的解读，并不是为了别出新意的主观想像。

记者：听说三亚原来的名称也叫临川，不叫现在这个三亚？

龚重谟：三亚古称崖州，又叫崖县。我在海南省文体厅政策研究室工作，因职能是为厅领导决策提供理论依据。因此，对海南的人文历史要了解，《琼州府志》等地方文献要翻阅。从《崖州志》记载三亚沿革得知早在唐代这里曾设县为临川，宋代设为临川镇，和我们抚州临川县同名，而且和临川一样，在距县城东约60华里地方也有一个“腾（藤）桥”镇，只是三亚的“藤桥”的“藤”字带草字头，抚州临川的“腾桥”的“腾”不带草字头。抚州临川的抚河由临水和汝水汇合而成，三亚有条发源于黎山的水也叫临川水（又叫临川港）。汤显祖家族世居临川文昌里，三亚的月川村一带也有一个临川里。因此我每到三亚，抚州的临川与眼前的三亚临川会在脑中相重叠闪现，我这个根在抚州籍的人，来到三亚临川，一种身在“临川”思临川的情思油然而生。

记者：您写《汤显祖大传》这部著作，碰到的最大困难是什么？

龚重谟：我刚才讲了，还是那两句话：“浅薄的文史功底难解博大精深的汤显祖诗文，殊秃的毫锋描不出文采风流的汤显祖的形象。”汤显祖的诗词非常难懂。我讲一件事，1980年，我跟两位合作者罗传奇、周悦文去外地搜集资料，走访文史名家，曾访问了著名的文学史专家、广州中山大学教授王季思先生。我们带去了《汤显祖文集》，曾举出两首诗请他解读，王季思教授讲了一句非常有意思的话：“汤显祖有的诗除非把他挖起来，叫他自己来讲。”可见，汤显祖的诗文实在是博大精深，难读难解，然而这却是研究汤学的基本功。研究汤显祖，他的诗文是最主要依据。要读汤显祖诗文，对那些最能体现他的思想的一些诗文一定要力求弄懂吃透，不然研究工作就无法进行。为此要费很大的精力，常为解读汤显祖原诗所困扰。汤显祖的诗文涉及知识面不只是文学，还有历史、哲学、宗教等多学科，知识面很博。所以我今天在会上讲，我虽然下力气作了些研究，出了点成果，但自己认为只是接触到汤显祖的皮毛，这并不是我谦虚。我已经是个快70岁的人了，希望家乡的年轻一代，打好扎实的国学基本功，投入到汤显祖研究中来，在研究汤显祖中取得比我更有份量、更丰硕的成果，临川毕竟是才子之地，“长江后浪催前浪”嘛。

记者：您的《汤显祖大传》在史实挖掘方面，有哪些新的东西？

龚重谟：《大传》的史料除了汤显祖诗文，我还注意从地方文献上搜寻有关的东西。对现存的研究成果要借鉴，但不能人云亦云，不能迷信权威。研究，我认为贵在独立思考，有自己的见解。比如过去对汤显祖的家庭都只是看到其高祖手上就有藏书“四万余卷”，曾祖、祖父、父亲都是“望重士林”的读书人，介绍其家族背景几乎一律称为“书香门第”，而我在《大传》提出并论述了文昌里汤家是“耕读世家”。我这样提出当然不是想当然，而是有根据。根据就是从云山汤显祖后裔那里借看了一个多月的《文昌汤氏宗谱》。谱序中有篇《祖基复还记》，其中有句话：“余八世祖伯清公感猎翠之报，以服道耦耕传家”。“猎翠”从字面上解读是捕杀翠鸟；“服道”就是潜心修道，“道”就是哲学，就是“学”；“耦耕”就是从事农业，就是“耕”，这不就是“耕读传家”吗？后来我在《汤显祖诗文集》中还发现汤写的《袾宏先生戒杀文序》，该文谈到县之南的青云乡，有少年，因捕杀大翠鸟遭到报应的事，自天祖（六世）汤伯清公从此戒荤吃素，不穿用动物皮革制作的鞋而穿草鞋，常年耕作于田野。而且不准家中妇女佩戴珍珠和用翠鸟羽毛制作的饰物。他担心残害了生灵，死后遭到报应。从这看到汤家有“耕”的因由。后来我又找又看到了汤显祖 30 岁前写给大弟儒祖的诗，其中有一句说：“汝兄才地本无余，长日东皋自秉鉏。”“东皋”指田园；“鉏”是锄头。说自己本没有超人才华，常在田园躬耕农活。他弃官归家多年后，遂昌有人到临川看望他时，已如东晋陶渊明一样，日落后扛着锄头回到家里：“今朝得见柴桑叟，落日寒园自荷锄。”因此，独立见解不是凭空想像，而应建筑在挖掘文献资料的基础上。

记者：这本书最大的特点是什么？

龚重谟：我写这本书，以汤诗文为最主要依据，吸收有关的地方文献和民间传说，借鉴海内外的汤学研究成果，力求写出一个以戏曲救世，又以情娱人的戏剧政治家的汤显祖传记。汤本是从政的，志在做一个像王安石那样的政治改革家，变化天下。但宦海沉浮十五年后，深感此路不通，在为政中仅变化了一个小小的遂昌县，便无法再施展其壮心，于是从官场转到剧场。正如钱谦益所讲：“胸中魁垒，陶写未尽，则发而为词曲。”于是他

"因情成梦，因梦成戏"，把他自己的从政经历，以及他官场的深刻体验化作艺术的形象思维写到"四梦"剧作中去，以情贯穿到剧的始终，塑造了"善情"与"恶情"不同的形象。《紫钗记》是以情革权，塑造了霍小玉这位情痴，战胜了权臣卢太尉；《牡丹亭》则塑造了杜丽娘至情的代表，战胜了扼杀人性的封建专制主义"天理"，使人死而复生；而《南柯记》则是集"善""恶"两情于一身的代表，揭示了淳于棼善始恶终的人生经历，揭示官场的黑暗；《邯郸记》的卢生是"恶情"的典型，通过描写卢生的一生，将人情世故都高谈尽，让人们心自忖。汤显祖把他自己的从政的经历，以及他官场的深刻体验写入到剧中去，而且写的那么深刻，那么不留情。

记者：创作《汤显祖大传》倾注了您一辈子的心血，并且可以这样说，这本书既是从古典里面挖掘出来的，也是从田野里走出来的。如玉茗堂的考证，你是第一人，第二个是汤显祖《玉茗堂全集》家传木刻版的发现，并且也把它形成了研究成果。

龚重谟：是的，还有发现了（汤显祖）轶文 20 多篇，可以说费了我大半辈子心血。

记者：这都是您的论著作中，有哪些是属你独立思考阐发的独特见解？为别人所没有？

龚重谟：从整个研究成果看，《汤显祖大传》是综合性的成果，形成的新的观点，包括与学者商榷的不同的意见，除了提出并论证汤显祖家族是耕读世家，论述了汤显祖是"用戏曲救世，以情悟人的戏曲政治家"外。我还提出了汤显祖不只是戏曲作家，而且是戏曲理论家，论证了汤显祖的戏曲理论特色及地位，提出了什么叫汤学，论述了汤学的兴起与发展，对汤显祖居所玉茗堂作出了考证，从文字上还原了其面目，否定了汤显祖与李贽在临川相会，汤在肇庆所遇传教士不是利玛窦，专论了汤显祖的思想核心"情"，从戏曲对时间处理的角度研究了"临川四梦"，对《紫箫记》的写作时间、地点及其价值作了新探，考证了汤显祖去了海南，记下我发现与寻找汤显祖家传全集残版的经过，对汤的死因也提出了与权威不同意见，记下 1982 年迁墓的真实情况。所做的一切，都是为还原历史真实的汤显祖。

记者：听说您在书稿快写完的时候，人也生病了？

龚重谟：那是 2012 年吧，要到抚州来开会，《汤显祖大传》的书稿基本上快写完了。但是我想请我的老师周育德先生（任全国汤显祖研究会会长）为我的书作序言。他都 77 岁高龄了，若发电子稿过去，老人看起来吃力，我就要打印出来。这就要整理，还有些地方还要重新整理一遍啊。哎呀，整整搞了一个月，没日没夜地干。家里事情什么都不管。完了以后，我这个身体就不行了，感觉到走路都晕头转向走不稳了。到医院一检查，哎，血压 180，吓到了。我爱人都不让我来开会了，结果带好药才让来抚州开会的。

记者：你搞汤显祖研究一辈子，最大的动力是什么？

龚重谟：首先是我出于对汤显祖文章品节的崇拜，我视他为我的人生坐标。汤是抚州乡贤，我有一种责任感要宣传他，让世人了解他。还有当年合作写汤显祖的传记，没有写好，有人轻视，我早有重写汤传的打算，现在是时机。另外感到新中国成立后对汤的研究远没有还原历史真实的汤显祖，甚至是在贬低汤显祖。从看到的文章，好像汤显祖没有什么了不起，不就是"临川四梦"，"四梦"知名的就是《牡丹亭》，《牡丹亭》能看到上演的只一出《游园惊梦》。而《邯郸记》《南柯记》都说成是宣扬佛道的消极之作。我的《大传》把它翻了个儿，肯定"四梦"全部是正面的思想积极的作品。今天，我本来是想脱稿讲一讲，可一脱稿就会忘记，所以没有讲好。

记者：抚州临川是汤显祖的故乡，你也是抚州人，您对我们抚州的汤显祖的研究，有些什么希望？

龚重谟：我刚才在会上最后讲了，抚州，本应是中外汤显祖研究者的朝圣地。这个地方就应该建立抚州的研究中心、资料中心。以这个方式连接世界各地的，其他地方不能代替抚州。我们要把这个责任担当起来。发挥汤显祖研究“主阵地”的作用。我们要主动一点，要向遂昌学习，通过浙江大学去挂钩走出海外，演出汤的“四梦”。作为汤的家乡，首先要成立抚州的汤显祖研究会，联络全国、世界各地的汤显祖研究者。遂昌已成立有汤显祖研究会，徐闻成立了贵生书院研究会，我们必须把汤显祖研究这个机构搭起来。有个地方打着《牡丹亭》原创圣地这个招牌，现在你们到莎士比亚的故乡——斯特拉福镇去，人家知道遂昌，但不知道你们抚州临川是汤显祖故里，《牡丹亭》原创应属哪里？

记者：您为什么把《汤显祖大传》的首发式放在抚州？

龚重谟：我是抚州人啦，汤显祖是抚州先贤。我研究汤显祖是在家乡抚州开始的，抚州是我的根，关注《大传》出版的人，没有第二个地方比抚州更加关注。该书还在北京出版中，你就为我在《抚州日报》上写了报道。本来在我写这本书的时候，考虑到创作与出版费用，非常希望能在抚州立项。后来此路没有打通，我就只有到海南省社科联立项了。虽然立项已审核通过了，但不给任何经费，还要我在出版后给他 25 本样书。书出来后，我只给他们一本书。我说你们没有给我一分钱，这书价一本就是 50 元钱，25 本就是 1250 元，我承受不起啊，他们也只有同意。

我写的是抚州的先贤，我自己是抚州人，在家乡举办首发式是名正言顺的。我这个手稿也捐给抚州。还有一点是别人不会做的，抚州汤显祖纪念馆饶芳馆长问我能不能把书上配的所有照片发给她。这涉及版权问题，如果征求出版社意见是不会同意的，可我还是给了她们。因为是家乡的汤显祖纪念馆啊！

后　记

在汤学研究领域，本人只是一名脚还没有跨入殿堂大门的观望者。

20世纪90年代末，一次随同当时的汤显祖实验剧团下乡到乐安县金竹乡的演出进行拍摄。团长王胜华一路上给我讲了抚州本地的传统戏剧，其中说到广昌的孟戏、盱河高腔、海盐腔、宜黄腔等，这一切都与汤显祖有关。他说得津津有味，作为听者的我也颇受感染，从此对本地的传统文化关注了起来。之后是2000年12月，抚州举行隆重的撤地设市庆典仪式，同时还举办的还有纪念汤显祖诞辰450周年的活动，演出了用盱河高腔演唱的汤显祖《牡丹亭》折子戏《冥誓》。演员王曙萍、吴岚的精彩表演，令人耳目一新的优美唱腔，令观看演出的国内外戏剧专家兴奋不已。时任中国戏曲学院院长的周育德教授当即挥毫写下了“此曲只应江西有，管它海盐与广昌”的大幅题辞。笔者也有幸对周先生进行了采访。这次采拍的电视新闻《古曲海盐腔重现戏曲舞台》，获得了当年度的江西省好新闻二等奖。未曾想到的是，从此会与汤学研究结缘。2002年5月，笔者又随同汤显祖剧团跟拍赴浙江海盐的演出，22日特地到杭州采访了汤学研究泰斗徐朔方先生。因为采访前功课做得不深，所以仅是谈了宜黄化的海盐腔传播与消亡的话题，失去一次请教的好机会，也没有留下合影。之后，我又陆续配合央视四套、浙江卫视拍摄了文献纪录片《汤显祖》，承担了江西卫视《寻访》栏目《汤显祖故里》的外拍。2006年，由本人撰稿、拍摄、制作，由吴凤雏先生任顾问的文献纪录片《“四梦”外的汤显祖》，获得了江西省广播电视奖纪录片类一等奖。2011年退休后，离联合国纪念汤显祖逝世400周年活动还有几年，于是在网上网下购买了一大批资料，静下心来研读，撰写了40000多字的六集文献纪录片《汤显祖》文稿（草稿）。撰稿过程中，发现在汤学研究中，倘有不少值得探讨的课题。以汤显祖明隆庆四年（1570）秋试“举子文”《次九曰向用五福》为例，徐朔方与毛效同两前辈在他们的著作中收录的同一文，有一字不同，徐先生是“□（典）”，而毛先生则是“藋”字。两字意义有何不同？一核查，还真大吃一惊！于是写了一篇3000来字的“小文”《“典”耶？“藋”耶？——汤显祖“举子文”甄读》，初稿发给了好朋友、东华理工大学教授、硕导，原文法学院副院长，著述颇丰的黄建荣博士。不想一个多月后，他作了回复，全文于下：

刘兄：

近好！“小文”早已收阅，但迟至今日才回音，谨望见谅为是！您对汤翁之作的研读之细，鄙人自愧不如。兄作之文虽“小”，但毕竟是最早提出“典”“藋”不同并为之考证者，可谓发他人所未发，令汤学研究者有“蓦然回首”之感。文中虽有一些尚可商榷之处，但不失为一家之言。愚弟对贤兄之文，已略加审改之（参见附件），现回复于您仅供参考。

顺祝春安！

黄建荣

2015年4月2日晚上6：02

黄教授的回复给笔者极大的鼓舞。接着发给了周育德先生、邹元江教授主编的中国戏曲学会汤显祖研究分会的内刊《汤显祖研究》，果被采用，后又收录在了《汤显祖研究论文集粹》中。就这样由一条电视新闻的采拍而激荡起来的连环波澜，20 年来未曾停歇过。当再次与周育德先生见面，已是 2016 年 9 月在抚州纪念汤显祖逝世 400 周年的活动中，提起 2000 年采访一事，我们都非常感慨，一晃已是十六七年过去了。

2016 年 1 月，抚州汤显祖国际研究中心成立。7 月，在吴凤雏主任的热情感召下，本人有幸成为了研究中心的一名工作人员，负责资料的收集、管理，使中心的图书资料室从无到有，再到小具规模，并有机会与世界各地的大牌教授、学者相识。在深切地为他们的学识水平之高所钦佩的同时，也为自己确定了不做他人跟班，开辟本乡本土与边边角角文献核查的研究方向。2016年12月，文昌里历史街区改造工程开始，清理灵芝园时有所发现，受中心派遣，跟踪发掘现场，实时了解进展情况，因此，对发掘出来的文物以及发掘现场进行了一些跟踪性地考证。尤其是六方墓志面世，对铭文提供的新线索进行田园考察，又有一些新的发现时，非常兴奋。工作劳累而又有趣。记得当看到汤显祖亲撰的《明敕赠吴孺人墓志铭》，说吴孺人家是东乡区塔桥村时，即与好友抚州市检察院徐国华、《抚州日报》记者黄初晨、抚州电视台办公室主任王建平一道，循着百度指引的线路，驾私家车驶入这个小山村查看家谱。当时村民们很是兴奋。说："不是你们来，还真不知道我们吴家祖上的女儿是汤显祖的老婆。"

有些时候，稍纵即逝的机遇也能把小课题也能做出大文章。2018 年 4 月，相识 40 多年的老师龚重谟先生从海南来抚捐赠他的新作《汤学探胜》一书。此次，他抽空再次寻访了汤显祖后裔村——临川区云山镇圳上汤家村。在村里他偶然听说他认为的文昌汤氏远祖——汤季珍的墓地至今仍完好地在十多里远的清溪汤家祖坟山上，当即到实地进行察看。笔者听到这个消息后，于 4 月 25 日上午，陪同龚先生再次来到清溪汤家村，拍摄了他实地讲解，并借到了村里保管的第12修《抚临汤氏宗谱》厚厚的头牒。回家翻阅，看到内页存有王安石等人写的谱序，很是兴奋。好追根寻底的习性这时发挥了作用。循着这些谱序提供的线索，粗略地进行了考证，发现这些名人序全都有伪托之疑。再一细究，这《抚临汤氏宗谱》与之前熟悉的《文昌汤氏宗谱》有着割不断的密切联系。笔者为之一震，经过详细的论证，在约两个月的时间里，食不甘寝不安，每天休息时间不足4小时，写出了20000字的《临川两部〈汤氏宗谱〉之观照——兼析汤显祖家族世系之源》一文。初稿送到吴凤雏主任手中，他非常地重视，百忙之中仔细阅读了文稿，并提出了修改意见。该文也发给周育德先生，他很快就给与了回复：

> 昨日从周庄归。大作匆匆读过，佩服之至。兄于两家宗谱研究深刻，很能服人。自应先发表于通讯，使海内外对汤学有兴趣者得知将有此文发表，以期共同关注。

上述经历表明，本人的研究真的是小儿科，只是几年来有感而发了几篇拾遗补阙的拙作而已。然而，这些文章能够在纪念汤显祖诞辰470周年时结集出版，首先要感谢的是研究中心吴凤雏主任与陈伟铭秘书长，是他俩将我吸收到中心工作，才得以接触众多的第一手的文献资料，促成本书的完成。面对他们，笔者心存愧疚。是他们对本书的文稿进行了仔细的阅读，提出修改意见，有的课题他们还参与很深，却没能署名。感谢中心的同仁梁家田、李娟、晏欣、魏梦芸，是他们的大力支持，才使我有比较充裕的时间静心投入研究。感谢我的众多的好朋友们：东华理工大学的黄建荣教授是我古文翻译的最佳指导老师，最后他还对本书的全部文稿进行了详细的批改，使我受益匪浅。年轻的朋友汤智凯，不厌其烦，几次到他家里翻看《抚郡城南汤氏宗谱》，这部家谱，对于文昌汤氏远祖的溯源，是不可或缺的珍贵的原始资料之一。还有抚州中医协会的周信昌先生，金溪县的张斌、汤海贤、余辉，东乡区的殷国锋，临川区电视台的黄茜女士等，是他们想尽办法为我下乡考察提供了诸多便利，为本书的写作积累了大量的乡土素材。还有抚州汤显祖纪念馆的饶芳副馆长，徐松林女士，为我查找资料提供了大量的帮助。还要感谢中国戏曲学院原院长、中国戏曲学会汤显祖研究分会会长周育德先生，抚州汤显祖国际研究中心主任、汤学专家吴凤雏先生百忙之中，阅读了全部的文稿，并作序。多年来，曾得到过非常非常多的朋友的帮助，难以一一具名，深表歉意。

本书的出版，中国戏剧出版社倾注了极大的心血。借此机会，对出版人樊国宾先生、责任编辑赵宇欣女士的辛勤劳作，表示衷心地感谢。

本书名为《汤显祖家族研究》，自觉距离系统性的梳理尚有较大差距，特别是本人才疏学浅，拙著中存在不如人意，甚至错讹纰漏，在所难免，恳请读者与专家批评指正。

是为记。

刘昌衍

2020 年 2 月 6 日于海南老城西岸香舍陋室